113

巴金故居

丛书策划

中国博物馆协会文学博物馆专业委员会

专家委员会

王秀涛　乐　融　刘东方　周立民　黄乔生　傅光明

文学时空漫步

武康路113号
——走进巴金的家

周立民 著

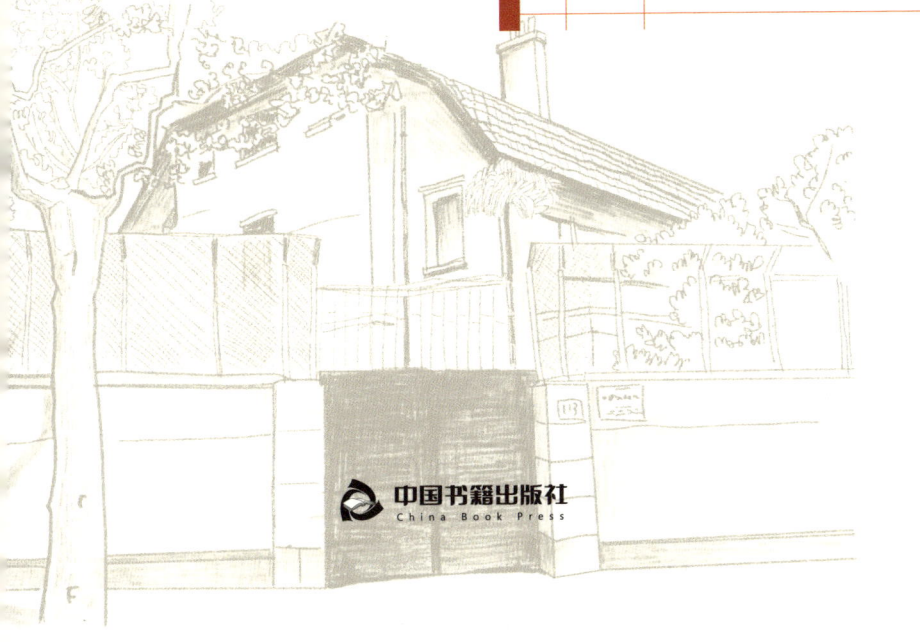

中国书籍出版社
China Book Press

图书在版编目（CIP）数据

武康路113号：走进巴金的家 / 周立民著. -- 北京:中国书籍出版社，2021.7

ISBN 978-7-5068-8567-6

Ⅰ.①武… Ⅱ.①周… Ⅲ.①巴金（1904-2005）—故居—介绍②巴金（1904-2005）—生平事迹 Ⅳ.①K878.2②K825.6

中国版本图书馆CIP数据核字(2021)第136558号

武康路113号：走进巴金的家
周立民　著

图书策划	武　斌
责任编辑	武　斌
责任印制	孙马飞　马　芝
封面设计	东方美迪
出版发行	中国书籍出版社
地　　址	北京市丰台区三路居路97号（邮编：100073）
电　　话	（010）52257143（总编室）　　（010）52257140（发行部）
电子邮箱	eo@chinabp.com.cn
经　　销	全国新华书店
印　　厂	北京睿和名扬印刷有限公司
开　　本	787毫米×1092毫米　1/32
字　　数	366千字
印　　张	12.5
版　　次	2022年1月第1版
印　　次	2022年1月第1次印刷
书　　号	ISBN 978-7-5068-8567-6
定　　价	58.00元

版权所有　　翻印必究

目录

小引：这里是巴金的家 / 001

那些匆匆翻过的上海记忆——巴金沪上旧迹寻访 / 013

"家"的点点滴滴——巴金的生活世界 / 077

家书中的家庭生活 / 123

女主人萧珊 / 165

藏书家巴金 / 247

藏品小记 / 327

结语：巴金故居是什么 / 365

后 记 / 367

小引：这里是巴金的家

EXLIBRIS

▍巴金故居藏书票（罗雪村绘）

    我喜欢在秋日的午后，从武康路巴金故居走出来，在暖洋洋的阳光里，徜徉在秋风落叶的街巷。不经意中，从柯灵家的门前走过，在赵丹家的门口歇歇脚，抻着脖子望一望张乐平家的巷口，也会在郑振铎住过的地方发发呆。有那么一刻，时光定格在那窗户上，或者是伸出墙外的青枝绿叶上。恍惚中门轻轻地打开了，这里的主人走了出来，如同我在书本里接触到一模一样。但是，我不好意思打扰他，只是微微地俯身致意，目送他的身影消失在梧桐叶落满的街

初春，巴金故居（周立民摄于 2020 年 3 月 11 日上午）

巷中……

倘若有人要问我，理想的文化名人故居是什么样子？我不由自主地会想到这样的下午和这样的氛围。如果说名人故居是奇花异草，你要养好它，首先得有让它生长的土壤、水分和空气，也就是说，我们要有整体风貌保护的眼光。只要整体的风貌在，走进这条街，才是走向悠远的历史，走进这位文化名人生活的世界，最后才走到他的"家"。并不是所有的故居都一定要人走进去，都去开放，如

中國新社会事業建設協会

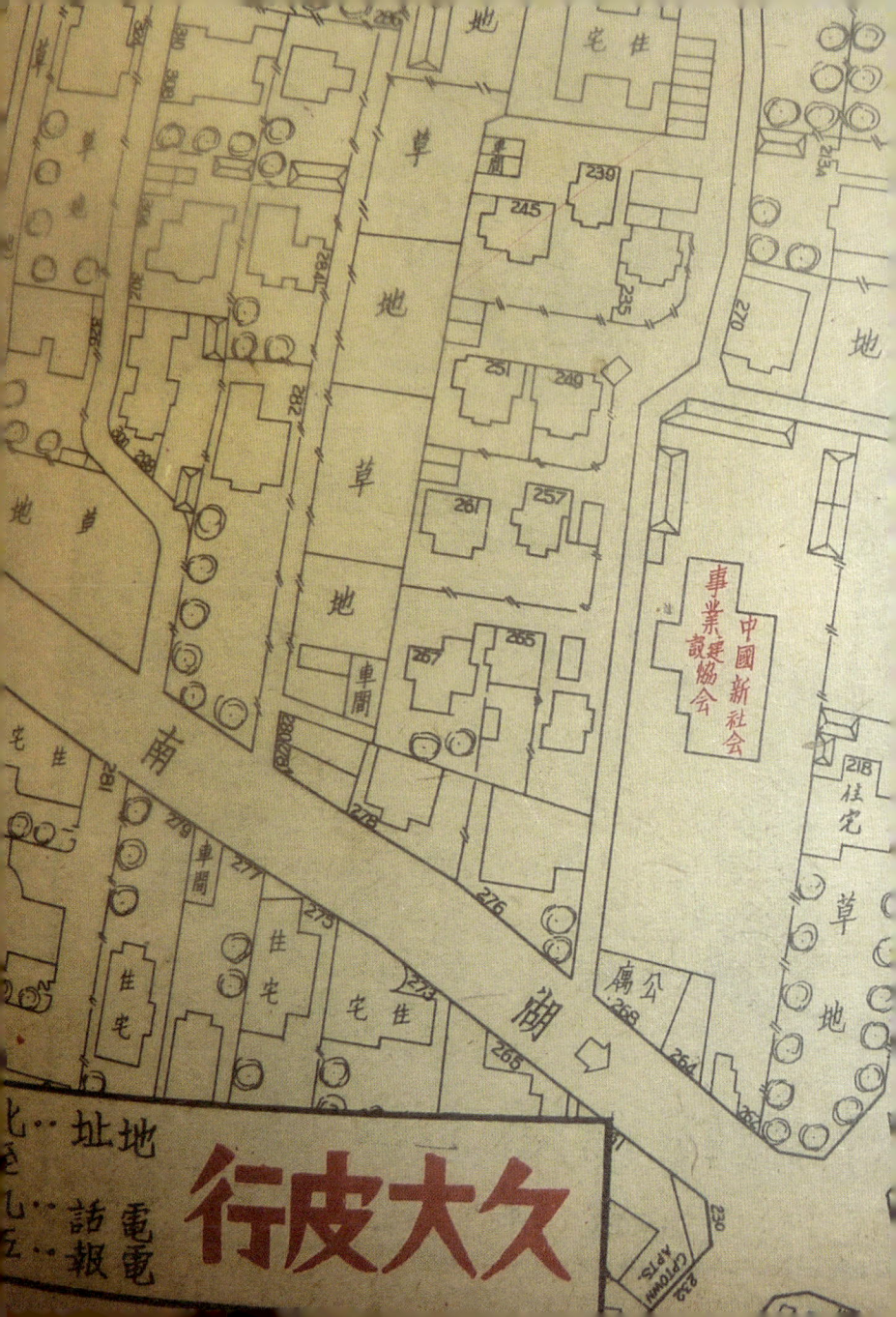

久大皮行

地址...
電話...
電報...

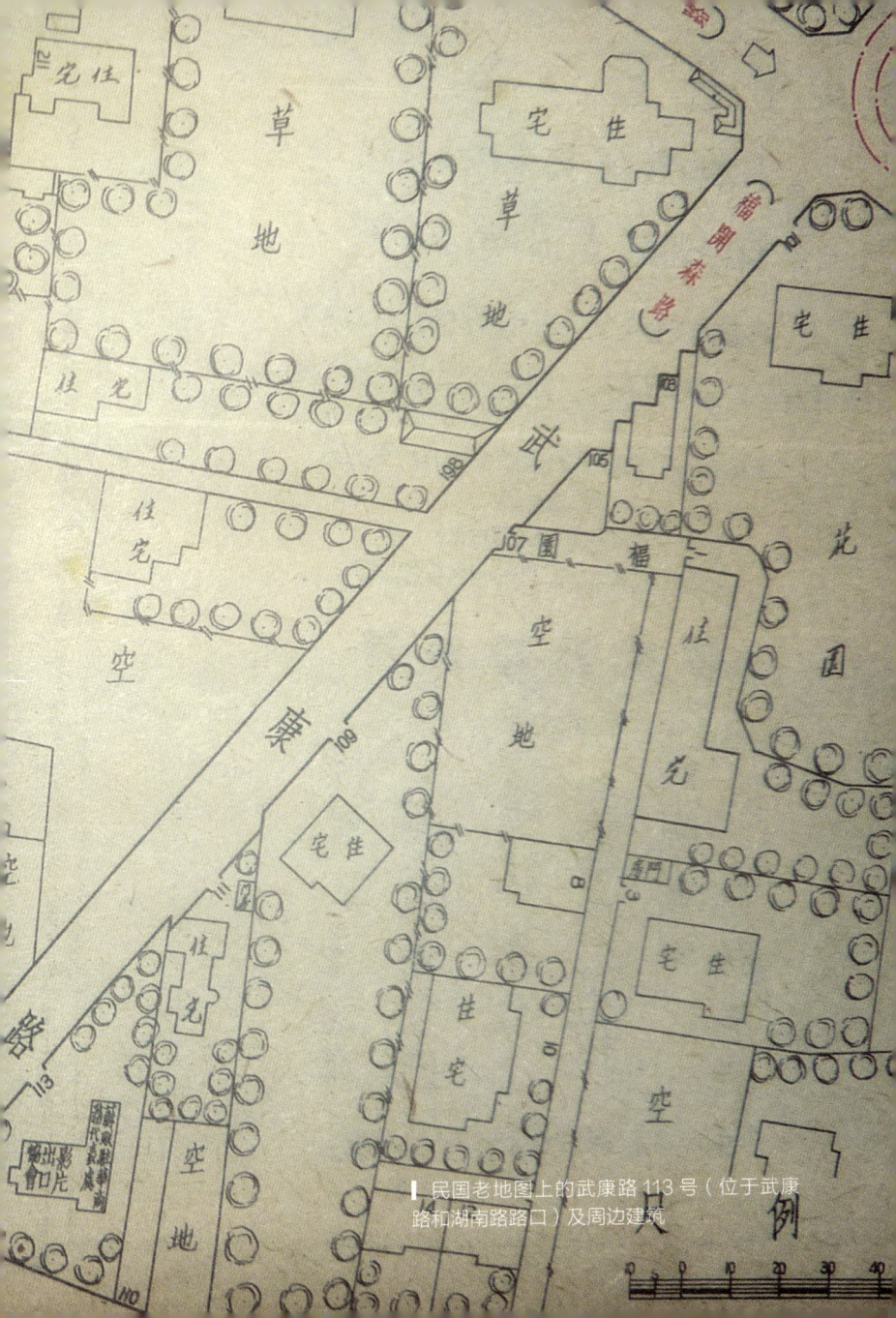

民国老地图上的武康路113号（位于武康路和湖南路路口）及周边建筑

武康路湖南路路口的密丹公寓,它的后面即为巴金故居

湖南路上，巴金故居对面　　从湖南路一侧拍摄的巴金故居

果这条街的整体风貌在，挂个铭牌，我们在门口站一站，那些尘封的往事也会呼之欲出，弯腰捡起一片落叶，叶脉中都是岁月的秘密。

然而，有些愿望终是奢望。好多故居，可怜兮兮地躲在高楼大厦之下，像受气的小媳妇。气势非凡的也有，门口是大广场，是一条新开辟的旅游风情街，东南西北的特产、旅游纪念品大杂烩，人声喧闹，臭豆腐飘"香"……在这种喧闹中，我实在拿不出心情去捕捉历史的回声。我的心还没有安稳下来，便看轰隆隆开来两辆旅游大巴，下来两批人，轰隆隆涌进故居，像赶集的、喝喜酒的，欢乐的声调漫天飞，中间还有导游的高音喇叭的嚣叫……旅游让故居"生意"兴隆，有时也扼杀了故居。导游蜻蜓点水的介绍，众人一哄而上又一哄而散的走马观花，是无法探测到一个文化名人的文化

厚度的，是感受不到午后阳光的岁月返照的。见此情景，有时候，我真想上前提醒：嘘，请安静。这里的主人在午睡，在阅读，在写作，我们不要打扰他……故居，需要安静，安静地品读一草一木、一桌一椅，这种喧闹会赶走山泉流响、落叶叹息和闲花情声的。或许，在现实的生活里，我们受够了喧嚣，可是，故居恰恰是在现实与历史之间为你搭建的一个空间，它应当让更多的安静、宁静融入我们

巴金故居斜对面的武康路街景

的生命。

　　这不能全怪游客，我们建设故居的目的也要反思。是拉动旅游，还是为了保护文化遗产？是处处想着给游客"上课"，还是让文化自身的魅力感染人？是生硬的陈列，还是彼此的对话，乃至心灵的抚慰？很多问题，我们习以为常地忽略了。有时候的"闹"恰恰出自故居自身，比如给故居的主人加上那么多吓人的"大师"头衔，各种丰功伟绩的展陈，高大上的语言轰炸，直到吓得参观者魂飞魄散才肯罢休。又如，动不动编出一些传奇故事、风流韵事，甚至连狗血电视剧都不如的情节来吸引参观者，这是在传播文化吗？用流俗去绑架这些文化人，使故居千家一面，如果它的主人还在，他会同意这么做吗？

　　在巴金故居开放之初，巴金先生的女儿李小林老师就叮嘱过：这里过去是巴金的家，今后也要是家的样子，有家的氛围……那么，我们所做的不是展示自己的"才能"，而首先要尊重巴金先生，凡事要看一看它是否合乎巴金先生的心愿？为此，我们做了很大的努力，

武康路街景一角

从花园拍摄的巴金故居主楼

在最大限度地保持原貌的前提下,室内的鲜花要经常换,连沙发套都分春夏和秋冬两季,试图给人这样的感觉:在你进来之前,巴金先生刚刚离去,或许他去访友、开会,或许去淮海路的邮局寄信了……现在,院子里腊梅开得正盛,我们也提醒大家,您闻到的清香正是巴金先生当年所闻的,你不来树下静静地站一会儿吗?

丨 樱花开了，从这个拱券门就可以进入巴金的家（摄于2020年4月8日）

那些匆匆翻过的上海记忆
——巴金沪上旧迹寻访

一个未知的大城市，在那里新的一切正在生长

1923年5月下旬，一对李氏兄弟告别亲人，离开成都，坐船冲出夔门，奔往上海。

离家第一天，夜幕降临时，漂泊江上，听着有节奏的橹声，周围是茫茫的夜，唯见远处星点灯光，其中一位年轻人在离愁别绪中酝酿一首小诗，后来他以《黑夜行舟》为题写出：

天暮了，

在这渺渺的河中，

我们的小舟究竟归向何处？

远远的红灯呵，

请挨近一些儿罢！①

诗的作者就是后来的作家"巴金"②，去上海的心情，正如这首诗所表达的：既向往，又有些茫然。

在巴金的精神成长中，"上海"扮演着特殊的角色。他少年时代曾写信给《新青年》的编者陈独秀，"我像一个谦卑的孩子，我恳求他给我指一条路"，可是一直没有等来回信。此时，看见上海报纸上载有赠送廖·抗夫《夜未央》的广告，他寄邮票索取。"它给我打开了一个新的眼界。我第一次在另一个国家的青年为人民争自由谋幸福的斗争里找到了我的梦境中的英雄，找到了我的

1916年福州路河南路口的中华书局

---

① 巴金：《黑夜行舟》，《巴金全集》第18卷第49页，人民文学出版社1993年12月版。
② "巴金"是他1928年才起用的笔名，为行文方便，本文不分时段统一称"巴金"。

终身的事业。"① 这之前，一个未曾谋面的朋友还曾给他寄过克鲁泡特金的小册子《告少年》，在这些书刊的影响下，他渐渐确立安那其主义的理想，李家少爷的人生也随之改变。

这时，巴金广泛地结交在上海的各界人士。著名无政府主义者师复的妹夫郑佩刚回忆："我同巴金神交已久……他十五岁在成都中学读书时，我俩就已通讯往来，交流思想。"② 来上海之前，巴金已经在上海《时事新报·文学旬刊》上发表过小诗，与编者郑振铎通信讨论新文学的问题……

因为这些机缘，1923 年春天，当他选择出川读书时，上海成为首选目标。这个选择与小说《家》主人公觉慧的选择是一致的，小说是一面镜子，折射出巴金对于上海的最初印象或想象：

觉慧不再说话了。他默默地看着琴和觉民。他时而羡慕觉民，觉得觉民比他幸福；他时而又为自己庆幸，因为自己可以到上海去，一个人离开他所讨厌的家到外面去创造新的事业。上海，充满着未知的新的活动的上海，还有广大的群众和蓬勃的新文化运动，和几个通过信而未见面的年轻朋友。③

小说的结尾，觉慧坐着船离家时，同样的话又重复了一遍，旧的留恋，新的向往，跃然纸上。"一种新的感情渐渐地抓住了他，他不知道究竟是快乐还是悲伤。但是他清清楚楚地知道他离开家了。

---

① 巴金：《我的幼年》，《巴金全集》第 13 卷第 9 页，人民文学出版社 1990 年 4 月版。
② 郑佩刚：《无政府主义在中国的若干史实》，1963 年 4 月《广州文史资料》第 7 期。
③ 巴金：《家》，《巴金全集》第 1 卷第 411 页，人民文学出版社 1986 年 11 月版。

1932年福州路

他的眼前是连接不断的绿水。这水只是不停地向前面流去,它会把他载到一个未知的大城市去。在那里新的一切正在生长。那里有一个新的运动,有广大的群众,还有他的几个通过信而未见面的热情的年轻朋友。"[1]

在那个时代,有很多人像觉慧一样,把上海当作"一个奇异的梦想":

上海,是中国第一个大都市。凡是中国人,几乎没有一个不知道上海的。因为上海是全国工商业和金融的中心;人们尽有不知道中国的首都叫什么名字,但却没有人不知道上海是一个最大的城市。

---

[1] 巴金:《家》,《巴金全集》第1卷第427页。

昔日福州路地图，上面能够找到"神仙世界"。

在各种商品以及文化宣传品上，处处刊印着"上海"的字样，向全国内地各处散布开去。就是生活在穷乡僻壤的村妇乡老，虽然没有亲临上海，但在日常生活中，往往也会听到或想像到上海的繁华，而把上海构成一个奇异的梦想。[1]

巴金也是来寻梦想的。船到汉口时，他曾打电报给在上海浦东中学读书的四川学生江疑九，希望对方能到码头接船。过吴淞口，进十六铺码头，想不到船提前五个小时进港，江疑九肯定不会这么早来，在嘈杂、拥挤的码头中，兄弟俩经拉客的介绍，坐上了一辆马车奔往喧闹的四马路（今福州路）。途中，马车与人力车相撞，他们被带到巡捕房，罚款一元六角才出来，后来住进游乐场"神仙世界"对面的一家小旅馆。我在老地图上查到了"神仙世界"，它

---

[1] 倪锡英：《上海》第2页，中华书局1938年10月版。

位于福州路和湖北路口,马路的斜对面,湖北路上有一家惠中旅社,不知道是不是巴金当年住过的。不过这周围,旅社很多,神仙世界一侧的湖北路与汉口路口,还有孟渊旅社等。

上海给巴金的第一印象,不是美丽新世界,而是纷乱的、鱼龙混杂的地方:

> 我们住在临街的二楼,到了傍晚,连续不断的人力车从楼下街中跑过,车上装有小电灯,车上坐着漂亮的姑娘,车后跟着一个男人。我们知道这是出堂差的妓女,但我们从未因此想过"搞腐化"之类的事。后来我在上海住下来了。上海大世界附近、四马路一带,每天晚上站满了穿红着绿、涂脂抹粉的年轻妓女,后面跟着监视她们的娘姨,这是拉客的"野鸡"。[1]

---

[1] 巴金:《谈〈望乡〉》,《巴金全集》第16卷第4页,人民文学出版社1991年3月版。

景林(灵)堂今景

第二天，兄弟俩到山东路、汉口路路口的《新申报》社，找到族叔李玉书，李将他们安排在申江旅馆。这家旅馆，徐开垒的《巴金传》说在汉口路上[①]，我查的1931年编制的上海行号图录登记地址为：山东路庆云里62号，经理是张祥甫。主营业就是旅社。来此会面的江疑九后来记下初会巴金的印象：

> 我怀着异常兴奋的心情走进了巴金他们住的房间时，首先看见一张方桌的两侧，面对面地坐着两个着深灰色布长衫的青年，每人面前放着一本书……巴金比一年前寄给我的相片，似乎大多了。他圆圆的脸庞，红润丰满，顶平额宽，微露头顶，一望而知是个聪明的形象，但谈起话来，口齿却有些迟钝，不仔细听还听不清楚。他的三哥尧林比他稍高一点，瘦长的脸型，又带上略显灰暗的脸色，似乎有些病态。但说起话来，声音清亮、流畅，加上一腔成都口音，听起来十分入耳。[②]

没过几天，兄弟俩在李玉书带领下去嘉兴拜谒李家祖祠。巴金兄弟第一次到上海联系的这位叔叔李玉书，他的孙子李宁洪1989年8月18日应嘉兴市史志办之邀而写的《回忆祖父李玉书》一文中介绍：李道澄，字玉书，族名寿麟，生于1877年，青年时代曾到四川投靠李氏亲戚，辛亥革命后返回嘉兴，后去上海，在新申报社、淞沪警察厅、上海自来水厂等处任职，抗战爆发后回乡，曾在伪警

---

① 徐开垒：《巴金传》第66页，上海文艺出版社1996年7月版。
② 江疑九：《忆巴金初到上海》，原刊《新月》1984年第4期，此据唐金海、张晓云主编《巴金年谱》第75页，四川文艺出版社1989年版。

察局当过科员,抗战胜利后失业在家,1958年11月18日病逝于嘉兴。巴金晚年曾忆及他,并收存由嘉兴方面提供的李玉书的照片。

从嘉兴回来后,据徐开垒《巴金传》说:由二叔在海关的朋友丁桂岑介绍,住虹口武昌路景林堂谈道宿舍,靠近北四川路。[①]而《巴金年谱》中的说法是:江疑九探望他们的当天下午,即由江介绍搬到了武昌路四川同学聚集而住的一幢房子。[②]鉴于这两种著作均出版于巴金生前,写作中有可能都求教于巴金,以上两种说法难定于是。巴金本人没有谈这个过程,只在《怀念振铎》中写道:"以后在上海武昌路景林堂谈道寄宿舍住下来补习功课,整天就在一张小桌和一张小床前后活动……"[③]

景林堂谈道宿舍是什么呢?大家普遍认为是景林堂附设的一个供人交流和学习教义的地方。在现有的资料中,我查不到关于它的多少记载,姚民权在2014年第10期《天风》中发表的《上海景灵堂(景林堂)建堂事迹》中提过它,同时也提到巴金。这还得从传教士林乐知(Young John Allen)来上海办学说起:1860年7月,监理会的传教士林乐知到达上海,立志办学,后来发现虹口的苏州河北部一带农民茭白田地价便宜,就在苏州河北岸,沿吴淞路、塘沽路以南(当时称头坝)购置了一大片土地,并在昆山路建立中西书院,以及上海中西女塾(即后来的中西女中,现在的市三女中)。林乐知在中西书院执教时也向外传教,每周礼拜时有中西书院内的教师、学生参加礼拜,平时还设"中西书院谈道室",供群众阅读

---

① 徐开垒:《巴金传》第67页。
② 唐金海、张晓云主编《巴金年谱》第75页。
③ 巴金:《怀念振铎》,《再思录》第130页,作家出版社2011年4月版。

圣经及宗教书籍。姚民权文章中说:"我曾看到资料,当时中西书院在武昌路有'谈道室'。上世纪二十年代,巴金初到上海就借宿谈道室接触基督教。所以中西书院实际上也是一个宗教场所。"如此说来,不是景林堂的谈道宿舍,而是中西书院的?这也不是没有可能,因为书院和教堂都是同一个主持者,这种混淆倒也正常。不过,关于这个谈道宿舍,作者似乎也没有确切的资料,而且说巴金在这里接触基督教,也语义含混,好像巴金为接触基督教而在这里,其实,他不过找一个借宿读书的地点而已。

景林堂在今天的昆山路135号,1981年改名景灵堂。据姚民权介绍:

1922年,中西书院已并入苏州东吴大学,差会乃决定在上海东吴法科的对面(即今昆山路135号)兴建景林堂,以此纪念林乐知,英文名为林乐知纪念堂(Allen Memorial Church)。当时书院对面分别有林乐知与潘慎文的两座住宅(潘慎文住宅正面为乍浦路254弄22号),林乐知的住宅后来成为景林小学校舍一部分。上世纪90年代,被昆山路小学拆建翻造为新校舍,两住宅之间原为空地供传教士养鸡、种园艺之用,后即为景林堂堂址。

景林堂落成于1924年,景林堂背后的乍浦路254弄,从1号至27号全是监理会房地产,新中国成立前称为景林庐(Aellen Court)。其中22号为景林堂牧师住宅,1号为监理会办公处,5号为江长川(会督)住宅。我1953年入住1号时,尚有锡克族雇工为全弄堂司阍。景林堂董事会(称理事会)为兴建此堂,特铸立一个铜钟于三楼西侧,今犹保存可作纪念遗物。

教堂本身与巴金的关系不大，谈道宿舍，巴金住得也不太久，1923年暑假过去后，巴金兄弟便考入法租界斜桥南洋中学。与三哥分别在二年级、三年级。南洋中学，也是历史悠久的名校，民国初年的资料记载："南洋中学校原名育才书塾，前清光绪二十二年由王维泰发起……迨庚子年王培孙于是夏接任校长任务，乃订立中学课程，并易名为南洋中学，就外日晖桥购地二十余亩自建校舍，于清宣统元年迁入，自创办迄今已二十五周矣。毕业者二百余人，现有学生四百余人、教员二十余人，将来发达正未可限量也。"[1]一百年后，我们来到南洋中学，它刚刚搬到龙华路200号新校舍。这里是徐汇滨江地带，完全不是当年郊外的景象。新的校舍大气又美丽，校园的影壁上有"国人自主创办第一所新式中学"铜字，在行政主楼的大厅一侧，是巴金1993年6月25日为母校百年校庆的题词："百年树人，素质第一。"现在，体育场旁边有一座两层的红楼，是按照当年样子复建的。红楼是当年南洋中学的教学楼，巴金应该在那里上过课吧？

南洋中学的老校区与新校区紧邻，虽然是玉兰花开的季节，这里却荒草萋萋。十多年前，这里拆除过一排宿舍，据说是巴金当年住过的。巴金在这里念了半年书，因学费太贵，转到南京东南大学附中。他在上海第一时期的生活，也随之而结束。

---

[1] 陈伯熙：《南洋中学》，陈伯熙编著《上海轶事大观》第251页，上海书店出版社2000年6月版。

我今年差不多没有过着一刻安定的生活

1925年夏天，巴金高中毕业，重返上海，到去法国前，先后有三个住处：

我一九二五年因患肺病，没有念大学，在上海养病。先住在法租界贝勒路天祥里（按：现为黄陂南路[永年路]一四九弄，具体门牌号数巴金已记不清了），与卫惠林、大概还有毛一波住二楼，卢剑波和夫人邓天矞住底楼。后又迁至康悌路康益里（按：现为建国东路三十九弄）四号亭子间。曾译克鲁泡特金的《面包略取》等，又与友人卫惠林等发起创办《民众》等刊物。

一九二六年又搬到马浪路（按：现为马当路）住，住址记不清楚了。我一九二七年一月去法国留学。[1]

九十年后的3月3日，在春日的暖阳中，我与同事一起寻访巴金先生在上海的旧迹。这几处都在中心市区，并不难找。永年路被围在高耸入云的楼群中，走进来，有种潜入海面以下的感觉。两边都是两层老式楼房，窄窄的街巷，拥挤，嘈杂。149弄有一个高高的门面，门过上面钉着现今的门牌，再往上应当是写着"天祥里"字样的横额，这段时间全市都在粉刷老楼，这里也被涂成一片空白，最上首有"1925"的时间标记。巴金当年住进来时，这个里弄刚刚落成，一切都是新的。现在，恰恰相反，时光在这里仿佛停住了脚

---

[1] 唐金海、张晓云：《巴金访问荟萃》，《巴金全集》第19卷第663页，人民文学出版社1993年12月版。

永年路天祥里外景

步。阳光灿烂,过道上各色衣被高悬,"彩旗飘飘"。老里弄另外一个特点是电线密布,横七竖八。房子旧得像掉了牙的老太太,木栅门快已成文物了,只有门楣上欧式的花环还显示出昔日的风韵。现在很多什么"花园""广场"式居民小区,偌大的庭院,绿化很好,却只有行色匆匆的过客和保安,而这里空间狭小,绿化几乎没有,却四处都是三三两两一伙的悠闲人,闲得一位老先生几乎是追着我们问:你们是韩国来的吗?大约,这里以前住了不少韩国人,后辈多来寻访?巴金这一时期另外一个住处在马当路上,有一个晚上,我从复兴公园出来,穿过都市繁华的街道,恰好路过马当路306号韩国流亡政府的旧址。虽然,巴金记不清当年在马当路上的具体住址,不过,这条路本来就不长,他住的离这里也不远。这也是机缘巧合,巴金很早就与朝鲜半岛的革命者有来往,1926年春发表的《一封公开信》,给的就是"北京高丽青年社诸君",为他们反抗压迫争取自由的精神而感动,并表明:"全世界民众是互助、亲爱、休戚相关的。"①

那时的巴金沉醉于安那其主义的理想,胸怀天下。重返上海后,巴金以全副精力投入到无政府主义的宣传活动中。大约肺病的阴影一直笼罩着他,小说《雾》中,他写到患肺病的陈真忘我工作的情形,类似巴金的工作状态。那几年,巴金一直与朋友住在一起,生活条件恶劣,过着苦学生的生活。毛一波回忆:

那也是多雨的春夏之交,我和几个亲爱的同志们住在上海贝勒

---

① 巴金:《一封公开信》,《巴金全集》第18卷第79页。

走进永年路的弄堂,"彩旗飘飘"

路底。我们那时穷得只能吃几个面包和喝一点清水,然而,同志们的精神却是十分饱满。我们还分了余钱出来出版革命刊物呢。那一个生了肺病的同志带甘,正在负责译述先烈的遗著。从他难看的面色和干咳声中,他常是冒雨去为主义工作。我也曾和他一道在马路上奔跑过。让那斜风和冷雨打在自己头上。从贝勒路的南底跑到远远的印刷所去送取书报,雨水常是迷茫了我们的近视眼镜……[1]

巴金很少写到他这段时间的具体生活,毛一波在另外的回忆中倒叙述得很详细:

[1] 毛一波:《风风雨雨》,转引自陈思和《人格的发展——巴金传》第73页,上海人民出版社1992年6月版。

我原是住在西摩路上大附近的爱文义路一间木匠铺楼上，后来迁到法租界贝勒路天祥里，与剑波、天裔同屋。剑波夫妇住楼下。有一段时间，惠林、巴金和我同住在那屋的二楼。我们自己不开伙食，常常外出吃面，吃烧饼、油条或包子，又买些面包、花生米、咸蛋回家充饥。饮料都是白水。偶尔午餐或晚餐，到霞飞路白俄开的西餐店吃一顿客饭。一菜一汤，或两菜无汤，不过两角多钱。那便是去打牙祭了。惠林热情，巴金真挚。惠林北人北相，长身玉立，已着西装。我和巴金依然蓝布长衫。巴金的上衣给洗得灰白，有的扣子竟然脱落。他们同留西式头，我则不喜欢头发向后梳，一直光头或圆头的。巴金有贵人相的内八字脚，说话急了会口吃。同一特色，是大家都戴眼镜。……巴金也许不大修饰，一切听之自然。有一回，我们同去印刷所校对回来，一路细雨濛濛，雾迷眼镜。虽然擦过镜片，而两人头上的青丝停满水珠，我的发短，不竟点滴变为长流了。我们习惯不打伞，不戴帽子。如许打个不当的比喻，便是"不着一字，尽得风流"。①

"上衣给洗得灰白"，扣子脱落，可见巴金当年生活困窘，两次写到他们从印刷所冒雨而归的事情，又可看出他们的生命为信仰之光照亮，不大看重物质享受。

巴金那时忙着翻译《面包略取》，写于1926年12月1日《〈面包略取〉译者序》说：他花费了三四个月工夫，根据英、法、日三种译本译完此书，"我自己所很感觉不安的，就是译这书的时间太

---

① 毛一波：《难忘的回忆》，《巴金文学研究资料》1989年第2期。

短促。我今年差不多没有过着一刻安定的生活，有时一提起笔，又因为其他的事不得不立刻把笔放下。虽说从第一页翻译起译到末页，中间经过了三四个月的时间，然而计算起来，真正安心翻译的时间还不过一月呢。"[1] 目前很难确认，"没有过着一刻安定的生活"的具体所指，我的推测，又要办杂志、印书，又要生活，且并无固定职业，他们的"经费"不过是各人省吃俭用之所余，巴金恐怕是经济上困难，造成生活不安定，才有此感慨吧。

| 康益里4号今景

译这书时，巴金住在康益里4号，房子跟天祥里差不多，现在也是又老又旧，跟不上这个城市日新月异的步伐。远在法国之时，巴金的记忆仍然在康益里盘旋，小说《灭亡》中直接提到康益里（初刊文中，康悌路，写作KT路，康益里，写作KI里），主人公杜大心的住所就设在这里的一个亭子间：

房子很小，也没有什么陈设。靠着右边的墙壁安置了一张架子床，上面放着薄薄的被褥，虽有床架，却没有帐子。对着门的一堵壁上开

---

[1] 巴金：《〈面包略取〉译者序》，《巴金全集》第17卷第95页，人民文学出版社1991年8月版。

306弄 1-58号
马当路

大韩民国临时政府旧址
参观由此进

马当路大韩民国临时政府旧址

了一个窗洞。窗前便是一张方桌。桌上乱堆着旧书，墨水瓶，几管笔，一些原稿纸。左边的墙壁被方桌占去了三分之一的地位，桌子两边放着两把椅子。在这堵墙壁底正中挂了一个大镜框，里面有一个四十多岁的慈祥的妇人底照片。这一堵墙壁和开着门的一堵壁底邻近的角落里放着三口箱子。这屋子里所有的东西就是这些了……①

小说里写到夜晚的康益里："不过康悌路并不是热闹的街道，康益里更是很清静的弄堂……"② 接着是房东夫妇吵架声打破这里的宁静……这个情节并非小说虚构，巴金后来的回忆："我住在上海康悌路康益里某号亭子间里的时候，常常睡在床上，听到房东夫

---

① 巴金：《灭亡》，《巴金全集》第4卷第13-14页，人民文学出版社1987年12月版。
② 同前，第18页。

妇在楼下打架。我无意间把这些全写下来了。"① 故事还有续篇，陆正伟在《寻访巴金在上海的"家"》一文中说："我的同事沛龄兄在日前给我说起一件十分有趣的事。一次，他在上海档案馆外滩新馆出席有关征集文献、资料的会议，同参加会议的一位友人告诉他，巴金当年居住在康益里的房东是他已故的外公与外婆，外公在年轻时手头有了点闲钱和家产，便在外面胡混，常玩得不知早晚，因此，深夜回到家后，就像巴金在文中写到的那样，时常与妻子发生争执甚至吵架。"②

小说中，杜大心因参与工人运动，后来搬到了工厂较多的杨树浦。杨树浦是中国近代工业的发祥地之一，它也在巴金的小说中留下了自己的面影。"这时候红烟还不断地从工厂底烟囱里冒出来，在深蓝色的天空中显得血红，而且愈高、愈浓。起初看起来，红的只是天

|杨树浦工厂旧景

---
① 巴金：《谈〈灭亡〉》，《巴金全集》第20卷第380页，人民文学出版社1993年版。
② 陆正伟：《寻访巴金在上海的"家"》，《一粒麦子落地：巴金研究集刊卷二》第363页，上海三联书店2007年10月版。

的一角,过后全个天都红了。"①红烟,红天,怪异又充满象征的景象,在小说中一再被渲染:

十一点钟的光景,杜大心回到了杨树浦。在一条僻静的街道上,那所房子挺直地立着,动也不动。远远地: 在那边,纱厂底烟囱里正冉冉地冒着烟,在黑暗的天空中显得血红。血红里又冒出灰白色的云一般的东西,这样点缀了天底一角。在那边,在万盏灯光里,他认得那是上海市中心区。在上海市中心区,在工厂里,人们正在享乐,谈笑,游戏,劳动,受苦……②

繁华世界与底层生活,一面是荒淫无度的生活,一面是被奴役的人生,小说中充满了对比,上海在巴金头脑里留下的就是这些彼此对峙的记忆:

他原来站在上海一家最热闹的大餐馆底门前。进出的人往来不绝,男男女女装饰得一个赛过一个,口里吐出清脆的漂亮的话和笑声。在玻璃橱窗里用细磁盘子盛着各种精美的菜肴和点心。这玻璃橱窗把里面和外面分成了两个世界。里面是光明,是温暖,是笑声,是快乐,是热腾腾的蒸气,是精美的饮食。外面站在玻璃橱窗前面的是几个面上带着饥饿之色的穷瘦汉子和中年妇人,虽然他们底眼睛饕餮地钉在橱窗里的菜肴上面,然而在他们底心里却只有黑暗,寒冷,痛苦,饥饿。在那里面的快乐世界中谁也不曾想到这几个立在外面

---

① 巴金:《灭亡》,《巴金全集》第4卷第104页。
② 同前,第136页。

被人间的幸福遗弃了的人。一个外国巡捕走过来,后面跟着两个华捕,他们开始赶走那几个穷瘦的男女。[1]

一个人到北四川路,在行人很多、灯火辉煌的人行道上走来走去

1928年底,巴金从法国回到上海,最初借住在宝山路鸿兴坊75号上海世界语学会,同时也参与一些学会的工作。1968年7月4日,巴金所写的《关于上海世界语言学会和上海世界语言协会以及徐声越的情况》外调材料中,曾有这样的说明:

1928年十二月我从法国回来,住在旅馆里,我的朋友索非介绍我到学会去住了几天或十多天,以后租了房子才搬走,我就是这样开始同学会发生联系的。当时胡愈之还在法国,在学会管事的人是索非,有个名义,不是干事,就是秘书。学会会员不过三四十人。有个理事会,理事中有索非、陈兆瑛、孙义植、黎维嶽、潘遂书、陆式楷、盛国成、胡愈之等人。1929年我也选上了理事。索非是开明书店职员,每天晚上在学会工作两小时,有一笔车马费。学会还有一个工友,住在会里。学会的宗旨是宣传世界语,传播世界语,还有一条是增进各国人民之间的互相了解。

里面提到"租了屋才搬走",指的是1929年元旦,巴金与索

---

[1] 巴金:《灭亡》,《巴金全集》第4卷第136页。

> 20 世纪 30 年代宝山路鸿兴路路口

非一家迁至宝山路宝光里 14 号,巴金住楼下客堂间。索非一家与青年巴金有着多年的同住因缘,巴金回忆:

> 二八年底我回到上海经朋友索非介绍,参加上海世界语学会,并在学会住了将近一个月,直到我租到房子为止。那时索非刚刚成家,也要租房子,我们就合租在一起。在宝光里,我住后楼,在楼下客堂工作。索非仍在世学会任干事,晚上到世学会办公,他拉我同去。
> 晚饭后我们一起散步到鸿兴坊,在那里只有一个公务员。我批改函授学校学生的作业。作业不多,也容易处理。我高兴的是这里

有两个书橱的图书和报刊，都是世界语的。我当时工作不多，有机会读这么多世界语书刊，我很满意。这个时期我看了好些书，写了不少文章。

我们星期天下午也去，参加会员活动，交了好些朋友，我很喜欢这个地方。可是不到三年，"九·一八"事变后，索非搬了家，不再去鸿兴坊。鸿兴坊世学会连同两书橱的珍贵图书不久被日本侵略军的炮火毁掉。从此我渐渐地失去了同那些感情真挚的朋友的联系，我至今还想念他们。①

那是巴金一生中精力最旺盛的时期，许多重要作品都诞生在宝光里14号，如中篇小说《死去的太阳》《雾》，短篇小说集《复仇》《光明》中的作品；同时，他还译出克鲁泡特金的自传《一个革命者的回忆》（后改名《我底自传》）、秋田雨雀的《骷髅的跳舞》、廖·抗夫《夜未央》等众多译作。当然，还有后来名满天下的长篇小说《家》。这部作品的创作，打开了他记忆的坟墓，也遭逢新的创伤。他早就向大哥表示要以自己的家族故事为题材创作一部小说，大哥支持他，并希望早日读到此书。1929年7月，大哥到上海，住霞飞路一栋高楼霞飞公寓中，巴金也曾搬去同住，兄弟俩一定也谈了不少家里的事情，这再次促动巴金创作《家》。1931年，《时报》约请他写一部连载小说，他终于有机会实现自己的心愿，开始写作这部题为《激流》的小说（1933年出版单行本时改名为《家》）。不料，刚刚写完第六章《做大哥的人》，报告大哥自杀的电报就到了，"我当时

---

① 巴金：《〈巴金译文全集〉第七卷代跋》，《再思录》第227-228页。

▎20 世纪 20 年代宝山路街景

住在闸北宝山路宝光里,电报是下午到的,我刚把第六章写完,还不曾给报馆送去。报馆在山东路望平街,我写好三四章就送到报馆收发室,每次送去的原稿可以用十天到两个星期。稿子是我自己送去的……"[①] 那天的情景,巴金终生难忘:

> 万不想大哥连小说一个字也没有能读到。读完电报我怀疑是在做梦,我又像发痴一样过了一两个钟头。我不想吃晚饭,也不想讲话。我一个人到北四川路,在行人很多、灯火辉煌的人行道上走来走去。住在闸北的三年中间,我吃过晚饭经常穿过横浜桥去北四川路散步。

---

① 巴金:《关于〈激流〉》,《巴金全集》第 20 卷第 676 页。

在中篇小说《新生》里我就描述过在这条所谓"神秘之街"上的见闻。①

2016年6月的一天,我沿着宝山路、宝通路、宝源路,循着巴金当年的路线,一路走过来。先是低矮的老房子,等到横浜桥附近,已经是高楼大厦的繁华都市了。横浜桥夹在中间,已没有桥的感觉了。正逢下班的时分,人来人往,脚步匆匆,路面上全是车,因拥堵变得很急躁的汽车,我已经体味不出巴金当年悲伤的心情。北四川路,向鲁迅公园走的这一面,这几年好像清寂了些,而另外一侧,当年良友图书公司的方向,似乎是虹口新发展的重点,高楼、商场、地铁都是它的新标签。我想起巴金小说里描述的北四川路灯红酒绿的情景:

夜市正热闹。各种刺目的颜色,各种引诱人的声音包围着这条长的马路。汽车在路中间吼,小乞丐在墙角里哭,女人在人行道上笑。咖啡店和跳舞厅内送出来淫荡的爵士音乐,从那漆上绿色的玻璃门里时时有几个美国水兵或艳装的中国姑娘进出。一家百货商店底门前聚集了一群人,都伸长颈子望着上面一个无线电收音机,它正播送着《毛毛雨》一类的歌曲。
……
我们继续往前面走,走过一家电影院,门前贴着大张的广告。"香艳,肉感,滑稽……"这些字眼马上映入我底眼帘。我把眼睛掉向那里面看,玻璃门半掩着,两个穿制服的小孩站在门里,给进出的

---

① 巴金:《关于〈激流〉》,《巴金全集》第20卷第676页。

不知道巴金当年散步，是不是经过这些地方

人开门。阶上站着一个穿粉红色长旗袍的红脸少妇和两个穿绸夹袍的白脸瘦汉子在那里谈笑。另外还有一个穿漂亮西装的中年人,他有一张油滑的肥脸。在这些面孔上面我看出了一种同样的表情,而且是和电影广告上的字眼所表示的意思一样的。①

接下来,巴金写到这条光怪陆离的大街上的种种场景:美国水兵调戏妇女,巡捕欺压黄包车夫,艳妆少妇与老迈的丈夫,两个西装少年挟着一个长发少女,随地吐痰的横眉大汉……巴金一支笔写出当年"魔窟"的种种乱象,"巴黎化妆品底浓的香味在空气中散布着","红绿色的霓虹灯招牌依旧在各处闪耀,刺痛人底眼睛;代表着黑人舞女底扭动的圆的臀部的爵士音乐时时从跳舞场里、咖啡店里、电影院里送出来;代表着中国旦角底送情的眼风和假装的小脚的尖声的曲调又从无线电收音机里播送出来;在一个收了市的大商店底玻璃橱窗上临时设了书摊,在那里陈设着《情欲宝鉴》、《男女大秘密》一类的书。就在转角处一个穿粉红色西装的小孩面孔的少女用不熟练的英语在和一个高大的西洋绅士讲价钱。"②在糜烂的都市生活背后,有种种人间的不公正,正义被凌辱的义愤,弱者受欺凌的哀鸣,强者横行、金钱和权势当道。在这一点上,巴金与刘呐鸥、穆时英等人沉醉于这种生活的感觉有着本质的不同,巴金感受到一种屈辱、愤怒,并毫不保留地反映在文字里面。在这些片断的、带有印象式的叙述中,保留了巴金对上海片断的、直感的印象,未尝不是关于上海的另外一种叙述。它告诉我们:上海,从来不是

---

① 巴金:《新生》,《巴金全集》第4卷第186-187页。
② 同前。

仅有一张固定的面孔。

北四川路的"神秘"在当时已名声在外，1937年6月出版的《上海生活》第1卷第6期上曾刊出惠民写的《北四川路——神秘之街》，他说这里交通便利，店铺众多，且广东人聚集：

的确，北四川路的广东人是比别条马路上来得多，沿街的铺子，有不少是广东人开设的，尤其是皮鞋店，药材店和饮食店。鱿鱼干，大虾米，腊肠，关刀肉，蔬菜，鲜鸡，和血淋淋的才杀死的鱼，都可以在一家店中看到。至于酒菜馆门。常有一个部分是专卖熟菜的，例如插烧，烤小猪肉，鸭肾干，烧鹅等等。点心店冬令初春常备着云吞，鱼生粥，在夏令则售冰淇淋，芝麻糊，杏仁茶之类，价钱是很便宜的。

邮政总局在北四川路桥块，很巍峨的，静默地和新亚大酒楼的建筑相衬地对峙着。然而这里还没有到"神秘之街"的中心点呢！从此向北直走，在海宁路口，便散布着神秘之雾，到靶子路前面，神秘愈甚。不过所谓神秘，也无非是如此如此罢了，用不着存着好奇心而去窥探，倘使路旁有人兜你到××××去，或是要你去看××××的话；否则准会叫你失望，损失了钱不算，还会赢得懊恼回去呢！

跳舞地方很多，舞券也很便宜，但是跳舞的地方不论那儿总是一样的，似乎用不着介绍。

这些也曾是巴金当年散步时所见。非常遗憾，巴金的住所，现代文学名著《家》的诞生地，宝山路宝光里14号，毁于战火，我

战火下的遗存，写《家》时的小桌、凳、沙发

们没有机会再见到它了。巴金回忆：

这一年（1931年）我一直住在宝光里，那是一幢石库门的二层楼房。在这里除了写《激流》以外，我还写了中篇小说《雾》和《新生》以及十多个短篇。起初我和朋友索非夫妇住在一起，我在楼下客堂间工作，《激流》的前半部是在客堂间里写的。"九·一八"事变后不久索非一家搬到提篮桥去了，因为索非服务的开明书店编译所早已迁到了那个地区。宝光里十四号里就只剩下我一个人，还有那个给我做饭的中年娘姨。这时我就搬到了

20 世纪初的北四川路横浜桥

二楼,楼上空阔,除了床,还有一张方桌,一个凳子,加上一张破旧的小沙发,是一个朋友离开上海时送给我的,这还是我头一次使用沙发。我的书和小书架都放在亭子间里面。《激流》的后半部就是在二楼方桌上写完的。[①]

经过一二十年的发展,闸北这一带日见繁华,有文献记载:"闸北一隅,毗连租界,昔年市廛寥落,荒芜殊甚,令人见之有满目苍

---

① 巴金:《关于〈激流〉》,《巴金全集》第 20 卷第 676-677 页。

凉之慨。比年以来，市房渐见兴筑，道路亦较前平坦。宝山路一带商店林立，人烟稠密，为闸北最繁盛之点。虬江路亦设有广东梨园、上海大戏园等，市面益见兴旺。此外更有救火会，对于消防事宜多所尽力，警察四布，尤为缜密。较之租界虽不能望其项背，然亦蒸蒸日上矣。"[1] 宝山路是当时华界著名的马路，它北起天通庵车站（今同心路），南接北河南路（今河南北路），1907年，上海北站落成，从北站起始的无轨电车、公共汽车途经宝山路开往市中心，交通四通八达。二十年代，周边商铺有数百家之多，另有协大祥、兄弟烟草公司、宝华楼茶馆等名店，沿路有商务印书馆、东方图书馆，28家电影拍摄公司，数十家中小书店、印刷厂，这里是沪北的商业、文化中心。鸿兴路一侧的三德里，郑振铎、胡愈之、潘汉年、吴觉农等定居于此。瞿秋白、茅盾、张元济、巴金、

---

[1] 陈伯熙：《闸北之繁盛》，陈伯熙编著《上海轶事大观》第39页。

丁玲等也生活在这一区域。[1]

一场战火让这里都成为废墟，1932年"一二八"后，闸北经济损失1.32亿元（银元），占全市华界地区损失1.94亿元的65%，为上海各华界地区总和两倍以上，人口伤亡、流失、失踪全市华界地区为2.62万户，闸北为1.97万户，占75.19%。战前有商号4204户，工厂841家，房屋数万幢，被炸后面目全非。当年《时事新报》战地记者对闸北作了一次踏勘后写道：由宝山路至永兴路几乎身涉乱砾丛中，举目四望，但见一片残垣断壁。周围数里一月前鳞次栉比的市房，至今已无一完整之屋宇矣！完好者可称寻不到一个，未全毁的房屋、门户同开，物件被抢劫一空……[2]1932年3月，巴金曾回到宝光里取东西，当时闸北还在日军占领下，他看到的是：

不久闸北居民可以探望旧居的时候，我和索非进入"占领区"，经过瓦砾堆，踏着烧焦的断木、破瓦，路旁有死人的头颅骨，一路上还看见侵略者耀武扬威和老百姓垂头丧气。……那一次我一个人到旧居去拿东西，走过岗哨跟前，那个年轻的日本兵忽然举起手狠狠地打了一位中年老百姓一个耳光。……最后，那两个留学日本的朋友帮助我，我们雇了一辆"搬场汽车"去把我那些没有给烧毁的书籍傢具，搬到步高里来。书并不太多，只是因为楼下客堂间地板给撬掉，挖了一个大坑，后门又给堵塞，从楼上搬书下来出前门不方便，整整花了一个上午，还有些零星书本散失在那里。以后再去，

---

[1] 参见《话说上海》编辑委员会编：《话说上海·闸北卷》第22-23页，上海文化出版社2010年5月版。
[2] 上海社会局调查资料，见《话说上海》编辑委员会编：《话说上海闸北卷》第16页。

今天的横浜桥

什么也没有了，房子有了另外的主人。[1]

八十多年后，我走进宝山路，战争的硝烟早已散去。这周边，新建的高楼和老式的房子相间，虽然大马路上也是车水马龙，但我却想象不出当年的繁华模样。在新一轮的城市发展中，这里的脚步显然十分踟蹰。

走过市北职业高中门口（宝山路584号），我意识到在"一二八"

---

[1] 巴金：《关于〈海的梦〉》，《巴金全集》第20卷第602页。

宝山路商务印书馆鸟瞰图

的战火中，还有一个永远都无法弥补的损失：中国的旗帜性的文化机构商务印书馆的被炸。学校，门禁森严，只见院中有块碑，却看不清内容，网上有资料说，碑正面写："1927年上海工人第三次武装起义胜利后，上海总工会纠察队总指挥部曾设在东方图书馆，周恩来曾在该馆四楼工作。"背面："商务印书馆、东方图书馆于1932年2月被侵华日军轰炸和纵火焚毁。"我无法确认这个信息是否准确，我只有苦笑。就在当时，我们的对手都清楚商务印书馆的价值，当年侵沪日军头目盐泽幸一说：炸毁闸北几条街，一年半年就可恢复，只有把商务印书馆、东方图书馆这两个中国最重要的文化机关焚毁了，它则永远不能恢复。

商务印书馆规模之大，即便是在那些生硬的数字中，我们也不难感受到：1904年它在闸北宝山路499弄584号建新厂，1907年竣工。该厂占地53亩，有三层楼三所、二层楼九所、平屋六所，约占地20万平方米。1924年，又购天通庵路190号仓库，辟为第五车间。员工在二十年代中期达4000多人。[1]后建的东方图书馆为亚洲第一图书馆，占地2600平方米，为五层钢筋混凝土大厦，全馆总藏书量46.3万册。它们毁于战火，社会普遍认为，这绝非金钱损失可以计量。《大美晚报》1932年2月2日称："东方图书馆为中国最大最备之图书馆。内藏旧籍孤本价值甚巨，故其损失非金钱可计。论者多谓此馆之毁，非金钱上损失，乃文化上损失也。"[2]

商务印书馆之火，也殃及巴金。他的中篇小说《新生》本来要发表在《小说月报》上的，稿子已经排好，却与那期杂志一起化作灰烬。巴金后来重写了这部作品，不过，那已经是搬出宝山路以后的事情了。闸北遭受战火肆虐时，巴金刚刚结束在南京访友，坐火车回上海，到丹阳，火车受阻，他不得不返回南京，直到2月5日他才回到上海。宝光里的家回不去了，他到法租界嵩山路一个朋友开设的私人医院住了一晚。第二天，巴金去亚尔培路（陕西南路）步高里52号看从日本回来的伍禅和黄子方，他们也是临时搬出来的，租了一个客堂间，听巴金没有地方住，便邀他同住。巴金搬来，在步高里住了一个多月光景，写了小说《海的梦》。后来，房东想把整栋房子租给他们，他们无力负担，只好搬出来。巴金搬到环龙路

---

[1] 参见《商务印书馆事业之现状》，陈伯熙编著《上海轶事大观》第182页。
[2] 商务印书馆善后办事处：《上海商务印书馆被毁记》第36-37页，商务印书馆2016年5月版。

1932年1月29日被日军炸毁的商务印书馆

志丰里11号（今南昌路148弄11号）舅父处暂住，舅父也是从虹口"逃难"出来的，此处是白俄开的一家公寓。住了一个多星期，巴金去闽南访友，这期间舅父已在环龙路花园别墅1号（今南昌路136弄1号）新租了房子，把巴金的东西也一起搬过去了，巴金5月中旬返回上海后，这里就成了他的新家，一直住到1933年春天，舅父调往湖北宜昌工作时，他才搬出。在这里，他写了《春天里的秋天》《砂丁》等小说，也重新写作《新生》。那是一段相对安宁的生活，巴金在回忆《砂丁》创作时说："写这个中篇时我住在环龙路（南昌路）花园别墅一号，我的舅父陈林不久前租下了那幢房子，

1932年2月1日，被日本浪人烧毁的东方图书馆

让我一个人住在三楼，不像现在我坐下来写不到几百字，就听见门铃在响，担心有人来找，又得下楼谈话。那个时候很少有人打岔，我可以钻进自己编造的世界里去。"①

《新生》的重写，是在1932年夏天，巴金曾写过一篇《我底夏天》（后改题为《〈新生〉自序二》收入《新生》）描述那个夏天他坐在一张破旧的书桌前写作的情景：

---

① 巴金：《关于〈砂丁〉》，《巴金全集》第20卷第666页。

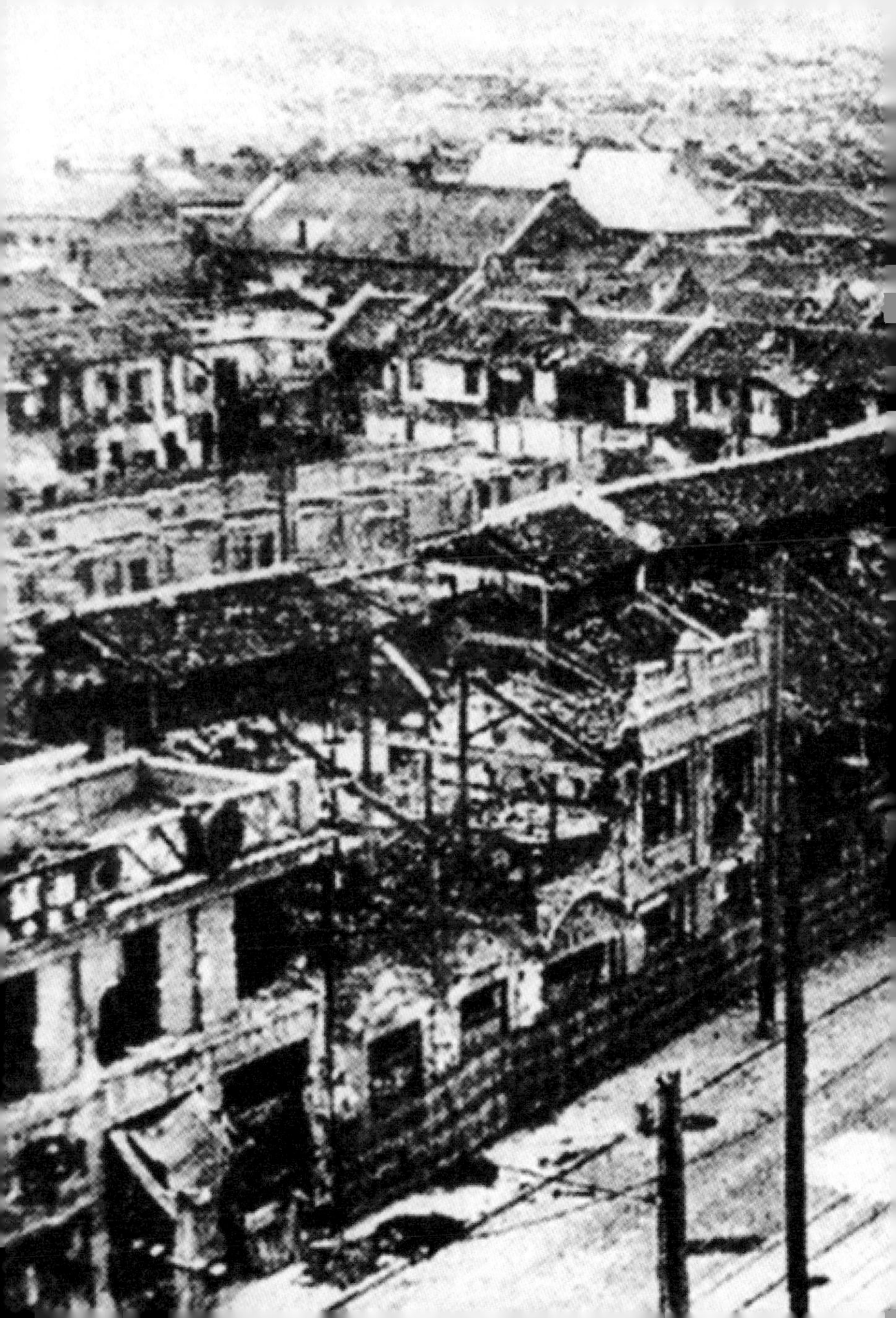

1937年八一三战火后的宝山路

花园别墅1号今景，房子的基本面貌都难以见到　　瑞康里

    我把自己关在坟墓一般的房间里已经有许多许多的日子了。每天我坐在阳光照耀的窗前，常常坐到深夜。窗户外面是一排高耸的房屋。这房屋虽然不曾给我遮住阳光，却给我遮住了街市，而且使我看不见这个大都市里的群众。

    于是夏天到了。许多的工作停顿了，许多的人到阴凉的地方去了。这都市就成了热带的沙漠，在这里连风也是热的。写字间装好了电扇，工厂里却依旧燃着烈火熊熊的火炉。对于某一些人夏天似乎是不存在的。甚至在这沙漠上他们也可以找到绿洲。这绿洲只是为着少数人而存在的。[1]

    环龙路的两处房子都还在。今年，我们重访花园别墅一号时，一户人家刚搬进来不久，每个主人都会按照自己的意思改动一下，楼面面貌早已改变。这里没有挂文物保护的牌子，看我们拍照片，人们围上来问：这是谁住过的地方？他们还迫不及待地告诉我：此处后门正对着11号徐志摩和陆小曼的住宅，挂了牌子。那是1927年1月，徐、陆二人迁居上海的第一处"爱巢"。这里的39号，是刘海粟的家，1931年傅雷回国后也曾在刘家住过。出了里弄，对面南昌路53号则是林风眠的旧居。这些文化人不同的时间里住在这里，当时可能没有交集，然而现在都汇集在一起。虽然弄堂里昏昏暗暗有些苍老，但是，我认为这里才藏着上海真正的文化历史，留着这座城市最宝贵的秘密。

海阔天空，东南西北，宇宙苍蝇，无所不谈

    除旧布新是今天人们无时不在炫耀的战果，原来绰约的风姿因不合"时宜"被抛弃，一个城市仿佛只有涂了高级油漆的脸，没有纹理，没有岁月、风霜，鲜嫩得虚假、轻浮。在寻访中，我们经常遭遇这样的尴尬。比如，溧阳路，想找寻狄思威路（今溧阳路）麦加里21号时，我们见到的只有地铁站、工地。相邻的瑞康里建于

---

[1] 巴金：《〈新生〉自序二》，《巴金全集》第4卷第168页。

1930年，已逞待拆之势，我们只好拿它来比照麦加里，这个里弄在麦加里的东南方，隔了一条同嘉路，斜对着。斑驳的墙壁，自生的荒草，都在低诉着弃儿的命运。

我在老地图上查到了麦加里，地图显示，它东西在同嘉路与狄思威路（今溧阳路）之间，南北在海伦路和天同路之中，共有38栋房子，其中21号与22号之间有一个通道。靠近溧阳路这一头，有同森泰煤号、大森米号等商铺、工厂等，马路对面是个占地面积不小的小菜场。麦加里21号对面（南面），是震旦机器铁工厂无限公司第四厂，工厂后面依次是文友小学、花厂、棉花仓库、谢源记花场、新合众机器厂。在文友小学西面的裕新里还有一座清华小学。看来，这里不仅有生活区，而且还是工厂众多、商号林立的繁华街市。

很多传记资料都说，巴金1933年搬出环龙路花园别墅后即搬到这里。然而，非常严谨的巴金在叙述自己的住处时，谈到前一个住处（花园别墅）后，接下来的说的是："一九三五年八月由日本回国后住狄思威路麦加里（按：现为溧阳路九六五弄）二十一号，仍与友人索非一家同住。曾创作《春》等作品，又与靳以一起创办《文季月刊》，与吴朗西等创办上海文化生活出版社，兼任总编辑等职。"[1]他没有说从花园别墅搬出后到了麦加里，只是说从日本回来。这里便存在一个问题：从1933年春搬出后到1935年8月从日本归国前，这两年多的时间巴金住在哪里？是不是一定住在麦加里？

首先，1934年11月到1935年8月，他旅居日本；其次，1933年，他南下、北上，大半时间不在上海，1934年，在北平，春天回过

---

[1] 唐金海、张晓云：《巴金访问荟萃》，《巴金全集》第19卷第664页。

瑞康里老房子一角

虹口公寓今景

上海，出国前在上海。不排除，当时他在上海居无定所或暂借朋友家。今天很多人可能不理解这些，然而，在巴金的青年时代却并不稀奇。还有一条信息值得注意：巴金曾说："我回国以后，文化生活出版社开办，我在上海虹口公寓住了半个月，编译了这个节本《狱中记》。"① 如果在去日本之前，他就搬到麦加里，回国后，为什么不直接回"家"，还要在虹口公寓住半个月呢？合理的解释可能是，他是从日本归国后，才搬到麦加里，再次住进索非家中。

虹口公寓至今还在，人们一般称它为虹口大楼，位于海宁路449号，它建于1927年，最初就是作为旅馆的。如今，它已经粉刷一新，我们去拍过照片，而消失了的麦加里，我们只有从巴金的文字中去追寻了。《春》是在这里开头的。巴金说："《春》是在狄思威路（溧阳路）一个弄堂的亭子间里开了头，后来在拉都路敦和里二十一号三楼续写了一部份，最后在霞飞路霞飞坊五十九号三楼完成，那是一九三六到一九三七年的事。《秋》不曾在任何刊物上发表过，它是我一口气写出来的。一九三九年下半年到第二年上半年，我躲在上海'孤岛'（日本军队包围中的租界）上，主要是为了写《秋》。"② 对于三十年代后半期的几个住处，巴金说过：

一九三六年，因友人马宗融、罗淑夫妇赴广西任教，遂迁入马家，即拉都路敦和里（按：现为襄阳南路三〇六弄）二十一号（按：现

---

① 巴金：《〈巴金译文全集〉第九卷代跋》，《再思录》第233页。
② 巴金：《关于〈激流〉》，《巴金全集》第20卷第682页。

永安公司，大东茶室设在这里

改为二十二号），曾创作《长生塔》等作品，并结识了陈蕴珍（萧珊）。

因马氏夫妇返沪，于一九三七年七月迁往霞飞路霞飞坊（按：现为淮海中路淮海坊）五十九号，仍与索非一家同住。曾作完《春》、《秋》等作品。一九三九年秋，三哥尧林抵沪后，同住此处。一九四五年底，由重庆返沪后，与病中的三哥又同住此处。一九四六年，萧珊与女儿小林返沪后，遂在此处安家。解放后迁入武康路，一直至今。①

---

① 唐金海、张晓云：《巴金访问荟萃》，《巴金全集》第 19 卷第 664-665 页。

这是巴金的黄金时代,写作日趋成熟,办刊物,办出版社,有一群志同道合的朋友,有挥洒不完的热情。那些与朋友们在一起亲密无间的日子,巴金总也忘不掉:

一九三五年下半年文化生活出版社成立后,我在上海定居下来。那个时候他们夫妇住在拉都路(襄阳路)敦和里,我住在狄思威路(溧阳路)麦加里,相隔不近,我们却常有机会见面。我和两三个熟人一个月里总要去他们家过几个夜晚,畅谈文学、生活和我们的理想。马大哥为了一家人的生活,正在给中法文化基金委员会翻译一本法文哲学著作,晚上是他工作的时间,他经常煮一壶咖啡拿上三楼,关在那里一直工作到深夜。有时知道我去,他也破例下楼高兴地参加我们的漫谈,谈人谈事,谈过去也谈未来,当然更多地谈现在。海阔天空,东南西北,宇宙苍蝇,无所不谈,但是讲的全是心里的话,真可以说大家都掏出了自己的心,也没有人担心会给别人听见出去"打小报告"。我和马大哥一家之间的友谊就是这样一种友谊。①

在萧乾的回忆里,难忘的还有一个大东茶室:

当时文艺界朋友有住在静安寺路一带的,如茅盾、西谛和黎烈文,有住北四川路的。当我住在环龙路(霞飞路)时,那一条街还住有黄源、杨朔、孙陵和孟十还。

---

① 巴金:《怀念马宗融大哥》,《巴金全集》第16卷第356页。

我们聚首的地点通常在大东茶室，这也是老上海值得怀念的一个角落。那茶室是广东人开的，就设在南京路上。随便什么时候走进去，泡上一壶大红袍，可以足足呆上半天甚至一天。不断有各种甜食和刚出屉的小笼包子送到桌前，可以按照自己的口味和钱包来任意挑选。那时，我们都还是单身汉，谁先来谁就先占好桌子，随后，圈子越来越大。于是，我们就一边嚼着马拉糕或虾饺，一边海阔天空地无所不谈。谈生活，谈文艺，还谈对某篇文章的看法。那时的大东茶室也说得上是个文章交换所。当我收到一些写得好而只是篇幅对报纸副刊来说太长了的文章，我就带去转给他们编杂志。同时，他们也把手头一些很有前途的新人短篇转给我——有的我还用来支援为《武汉日报》编《现代文艺》的凌叔华。[1]

谈到巴金和其他朋友，萧乾勾画出这样一幅三十年代文人生活图景：

同巴金过从最密切，还要算1936和1937那两年，我们几乎天天在一道。当时我在《大公报》编《文艺》，同杨朔一道住在环龙路（今南昌路），隔几个门就是黄源。巴金那时也住在霞飞路（今淮海中路）的一个弄堂里，正在写着他的三部曲。他主要在夜晚写，所以总睡得很迟。有时我推门进去，他还没有起床。那是很热闹的两年，孟十还编着《作家》，靳以先后编着《文季》和《文丛》，黎烈文编的是《中流》，《译文》则由黄源在编。我们时常在大东

---

[1] 萧乾：《怀念上海》，《萧乾文集》第5卷第90页，浙江文艺出版社1998年12月版。

茶室聚会，因为那里既可以畅谈，又能解决吃喝。有时芦焚、索非、马宗融和罗淑也来参加。我们谈论各个刊物的问题，还交换着稿件。①

这个"大东茶室"吸引了上海滩上众多文人墨客，有资料介绍：

永安公司的六楼有一家规模更大的大东旅社，附设有大东酒楼、大东跳舞场、酒吧和弹子房。大东跳舞场是上海第一家对外营业的舞厅。大东酒楼每天有菜单送至旅客房间，顾客可以随意点菜。酒楼内还开设大东茶室，茶室内宁静、舒适，可以在此看书、写稿……每天午后，茶客如云……②

朋友们在一起无拘无束，多年后仍然能感受到友谊的温暖。

随着谈话声抑扬传来，门口飘逸出一种香气

细数巴金上海的十几处"家"，有标志性意义的有三座：宝光里，是他文学辉煌的起点；霞飞坊，是人生高扬的驿站；而武康路，则是一生荣辱的归宿。在这之中，霞飞坊的岁月，正值盛年，是人生的满月期。在这里，他写完《春》《秋》《寒夜》等长篇小说；在这里，海上文人聚会客厅，谈笑间翻过了新文学史的又一个章节；在这里，巴金创作、翻译，办出版社，编辑丛书，朴实、稳健的人生中透出的是巨匠的气度；在这里，巴金身边多了妻儿，漂泊多年

---

① 萧乾：《挚友、益友和畏友巴金》，《萧乾文集》第4卷第253-254页，浙江文艺出版社1999年版。
② 黎霞：《老上海城记·马路传奇》第100页，上海锦绣文章出版社2010年8月版。

的他终于找到幸福的港湾。

霞飞坊的房子，今天仍然默默地在繁华的都市中承受着岁月的风雨。由于有居民住着，我始终没有机会进到屋里一睹它的真正面目。巴金的邻居周海婴写过这里：

霞飞坊建于一九三四年，三层红砖结构，前门是铁栅，透空可以望穿小天井。天井与大陆新村相仿而稍大，前门进入是客厅。后门是木质的。每家后门装有"司必灵"锁。进门有一个小厕所。左（或右）拐是厨房。楼梯木质。二楼、三楼开间大小相同，还有两间亭子间。三楼外有阳台，可晾晒衣被，这是当时的标准结构。据说是葡国产业，法商管理。霞飞坊第一条弄堂叫"大弄堂"，比较开阔，月租较高。我们租的是中弄，每月租金六十元。①

具体到房内，周海婴回忆："索非住在五十九号，从楼下厨房进去，堆得满满的都是上述待销的科普套件。各式大大小小的玻璃筒、玻璃试管，橡皮塞和橡胶管……""索非多才多艺，爱好古典音乐，家里有落地式手摇唱机……这是他从旧货店买来的，估计代价不会很贵。古典音乐唱片，他收藏不少。"巴金仍和索非一家住在一起，这也是巴金的日常生活环境。周海婴记忆中位于三楼的巴金的房间是这样的："巴金和我父亲的写作习惯相仿。晚上九十点开始动笔，直写到清晨。吃住很简单。踏进他房间，里面并没有各种厚重书籍和大小字典满桌子堆放着。仅仅是临窗一张桌子，边上几把椅子和床，

---

① 周海婴：《鲁迅与我七十年》第117-118页，南海出版公司2001年9月版。

余下的空间,是一排排书架和书柜。室内光照不强,黑洞洞地令人有神秘感。有时听到客人的谈话声和爽朗的笑声,随着谈话声抑扬传来,门口飘逸出一种香气,那是陈西禾、黄佐临来访时专门烧煮的一种饮料,黑而且苦,我不明白大人为什么会喜欢喝它。"[1]

巴金是战前搬进来的,随之而来的战争让他不得不辗转于内地各城市之间。1939年,上海沦为"孤岛"之后,巴金回来过一次,与南下的三哥有了难得的相聚:

> 一九三九年下半年到第二年上半年,我躲在上海"孤岛"(日本军队包围中的租界)上,主要是为了写《秋》。……
>
> 当时我在上海的隐居生活很有规律,白天读书或者从事翻译工作,晚上九点后开始写《秋》,写到深夜两点,有时甚至到三、四点,然后上床睡觉。我的三哥李尧林也在这幢房子里,住在三楼亭子间,他是一九三九年九月从天津来的。第二年七月我再去西南后,他仍然留在上海霞飞坊,一直到一九四五年十一月我回上海送他进医院,在医院里他没有活到两个星期。他是《秋》的第一个读者。我一共写了八百多页稿纸,每次写完一百多页,结束了若干章,就送到开明书店,由那里发给印刷厂排印。原稿送出前我总让三哥先看一遍,他有时也提一两条意见。[2]

---

[1] 周海婴:《鲁迅与我七十年》,第132、133、134-135页。
[2] 巴金:《关于〈激流〉》,《巴金全集》第20卷第682-683页。

淮海坊 59 号，这次来发现门边多了巴金的挂像

看电影，听音乐，是兄弟俩可怜的一点娱乐活动。1931年初竣工新建的兰心戏院（长乐路茂名路），音响效果好，1926年成立的法租界公董局管乐队和工部局交响乐队经常在此演出，上海工部局管弦乐队，甚至被誉为远东第一交响乐队。这里，是三哥常去的地方，索非的儿子鞠躬回忆：

他深爱古典音乐，他的桌上有一台手摇式留声机，因为我们住的霞飞坊附近有不少白俄开的旧书店，因此淘外文旧书和旧唱片就成为他喜好的一种活动。……在霞飞坊附近，约五分钟步行距离，有一座兰心剧场，常举办音乐会，三爷叔常去欣赏。票价肯定不菲，对一位穷中学教师，每次大概都得咬咬牙。[1]

可惜，兄弟俩相聚的时光太短了，三哥这么一点点欢乐也难以持续。抗战胜利不久，等待巴金的就是三哥的病逝。这样的时光没有得到延续。那年10月，巴金送别了那个与他一道走出夔门的手足兄弟，这是大哥去世后，他情感上遭受的又一次重大打击。好在，不久，女儿出生了，转过年，这个家的女主人回到上海，朋友的欢笑声改变了这里的气氛，霞飞坊59号成为当时著名的文艺沙龙。不限于巴金那一辈文人，还有很多年轻的作家加入进来。汪曾祺在《星期天》中就说："我教三个班的国文。课余或看看电影，或到一位老作家家里坐坐，或陪一个天才画家无尽无休地逛霞飞路，说一些

---

[1] 鞠躬：《三爷叔》，《巴金的两个哥哥》第194-195页，人民文学出版社2005年5月版。

淮海坊 59 号后门

海阔天空,才华迸发的废话。"① 虽然是小说,但事有所本,"老作家"当指巴金,"天才画家"是黄永玉,黄裳、黄永玉的文章对此都有记述,在此不赘述。周海婴描述过巴金一家其乐融融的家庭生活:

  抗战胜利后,巴金夫妇回到霞飞坊,仍住五十九号三楼。那时他俩已有女儿李小林。我记得她每天从后门出来,喜欢在弄堂里拉着一把小竹椅,又当车又当马,愉快地奔跑着。不多日子,椅脚磨歪几乎坐不得了。她母亲在旁监护着,不时惊呼,要她当心摔跤。夏天闷热,傍晚居家习惯在弄堂里一边纳凉一边喂小孩儿吃饭。萧珊总是很有耐心,一边看着小林吃饭,一边在旁唱儿歌。遇到卖咸鸭蛋的小贩经过,就买下几只,小林吃得越发顺当。②

  按照周海婴的说法,霞飞坊59号在抗战胜利前后,还住过中共上海地下党财经方面负责人吴克坚夫妇。吴夫人姚文辉是索非的妻妹,1945年索非去台湾后,他们就住进来,直到巴金从重庆返回后一段时间才移居别处。③要补充的是,霞飞坊,可是沪上名人集聚的地方,在这里住过的名人可以开出一长串名单:3号,夏丏尊;27号,竺可桢;33号,胡蝶,后来是陈西禾;35号,章锡琛、王伯祥;59号,巴金、索非;63号,顾均正;64号,许广平;99号,徐悲鸿……

  "住在这里还有个好处,就是各种美味小吃会送到家门口来卖。

---

① 汪曾祺:《星期天》,《矮纸集》第240页,长江文艺出版社1996年3月版。
② 周海婴:《鲁迅与我七十年》第134页。
③ 参见《鲁迅与我七十年》第136—137页。

晨曦初起,传来的是广东点心叫卖声:白糖菱交糕、马拉糕、咸煎饼……还有苏州赤豆粥和馄饨担的敲击声。……夏日傍晚叫卖的有高邮咸蛋、沙角菱、臭豆腐干。还有两端挑着圆担子,卖的却是腌金花菜、芥腊菜、甘草梅子……冬日夜晚,静寂的弄堂里便能听熟悉而苍老的声音,总是不慌不忙,也不特别响亮地喊着:鸭膀鸭舌头、五香茶叶蛋、火腿粽子、檀香橄榄。这时候,我已蒙蒙胧胧开始进入梦乡了。"[1] 半夜了,还有卖小吃的从窗下经过,这也让诗人穆旦在"文革"的艰难岁月里仍回味无穷。

走出霞飞坊,来到霞飞路上,也赏心悦目:

霞飞路旧名宝昌路,长廿余里,乃电车通徐家汇路道,洋房居多数,街衢颇宽,其直如矢,无参差不齐之弊。两旁密植树木(他路无此繁滋),夏日绿荫如幕,散步其间,疑是园林。试站于善钟路口(与霞飞路相接,犬牙交错,致成曲线),无论向东、向西,凝神望远,毫无障碍,路上枝叶扶疏,人兽行走、车来马往尽纳寸眸,宛然一幅活动影戏也。……空气亦甚清净,伟人、殷富乐卜居焉。[2]

霞飞路的异国情调和特殊的美也为人津津乐道:"这条路的两边种着整齐的树木,洁净的街道。到了春夏之交,绿荫如幕,入晚之后,凉风树梢吹来,两旁的楼上一阵阵的琴声,轻飘荡漾,诗意洋溢,散步其间疑其为林园。有着大小的影戏院,如'国泰''巴黎''恩

---

[1] 周海婴:《鲁迅与我七十年》第128页。
[2] 陈伯熙:《霞飞路之特异》,陈伯熙编著《上海轶事大观》第37页。

20 世纪三十年代的霞飞路

派亚'等,还有平民化的罗宋番菜馆,确甚贱而美,普通的五角一客,也足果腹的了。有汤一只很是可口,面包听客取食不加限止。还有许多神秘勾当,与以前的四川路相伯仲,大概由于它繁荣缘故罢。"[1] 另有文章讲到霞飞路车水马龙、繁华热闹,很多店铺的老板都是流落至沪的白俄,"霞飞路上,到目前为止,最多的店铺,要算出卖西式点心的面包铺,全路有一百余家之外,而以法商老大昌为此中牛耳,设有工厂,备有运货汽车,战前每天生意的收入,

---

[1] 左灵:《霞飞路的由来》,1938年6月出版《上海生活》第2卷第1期。

復 興

今天的复兴公园

有千余元……"①

巴金一家一直在这里住到1955年初秋才搬到武康路，霞飞坊周边留着这一家人的各种记忆。遗憾的是，巴金在自己的作品中很少写到家庭生活。不过，有一张1951年一家人摄于复兴公园的照片，倒给人以无限遐想：巴金、萧珊夫妇蹲在地上，搂着一对儿女。巴金目光下垂，像是在看孩子，又像沉浸在幸福中。那是一张非常温馨的照片。这里离复兴公园有些距离，他们未必常去吧。不过，巴金早在小说《新生》中就写过这个公园。它旧称顾家宅公园，又因在法租界是法国人所建，人称"法国公园"。由于地处中心，深得市民喜爱，有人这么描述："顾家宅公园的面积，自然比兆丰公园占得小，但是地点适中，环境清幽，一行行长列着法国产的梧桐，同原野似的草坪，雏型玲珑小巧的假山，涟漪生致的小池，喷水的亭，有人说法国人擅长园艺，他们的京城巴黎，有世界花都之称，果然这句话是并非溢美，我们从这园的布置，可以见到法人对于园艺的爱好，和研究……"作者还以带着抒情的笔调写到水池："浓绿的树荫，风过时及摇曳生姿，分筛的树影，交织在地上，池的正面，安着木椅，你如果走得倦时，尽管入座小憩，目注在池上的涟漪，虽没有鳌鱼，却也具着庄子濠梁之乐。"②

我没有找老照片去对比，不知道现在的复兴公园保留多少昔日面目。上文中提到的水池还在，有个环龙纪念碑不在了。那个碑是1914年立起的，三年前，法国人环龙应邀来上海作商业飞行表演，飞机从江湾跑马厅起飞，途经市区抵达市中心跑马厅，飞机空中熄火，

---

① 赵更媞：《霞飞路》，1939年7月出版《上海生活》第3卷第7期。
② 雄白：《夏在法国公园》，1939年6月出版《上海生活》第3卷第6期。

> 1951年,巴金一家摄于复兴公园

弃机自救会造成下面观看人伤亡,环龙奋力将飞机迫降跑马场中央,结果机毁人亡。公董局将环龙视为英雄,把在建中的马路定名为环龙路,并在公园北部建立环龙纪念碑。不巧,巴金在环龙路上住过,他来公园里看到这个碑会觉得很亲切吧。纪念碑的两旁刻着中国字:

纪念环龙君!君生于一八八〇年三月十二日,籍隶法京巴黎;于一九一一年五月六日没于上海。

君为中国第一飞行家,君之奋勇及死义,实增法国之光荣。

正面镌刻一首法文诗,译成中文如下:

有了死亡,才有产生;有了跌,才有飞;法国是身受了这种痛苦,使得它认得命运是在那儿!

光辉呵!跌烂在平地的人!或没入怒涛的人!光辉呵!火蛾似的烧死的人!光辉呵!一切逝去了的人![①]

逝去,也是永生。那些远去的上海记忆,还有巴金的旧迹,都已模糊了。然而,它们又将以另一种形式被记住,被唤醒……

       2016年7月16日0:44分于竹笑居
7月23日子夜改、7月29日傍晚改,8月2日定稿于沪上酷暑中

[①] 上海通社编《上海研究资料》第485-485页,中华书局1936年5月版。其中法文诗,据黎霞《老上海城记·马路传奇》第150页,它的译文与前者略有出入。

ern
"家"的点点滴滴
——巴金的生活世界

从淮海路到武康路

我经常沿着高安路，穿过淮海路，走上湖南路，来到武康路113号。

这是一条两旁有着梧桐树的路。入秋，有雨的日子，路面上飘零着一片片落叶。深秋时节，风追逐着黄叶从脚边跑过。到淮海路口，人和车都多起来了，仿佛一下子把我从宁静的个人世界推到了滚滚红尘中，眼前的一切在瞬间让我迷失了方向，但常常也让我在恍惚中又有时空错乱的感觉。

不知道几十年前，这个路口是什么样子？因为我的目的地是巴金的家，在绿灯亮起前的一刻，我常常想在眼前的人流中寻找巴金的身影。"一个小老头，名字叫巴金。"这是他为一幅画像的题词，我不曾见过他走路的模样，是健步如飞，还是步履蹒跚？这个离巴金家这么近的路口，是否能捕捉到他的身影？

1963年2月21日，巴金的日记就曾记载："十一点半辛笛来约我去衡山饭店午饭，萧珊后来。两点送辛笛到淮海中路搭二十六路无轨电车。"26路车站没有变吧？从淮海路、高安路路口向左望去，就应当是这里。在巴金的记载中，他曾经坐过这路车：1965年4月8日，还是与辛笛有关："五点前夏景凡来，坐了一个多钟头。六点一刻和他一起出去，我和萧珊去辛笛家吃晚饭，在陕西北路南京西路口和景凡分手。在辛笛家谈了一阵，蔡公才来。晚饭后，辛笛还请我们喝咖啡。九点后我们同蔡公一起走出辛笛家，仍搭二十四路车转二十六路车到淮海路高安路口。"这是通往巴金家的一个路口，几十年里不知多少次，他从这里走回家："两点到文化俱乐部出席

巴金故居正门（高莽绘）

两点半举行的市政协学委会扩大会议，金公和王致中在会上作了报告，六点一刻后结束。在中餐厅吃过晚饭，坐三轮车回家。喝了一杯茶，搭二十六路车到徐汇剧场观摩上海演出团演出的《南方战歌》。这是根据上海人艺改编本话剧《南方来信》改编的京剧。散戏后仍搭二十六路车到高安路，步行回家。"①

四五十年前的情景从眼前掠过，在匆匆的人群中，我想象着、寻找着，就这样走过湖南路，在武康路口右转，来到了巴金家的门前。

呈现在我面前的是高高的院墙，一扇大铁门，还有一幢为树木

---

① 巴金1963年2月21日日记，《巴金全集》第25卷第215页，人民文学出版社1994年8月版；1965年4月8日日记，《巴金全集》第25卷第504页。1965年5月26日日记，《巴金全集》第25卷第527页。

环抱着的小洋楼。这就是武康路113号巴金故居。1979年,巴金的友人、翻译家杨苡曾以带着情感的笔调,描述了这扇门和这座为诸多中外人士所熟悉的房子:

  我站在一个油漆得崭新的大门前。这是一条幽静的街道,完全摆脱了这个城市的喧嚣。我仔细端详着那崭新的电铃,忽然发现庭院里那棵棕榈树已经长得那样高大了,一扇扇大叶向墙外探身,仿佛在告诉路人,在这漫长的岁月里,它默默地承受着风暴,却不曾被摧毁,一如庭院内它的主人。[1]

武康路113号的身世之谜

  这座房子建于1923年,据说最初的主人是英国人毛特·宝林·海。巴金研究专家李存光有一次路过这里说:1923年恰恰是巴金离开四川老家来到上海的年份。这是一个很有意思的巧合,好像这栋房子早就为巴金准备好了似的。不过,它在这里等了三十二年,巴金才搬进来。

  1955年,找房子曾是巴金夫妇反复讨论的话题。1955年7月3日,萧珊致信在北京开人大会的巴金:"靳以说他们那里有一个四间头的公寓,你自然不要。"四天后,巴金的回信中谈了他对房子的要求:"房子暂不搬,我希望能在明年初找到弄堂房子或小洋房搬家。我希望靠土地。公寓房子漂亮而不合我的要求。"两天后,

---

[1] 杨苡:《坚强的人——访问巴金》,《青春者忆》第23页,复旦大学出版社2013年11月版。

武康路 113 号这两扇大铁门,曾留在很多人的记忆中

今收到武康路113号房租自1956年四月一日起至1956年六月卅
止，计人民币肆佰叁拾贰元陆角正。

Received the sum of JMP$ 432.60 (Four hundred and thirty two
dollars and cents sixty only) in paymnet of rent from April 1st 1956
till June 30th 1956, for the premises situated at 113 Wukang Road, Shan

A. Springborg

Representative for the Estate
of the late Mrs. Mad Pauline

Shanghai, June 10th 1956.

今收到武康路113号房自1956年1月1日至1956年3月31日止房租
计人民币肆佰叁拾贰元陆角正此据

Received the sum of JMP$ 432.60 (Four hundred and
thirty two dollars and cents sixty only) in payment of rent
from January 1st 1956 till March 31st 1956, for the premises
situated at 113 Wukang Road, Shanghai.

A. Springborg
Representative for the Estate
of the late Mrs. Maud Pauline Hay

Shanghai, March 10th 1956.

今收到武康路113号房自1955年7月22日至1955年12月31日止房租计人民币
肆佰玖拾元壹角正此据

Received the sum of $ 490.10 (Four hundred and ninety Dollars
and ten Cents only) in payment of rent from the 22nd July 1955 till
the 31st December 1955, as itemized below, for the premises situated
113 Wukang Road, Shanghai.

A. Springborg
Representative for the Estate
of the late Mrs. Maud Pauline Hay.

Shanghai, December 9th 1955.

Rental from 22nd July till 31st July 1955 on the basis of $ 25.00 per month	$ 9.50
Rental from August 1st till December 31st 1955.	" 721.00
	$ 728.50
To deduct tax paid by tenant for August/September 1955.	" 239.40
	$ 490.10

1955-1956 年签下的三张租房收条

萧珊的信中又涉及找房子的事情："蒲园的房子已经出租，300单位一月。靳以说如果我们要以后可能有。但那地方地基不好，常常做大水。"① 或许这所房子，他们以前去看过，没有下决心租下。另外，这也可以看出，与巴金亲近的朋友们都在为他留心房子。

长久以来，人们对于巴金什么时候租住武康路113号的房子，一直语焉不详，只认为他们一家是1955年9月搬进来的，但没有更为确切的证据，我一直觉得这是一个很大的遗憾。想不到，在巴金故居即将面向公众开放的前几天整理巴金先生书桌中的资料时，我突然发现三张房租收据，偏偏就是最初承租时的收据，这不禁让人喜出望外。这张凭条是用英文打字，有A. Springborg的手写签名，上方有中文写的一行字，复述了英文内容，后面还有明细。

全文如下：

今收到上海武康路113号房屋1955年7月22日至1955年12月31日止房租计人民币肆佰玖拾元零壹角正，此据

另外两份格式与此差不多，是接下半年的付费收据，1956年3月10日签署的是："今收到上海武康路113号房屋1956年1月1日至1956年3月31日止的房租计人民币肆佰叁拾贰元陆角正，此据。"1956年6月10日签下的是："今收到上海武康路113号房租，自1956年四月一日起至1956年六月卅日止，计人民币肆佰叁拾贰元陆角正。"

---

① 萧珊1955年7月9日致巴金信。以上及后文所引巴金、萧珊书信，均见《家书：巴金萧珊书信集》，浙江文艺出版社1994年10版。

根据这三份收据和后面的明细，我们可以掌握这样一些信息：

1、巴金是从 1955 年 7 月 22 日开始承租这座房子的；8 月 9 日，他去付了房租税（这笔费用最终由房主承担，因此予以扣除）。

2、当时这个房子每月的房租是人民币 144.2 元。

3、涉及这座房子的历史，这座房子的房主是 Maud Pauline Hay，后来他回到英国后去世，由其夫人托付给其代理人 A. Springborg 来代管（据说为丹麦人）。

接下来的问题是巴金一家搬进来之前，这座房子是做什么用的？有资料说：武康路 113 号，建于 1923 年，于 1948 年改建，1950 年至 1955 年曾作为苏联商务代表处，这是不确切的。今年秋天，我有幸联系到武康路 113 号的老住户李效朴，据他回忆：1950 年到 1954 年左右，他们家住在这里。李效朴是李研吾之子，李研吾（1916—1987），山东莱西人，20 世纪 30 年代参加革命，曾任山东省潍坊市委书记，1949 年南下解放上海，是上海南市（邑庙）区委书记。李效朴清楚地记得，1953 年，领导干部不准佩带武器，其父亲有一把手枪即将上缴，颇有依依不舍之意。一天清晨，父亲喊醒他，提着驳壳枪来到花园角落的一口水井旁，朝井里放了十几枪，又把着他的手打了几枪[1]。——武康路 113 号花园的东南角，这口井至今仍存。李先生还向笔者提供说，他知道 1949 年上海解放后，至少还有两家住过这里，一家主人是刘坦，曾任中共上海市委组织部部长；一家主人是李干辉，曾是省港大罢工和百色起义的发起者之一。至于他们入住前房子的情况，他也不太清楚[2]。

---

[1] 李效朴：《父辈和我的收藏往事》，未刊稿。
[2] 李效朴 2011 年 11 月 6 日 18 时接受笔者电话采访时提供的信息。

1955年秋，迁入武康路新居不久，巴金与靳以两家人在花园合影

巴金一家 1960 年代摄于二楼书房

在一份 1947 年出版的《上海市行号路图录》（一名《商用地图》）上，我查到的武康路 113 号为：苏联驻华商务代表处和影片出品协会两个机构。后一个机构是什么，尚无实据，但据巴金的家人回忆，原来连着这座房子客厅的是一个小房子，就是电影放映室，巴金的儿女住进来时，这个房间放满了小人书，这里曾是他们童年的乐园。巴金的日记记载，这间放映室直到 1978 年 6 月 27 日房屋大修的时候才拆除（巴金 1978 年 6 月 27 日日记）。这似乎印证了影片出品协会这个机构的存在。从以上的信息中，至少还有一段空白时间段，巴金家住进前又是谁在住呢？苏联驻华商务代表处是 1949 年前，而不是之后住在这里吗？徐开垒的《巴金传》中曾这样写："它原为一个法国侨民租用，后来业主退租回国，曾由中共上海市委教卫部使用，恰好这时中共中央为改善知识分子居住条件，请上海市委拨出一部分房屋给各有关单位，这座房子也就腾了出来，交给作家协会让巴金考虑。……这样，在一九五五年国庆前几天，全家就从淮海坊搬了过去。"[1]这部巴金传完成于巴金生前，又很多史料得自于对巴金的采访，这个说法是否来自于巴金呢？

看来，很多问题还是一个谜。比如最初造这座房子的人的身份，他住了多久？[2] 在二十世纪二十年代初到四十年代末，这二十多年中都有谁在这里住过呢？暂时还找不到确切的资料支持，希望更多亲历者和历史研究者能够帮助我们，在今后的岁月中解开了这些谜。

幸福的一家

巴金对新房子很满意，1956年初，黎之曾跟随林默涵到南方各地了解情况，对巴金的"大房子"印象颇深："记得巴金住的是一幢小花园洋房。我们去时他正带着一个小女孩在院子里玩。在他那里坐了一个多小时。巴老主要谈他的工作、写作环境很好，他带我们看了把一个小阳台改造成的书房。临别时顺便还参观了一下他的一楼藏书室。"[3]

---

[1] 徐开垒：《巴金传》第439页。
[2] 乔争月、张雪飞著《上海武康路建筑地图》一书中认为：这里曾住过英国药剂师理查森夫妇和两个女儿。1924年，其中一个女儿与英国人科乐结婚，"太平洋战争"爆发后，他们家人都回国，科乐留沪，1942-1945年曾被关押进日军集中营。（见该书80-81页，同济大学出版社2010年8月版）
[3] 黎之：《文坛风云录》第47页，河南人民出版社1998年版。

刚搬不久，巴金曾写过他们一家人的生活：

我坐在床沿上对五岁的男孩讲故事，躺在被窝里的孩子睁大眼睛安静地听着，他的母亲走过来望着他漆黑发亮的眼珠微笑。孩子的十岁的姐姐练好钢琴上楼来了，一进门就亲热地唤"妈妈"。母亲转过身去照料女儿，带着她到浴室去了。楼下花园篱笆外面响起了一对过路的青年男女的快乐的歌声，歌声不高，但是我们在房里听得很清楚。……

我走到隔壁书房里，在书桌前坐下来，拿起笔……我觉得全身充满幸福的感觉。……我们愿望各国人民都过着幸福的生活。……我们仍然愿望和平与建设给全世界带来幸福和繁荣，愿望各国人民依照自己选择的生活方式，发挥自己的力量和智慧，共同为我们的下一代安排一个无限美好的未来。[1]

这个家中，巴金每天活动很多，操持家务的是女主人萧珊，她与巴金的恋爱传奇和人生遭际，读过巴金那篇著名的《怀念萧珊》的人都会有所了解。要强调的是，长期以来，"巴金的妻子"的光环似乎掩盖了萧珊作为杰出翻译家的身份。巴金说："在我丧失工作能力的时候，我希望病榻上有萧珊翻译的那几本小说。等到我永远闭上眼睛，就让我的骨灰同她的搀和在一起。"萧珊翻译的普希金和屠格涅夫的小说，不论在当时还是今天都得到人们的推崇。不妨引用几位作家、翻译家的话来说明萧珊在翻译上的成就。曹葆华，

---

[1] 巴金：《一九五六年新年随笔》，《巴金全集》第14卷第384-385页，人民文学出版社1990年3月版。

萧珊为女儿购买的钢琴

早年是一位诗人,后来长期从事马列经典著作的翻译,是位严谨的翻译家。巴金在1964年12月24日致萧珊的信中说:"刚才曹葆华来,他患心脏病,在休养,用俄文对照读了你译的《初恋》,大大称赞你的译文。"[①]曾经协助鲁迅主编《译文》的黄源也曾对巴金说:"她

---

① 巴金1964年12月24日致萧珊信,《家书》第552页。

餐厅

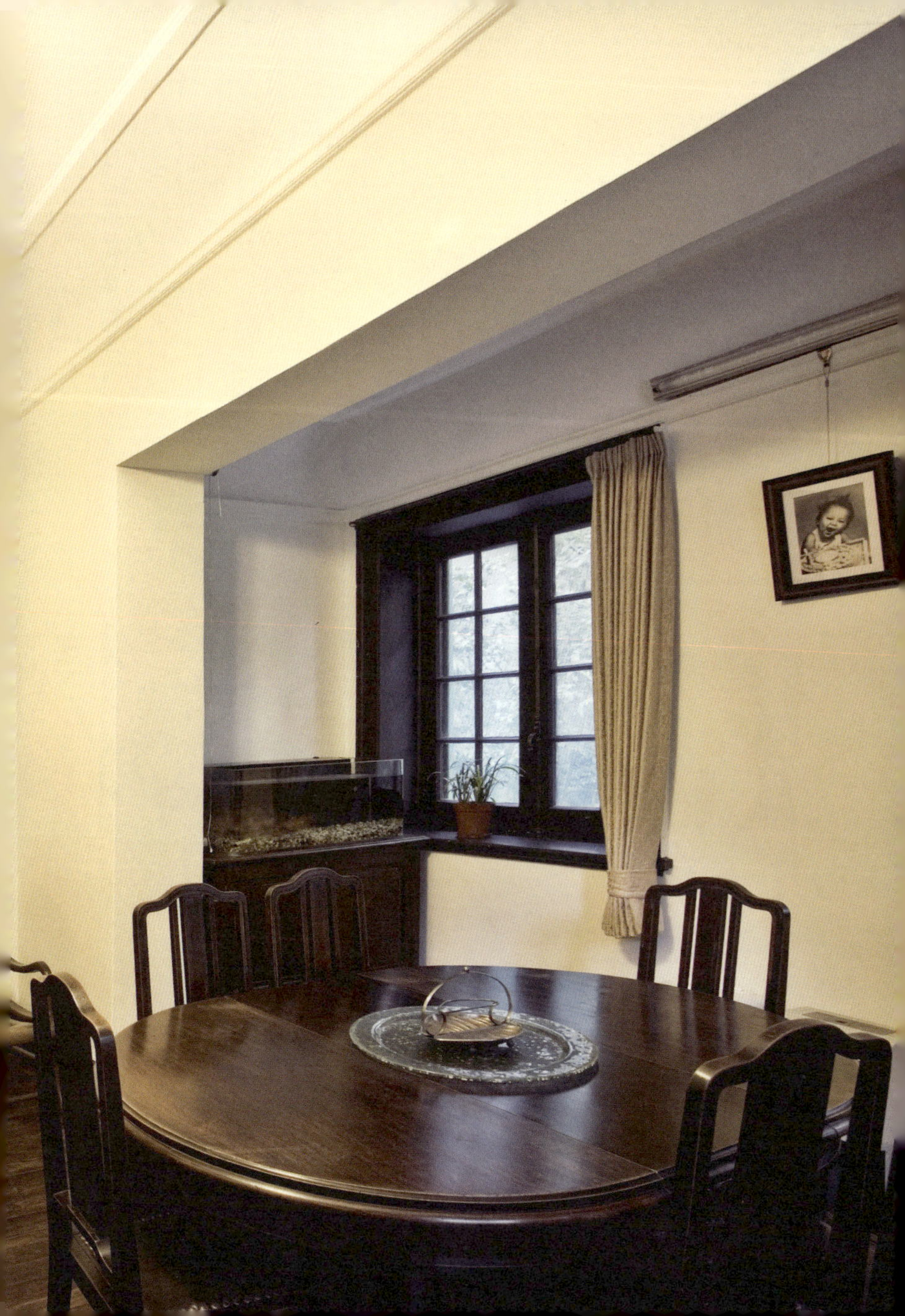

▎餐厅中挂着儿子小棠一周岁时的照片,就是这一张

的清丽的译笔,也是我所喜爱的。……她译的屠格涅夫的作品,无论如何是不朽的,我私心愿你将来悉心地再为她校阅、加工,保留下来,后世的人们依然会喜阅的。"① 穆旦也曾经写信给巴金:"不久前有两位物理系教师自我处借去《别尔金小说集》去看,看后盛赞普希金的艺术和译者文笔的清新。……她的努力没有白费,我高兴至今她被人所赞赏。"② 穆旦精通俄罗斯文学翻译,我想在这里他不仅仅是在转述两位读者的看法,也代表着他内心的评价。黄裳对萧珊译文的评价是:"她有她自己的风格,她用她特有的女性纤细灵巧的感觉,用祖国的语言重述了屠格涅夫笔下的美丽动人的故事,译文是很美的。"他还说:"我希望,她的遗译还会有重印的机会。"③

作为操持家务的女主人,通过巴金故居收藏的买菜的账本等,我们能看到萧珊为这个家的操劳。还有她对子女的爱:摆放在巴金故居一楼餐厅中的钢琴,正是1953年萧珊第一部译作《阿细亚》出版后,她用稿费给女儿买的。在一些书信中,还能看到做母亲的"絮叨":"盐李饼一包,盐金枣一包,这东西天热劳动时放在口里很好,五小包发酵粉,一包压缩酱菜(你吃吃,如好,将来可邮寄来),这些东西你或者都不喜欢,会怪我多事,那么原谅我吧,我只是一个普通的母亲。"④

---

① 黄源1973年7月1日致巴金信,《黄源文集》第6卷第4页,上海文艺出版社2009年1月版。
② 穆旦1976年8月15日致巴金信,《穆旦诗文集》第2卷第136页,人民文学出版社2006年4月版。
③ 黄裳:《萧珊的书》,《黄裳文集》榆下卷第172页,上海书店出版社1998年4月版。
④ 萧珊1972年4月25日致李小棠信。

在这个家的每个角落、每一处,从家具,到园中的草木,都能追寻到女主人的踪迹。尽管她已经去世多年,但是在巴金先生的书桌上,一直摆着她的照片;她的骨灰也一直放在巴金的床头,直到2005年11月25日,两人的骨灰搀和在一起撒向了大海。

父母与儿女

进入巴金故居主楼的门厅,人们往往会直奔客厅,而忽略了进门右转进去的一个小间,这里"文革"前曾是巴金家的饭厅,后来女儿、儿子结婚了,先后在这里住过。现在按照"文革"前的样子恢复了,这间屋子不仅有中外宾朋欢聚的身影,而且还有巴金一家人的美好记忆。单单从这里的一架钢琴和挂在墙上的一帧照片就能讲出很多故事……

钢琴是萧珊用自己的第一部译作的稿费买来送给女儿李小林的礼物。据李小林回忆,萧珊在生她之前看了一场电影《一曲难忘》,回家时不慎摔了一跤,致使女儿提前降生。不知是不是影片中的肖邦使母亲萌发了让女儿将来做一个钢琴家的梦想,反正她在女儿学音乐上花费了很多心血[1]。在给巴金的信中,萧珊也曾谈到过女儿学琴的事情:"小妹弹琴的成绩很好,只是一暑天过去,天天不练,开学时又忘掉了。"[2] 那个时候,女儿是用别人家的琴在弹,书信中我还查到萧珊跟巴金议论买琴的事情:"孩子们渐渐都长大了,都自己有一套,小妹现在整天都在弄堂里玩,不肯弹琴、念书,但

---

[1] 李小林:《〈家书〉后记》,《家书》第600—601页。
[2] 萧珊1952年7月31日致巴金信,《家书》第93页。

巴金一家 1950 年代后期摄于家中花园

也许是家里没有琴的缘故,在别人家弹,容易养成孩子自卑的心理,我也不勉强她,好在这月底前我们自己有一架琴了,在你回家之时,我要小妹弹给你听好几只小曲子,我要好好的训练她。"[1] 这里说的"月底"应当是1952年8月,可是萧珊的第一部译著《阿细亚》1953年6月才由平明出版社出版的,这里有个时间差,莫非信中提到的买琴没有买成?

---

[1] 萧珊1952年8月21日致巴金信,《家书》第101页。

客厅一角，平时巴金是坐在这里读写的

不妨再多说几句萧珊学俄语的事情。萧珊曾就读西南联大外文系，主修的应当是英语，1949年以后，学俄语成为一种潮流，加上巴金对俄罗斯文学的喜爱，他们家中的俄文书也越来越多。在巴金的鼓励下，1951年3月起，萧珊在上海俄语专科学校夜校高级班开始学习俄文。她曾给远在朝鲜战场上的巴金报告过学习情况："二、四、六，依然上课，我现在又升一级了。俄文愈读愈难，愈觉得生字把握的少，我一定坚持下去。"[1]一年半以后，她对巴金说："我在俄专算正式毕业了，拿到一张毕业证书，但这只是阁下之功。不是你，我不会想到念完它。《初恋》搞了五分之二，进行很慢，看到你对我文字评价，我更战战兢兢，我多么想获得你一个称赞！"[2]在整理巴金故居资料中，我偶然找到了萧珊上海俄语专科学校的校徽，现在把它放到了巴金故居的临时展室中展出了；不知道，萧珊的这张毕业证书在哪里——我相信，它一定还在。毕业了，萧珊继续修习俄文，是与同学跟私人学习。"俄专的同学又拉着我去读俄文，我答应了，只是我怕，这会使我工

[1] 萧珊1952年4月16日致巴金信，《家书》第64页。
[2] 萧珊1953年11月16日致巴金信，《家书》第158页。

巴金的客厅，上方悬挂着林风眠的画

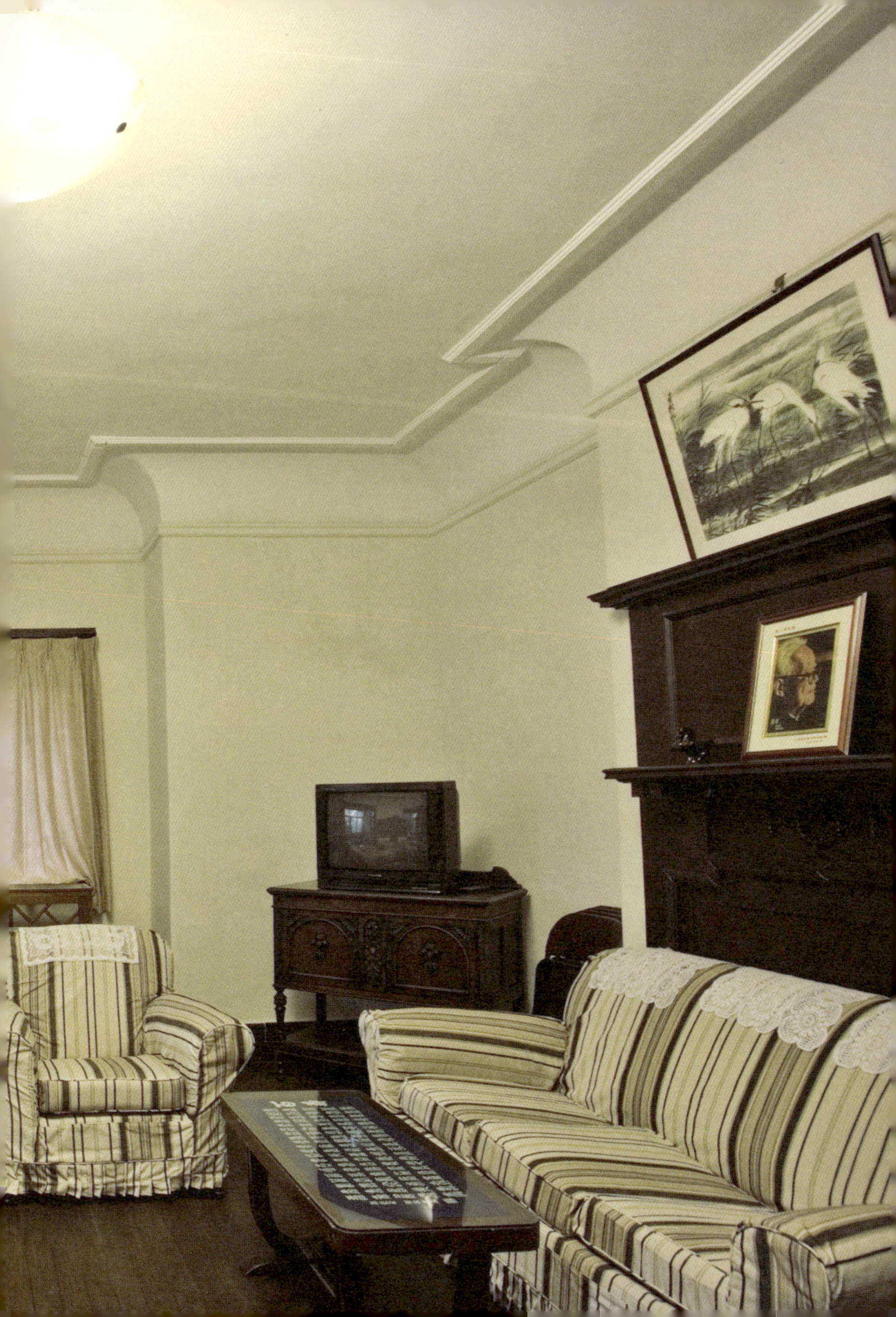

作的进展更慢了,试一个月罢,反正是找私人学。"① 在学习俄文的过程中,萧珊也开始了翻译工作。最初也是巴金在朝鲜的时候,萧珊给他写信说:"我不知道你会不会笑我:我想译屠氏的 Ася,我有了一本俄文的,但不知英文的你放在哪只书柜,我知道你要译这本书的,但还是让我译罢,在你帮助下,我不会译得太坏的。你帮别人许多忙,亦帮助我一次!"② 这就是她的第一部译著《阿细亚》(后改名《阿霞》)后来,她还译了屠格涅夫另一个比较有名的小说《初恋》。做翻译的一些甘苦她也常常与巴金分享:"翻译进行很慢,整个都是屠氏的人生观,有时候真不易处理,想到你回家,我又得挨骂了,我的脸红了!译得慢也并非都是我的过,客人也占去我一些时间,前一阵子,查良铮来上海一次,常在我家里……"③ 就这样,她把浸透了自己心血的译作得来的稿费,换作礼物又献给了女儿,这架钢琴不知有多少萧珊对子女、对家庭的爱。

正对着餐桌的墙上,挂着一幅照片,一个胖胖的小孩,头发竖竖的,张着大嘴,像是在兴奋地喊叫,又像是在应答什么,面前是一个蛋糕,上面还插着一枝燃起的蜡烛。这是巴金的儿子李小棠一周岁生日时的照片。萧珊描述过年幼的儿子,"小弟很好,很壮很傻,很美,尤其是脸上线条活动的时候,真逗人爱!"④ 小棠出生于 1950 年 7 月 28 日,一周岁生日的时候,巴金正在山东和苏北老根据地访问,不在家。出国、开会,"文革"前巴金总是在奔波中。

---

① 萧珊 1953 年 11 月 27 日致巴金信,《家书》第 162 页。
② 萧珊 1952 年 8 月 25 日致巴金信,《家书》第 104 页。
③ 萧珊 1954 年 8 月 5 日致巴金信,《家书》第 180 页。
④ 萧珊 1952 年 6 月 6 日致巴金信,《家书》第 77 页。

巴金 1960 年代摄于书房中

儿子两岁的生日，他也不在，而是在朝鲜战地访问。萧珊想念在远方的丈夫，也谈到了儿子的生日："再两星期小东西二足岁了，今年你依然不在家。"① "小棠棠二足岁的生日过了，我没有任何表示，只是星期日中午请萧荀带弟弟、妹妹在十三层楼午饭，棠棠高兴极了，跟小妹俩在厅里跑来跑去。那天还请了丁香，她带了他二年。老太太很不高兴，'弟弟二足岁就不过生了！'自然你不在也是重要的

---

① 萧珊 1952 年 7 月 15 日致巴金信，《家书》第 90 页。

因素，天气热也有关系。"[1]巴金在回信中也谈到了远在千里之外的心情："我很好，我很想念你们，特别是在小弟生日的那天。我今年又没有能够看见他那种高兴的样子。但是过两个月我总可以见到你们了。"[2]"小棠生日我在西海岸附近，我在廿七日的日记中写着：'明天是小棠的生日，我却远在朝鲜，在河边望对面山景想到家，也想到珍和两个孩子。'"[3]

这些事情相对于大历史或许微不足道，不过，那种充满了丰功伟绩的历史账簿没有人的情感和气息，未免有些冷冰冰。哪怕是叙述大事件，我仍然愿意去猜想和体会参与者的心境。更何况，这些家庭琐事、儿女情长，历史学家可以忽视，我们每一个人却不应当忽视，因为这就是生活，这就是人生，它们本来就细碎，就是这样的点点滴滴。

---

[1] 萧珊1952年7月31日致巴金信，《家书》第93页。
[2] 巴金1952年8月7日致萧珊信，《家书》第95页。
[3] 巴金1952年8月15日致萧珊信，《家书》第99页。

客人们

很多人对到过这个院子里的名流们很有兴趣,有记者也堵着我问,让我像背存折上数字一样非得精细地说出谁来过这里的客厅,谁在饭厅里吃过饭,谁去过书房。大家都知道萨特、波伏瓦这对情侣来过,还有谁,还有……这是一本书也写不完的话题,我只能反问:还是先弄清谁没有来过吧!的确,巴老交游广泛,文坛中朋友众多,登过武康路大门的更是不计其数,还是不一一点名的好。

讲几个细节：

巴金曾在这里接待过很多日本友人，1961年7月12日，在寓所见过日本作家龟井胜一郎和井上靖。龟井后来回忆："在上海，我和井上靖应邀参加了巴金先生的家宴，同巴金先生的夫人和孩子围桌欢谈。这一切都给我留下深刻印象，使我怀念不已。"[①] 谈了什么呢？没有记下来，李小林倒记得，爸爸妈妈经常会喊她来弹琴给客人听。

法国作家艾坚尔伯对这里印象也很深，尤其对萧珊的装束印象深刻。他是在1957年6月14日到巴金家的，他的印象是：

> 房间宽大、舒适，房前有一小院，客厅后边则是一块草坪……客厅的沙发和软椅上都蒙着布罩，巴金夫人也来到客厅里，当时在场的三位女士全都穿着旧式的旗袍。黑白相间的格子花呢，浓黑的头发中缀着一点红，并且发着幽光（那也许是一只别针？）。这一切更突

巴金书房中的书桌，有恐龙瓷雕

---

① 龟井胜一郎：《北京的星星》，祖秉和译，《北京的星星》第11-12页，作家出版社1964年9月版。

出了巴金夫人严整、优雅、贤惠的韵致。这里没有,丝毫没有"蓝蚂蚁"的印象!作家本人则身着"干部服",不过那套干部服的剪裁之精致却是在中国少有的。他表情开朗,睿智,一开始就吸引了我。[1]

看来,法国人在巴金的客厅里看了宣传中和他们印象里关于新中国人不同的印象。

---

[1] 艾坚尔伯:《〈寒夜〉法译本序言》,张立慧、李今编《巴金研究在国外》第167页,湖南文艺出版社1986年版。

这里还发生过这样一件有趣的误会：

今天中午茅盾请韩雪野吃饭，我作陪。他谈起尹世重同志回朝后对他说，你做菜很好。茅盾问做什么菜，我含糊地答应了一句。我不便说明那天是大三元送来的菜，外国人不易了解。晚上告诉家宝，他大笑不止。①

这是巴金1958年9月在北京给萧珊的信上说的事情。

巴金的客厅也与这个国家一起经历了历史的风风雨雨，它曾有门庭若市的热闹，也有门可罗雀的冷清。但是，真正的朋友可能不是出现在你风光的时候，而是在你不如意的时候会给你不经意送来温暖。1974年6月26日下午②，武康路113号来了一位客人，他是巴金三十年代的老朋友沈从文：

七四年他来上海，一个下午到我家探望，我女儿进医院待产，儿子在安徽农村插队落户，家中冷冷清清，我们把藤椅搬到走廊上，没有拘束，谈得很畅快。我也忘了自己的"结论"已经下来：一个不戴帽子的反革命。③

这个场景仿佛是时空的倒置，1949年沈从文遭遇困难的时候，

---

① 巴金1958年9月29日致萧珊信，《家书》第279页。
② 据沈从文1974年6月24日致张兆和信："已得巴兄回信，下午晚上统在家，将于星期三下午和程同去看看……"（《沈从文全集》第24卷第136页，北岳文艺出版社2002年12月版）6月24日为星期一，星期三为6月26日。
③ 巴金：《怀念从文》，《巴金全集》第19卷423-424页。

> 巴金书房外廊上的书桌，上面摆着萧珊照片和托尔斯泰像（李荣摄）

巴金去看过他；1965年夏天，巴金和沈从文也是这样坐在沈家的院子里：

"文革"前我最后一次去他家，是在一九六五年七月，我就要动身去越南采访。是在晚上，天气热，房里没有灯光，砖地上铺一床席子，兆和睡在地上，从文说："三姐生病，我们外面坐。"我和他各人一把椅子在院子里坐了一会，不知怎样我们两个讲话都没有劲头，不多久我就告辞走了。当时我绝没想到不出一年就会发生"文化大革命"，但是我有一种感觉我头上那把利剑，正在缓缓地往下坠。[1]

---

[1] 巴金：《怀念从文》，《巴金全集》第19卷421页。

巴金不会忘记萧珊重病前，他们接到沈从文问候的来信，在一个几乎没有人敢与他们来往的岁月里，这是何等珍贵的友情啊。1974年，萧珊刚刚去世不到两年，巴金已满头白发，两位文学大师历经风雨，"没有拘束，谈得很畅快"，谈了些什么呢？虽然不得而知，但肝胆相照的朋友，不戴面具的交谈当然畅快！一年后，沈从文给黄裳的信中，倒是记下了当日的印象："去武康路时，仍在十余年前同一廊下大花前喝喝茶，忆及前一回喝茶时，陈蕴珍还在廊下用喷水壶照料花草，……"沈从文毕竟是小说家，残酷的岁月割不断他的记忆和今昔对比的强烈印象。他还记得，那次来还与萧珊谈到，萧珊初到西南联大，一时找不到住处，还是他帮忙安排到办公室打地铺的事情。"这次到彼家中作客，则女主人已去世，彼此都相对白头，巴小姐正住医院待产，传来电话，得一女孩，外孙女已降生，母女无恙，往日接待友好的客厅，已改成临时卧房，一四川保姆正在整理床铺，准备欢迎新人。廊下似亦多久不接待客人，地面和几张旧藤椅，多灰扑扑的，歪歪乱乱搁在廊下，茶几也失了踪。我们就依旧坐下来谈谈十年种种。百叶窗则如十九世纪法国小说常描写到的情形，因女主人故去，下垂已多日，园中一角，往年陈蕴珍说起的上百种来自各地的花树，似只有墙角木槿和红薇，正在开放。大片草地看来也经月不曾剪过。印象重叠，弟不免惘然许久，因为死者长已，生者亦若已失去存在本意，虽依旧谈笑风生，事实上心中所受伤害，已无可弥补。"[1] 这是一位文学大师眼中的武康路113号，他用文字为我们留下了巴金家特殊岁月中的一段记忆。

---

[1] 沈从文1975年6月致黄裳残简，《沈从文全集》第24卷第315页。

书房里

很多来过巴老家的人都没有进过巴老的书房，特别是晚年，巴金腿脚不方便，会客都是在楼下，很少带人上楼去看看，楼上的照片也不多，所以，巴金的书房也成了一个神秘的所在。以致，我看到这样的误会，就是有一幅被称为"劫后的笑声"的照片，画面上拍的是巴金和老朋友师陀、孔罗荪、张乐平、王西彦、柯灵在一起

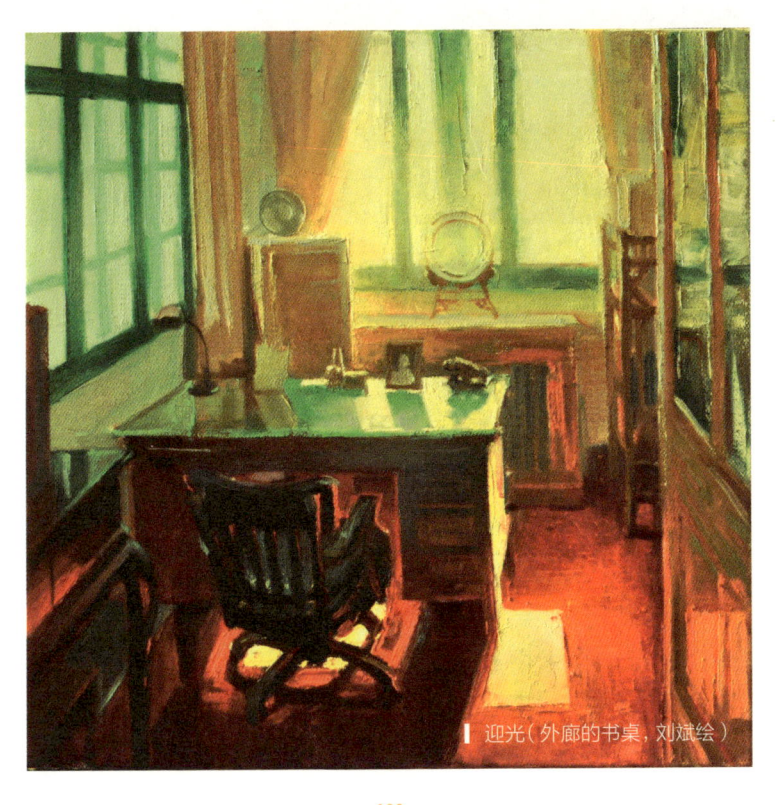

迎光（外廊的书桌，刘斌绘）

一楼的太阳间，1982年以后也成了写作的"书房"，缝纫机上写下了《随想录》后两集的一些篇章

畅怀大笑的场景。有不少人误把这幅照片当作是在客厅中照的。的确，环绕的沙发有点像，但这是在二楼巴金的书房，后面壁炉上有一尊巴金的石膏像，那是苏联的著名雕塑家谢里汉诺夫给他塑的，这是被认为最能体现巴金神态的一尊雕塑。

"劫后的笑声"摄于1978年1月10日，巴金当日的日记中记载：

祁鸣来布置环境和灯光。辛笛来电话，半个多小时后他来取去开会通知和我答应送给他的一部英译本《十日谈》。午饭后济生来，师陀、柯灵、西彦、罗荪、乐平先后来。管理灯光照明的两位同志和《文汇报》的两位同志也都来了。祁鸣最后来。两点半开始拍电视片，四点半结束。济生留在我家吃晚饭，饭后同他闲谈到九点。看书报。十一点半睡。

这些中国文艺界的名家，经历过"文革"，获得"第二次解放"，心境舒畅，自然喜形于色。

书房内间和外廊（阳台）靠墙的都是书架，书桌也有两个，一个是在屋内的，一个是在书房外封闭的阳台上。天冷一点，巴金就用屋内的书桌，这里曾经生过炉子，20世纪80年代后有了自供的暖气，1982年摔倒住院前，巴金一直是在这间书房中写作的（"文革"期间被查封）。书房内的书桌上有一个玻璃罩罩的恐龙雕塑，它是来自自贡的赠品，1987年巴金最后一次回家乡时，曾参观恐龙博物馆，这是馆方所赠。他是1987年10月15日由成都去自贡的。次日上午去恐龙博物馆，"参观结束，在休息室里，主人送了两个瓷做的恐龙给巴老，并请巴老讲话。巴老说：'我来过自贡，想不到变化这么大。'"[1] 当晚他听了川戏，过了把戏瘾。在自贡，住檀木林招待所，巴老见屋子很大，后来见到卫生间也很大，便戏言："这是给恐龙用的。"巴金平时话不多，但也不乏幽默。老人一生乡音未改，乡情愈老愈浓，在巴金故居中还藏有不少川剧的录音磁带。

放在阳台上的书桌，是个铁皮做的书桌，搬家的时候我没有抬过，不知道有多沉，也不清楚当年是怎么搬上楼的。这个书桌上有

---

[1] 李致：《巴老回乡记要》，《我的四爸巴金》第74页，中国华侨出版社2009年10月版。

一个相框很醒目，里面放的是巴金妻子萧珊的遗像。还有一个带支架的浮雕像，是托尔斯泰。巴金一生崇敬托尔斯泰，到晚年更觉得自己是在追随托尔斯泰的脚步。"巴金"这个笔名最早出现在出版物上，并不是发表他的小说处女作《灭亡》，而是他的一篇译作，那是1928年10月10日出版的《东方杂志》第25卷第19号上的《脱洛斯基的托尔斯泰论》，三个月后，《灭亡》才开始在《小说月报》第20卷第1号（1929年1月出版）上连载。在巴金影响最大的长篇小说《家》中，处处可见俄罗斯文学精神的启蒙和唤醒的作用。其序言的第一句话就是："几年前我流着眼泪读完托尔斯泰的小说《复活》，曾经在他的扉页上写了一句话：'生活本身就是一个悲剧'。"[①]巴金虽然没有直接翻译过托氏的作品，但他一生都与这位伟大的作家保持着情感的"沟通"，在他的藏书中，托尔斯泰的书不计其数，常常是一种作品数种版本，不乏珍本。巴金晚年曾多次提到过托尔斯泰：

俄罗斯大作家列夫·托尔斯泰被称为十九世纪世界的良心，他标榜"心口一致"，追求"言行一致"，为了讲真话，他以八十高龄离家出走，中途病死在火车站上。

向托尔斯泰学习，我也提倡"讲真话"。[②]

《随想录》中的这篇文章，也是巴金表达自己心志的作品，托尔斯泰晚年的追求成为巴金晚年奋斗的目标。此后，在《再思录》

---

① 巴金：《〈激流〉总序》，《巴金全集》第1卷第Ⅲ页。。
② 巴金：《"再认识托尔斯泰"？》，《巴金全集》第19卷第442页。

国务院授予巴金"人民作家"的证书

中,巴金一再提到托尔斯泰,而主要都是:讲真话,追求言行一致。在题为《最后的话》的《巴金全集》的后记中,他写道:

> 我又想起了老托尔斯泰,他写了那么多的书,他的《全集》有九十大册,他还是得不到人们理解,为了说服读者,他八十一岁带着一个女儿离家出走。他决心改变自己的生活,却没有想到中途染病死在火车站上。
>
> 这是俄罗斯大作家给我指出一条路。改变自己的生活,消除言行的矛盾,这就是讲真话。

故居花园（周立民摄）

现在我看清楚了这样一条路，我要走下去，不回头。[1]

书房会透露出主人心灵的秘密，巴金与托尔斯泰的情感，通过这一个小小的浮雕像，不也清楚地显现在我们面前了吗？

---

[1] 巴金：《最后的话》，《再思录》（增补本）第145页，广西师范大学出版社2004年4月版。

花花草草

巴金故居无论是主楼还是两座辅楼,都在绿树的掩映中,在一座大花园里。不过,通常讲到花园,还是主楼南面有草坪的这块地方。作家矫健曾经描述"文革"中他所见到的"巴金花园":

这是一座恬静、秀丽的花园。草坪绿茵茵的,冬青树墨绿、油亮;花园边上耸立着一座洋房,门窗、屋檐的油漆虽已剥落,但也看得出一层淡淡的绿色。夕阳西下,一抹金光投入这绿色的世界,更渲染出寂静、安宁的气氛。

打开窗子,就看见巴金花园了。啊,花园那么美,花园那么恬静!那座绿色的洋房,百叶窗都关着,好像屋里一个人也没有。又是黄昏时候,几朵小花绽开在青草中间,晚风徐徐,小花在夕阳的余辉里摇摇晃晃……[1]

这曾经是一家人其乐融融欢聚的地方,也是巴金散步、沉思的地方,它储存了这个家庭不同时代的记忆。"文革"之后,巴金在文章中深情地追忆过当年养过的小狗"包弟",更思念当年在草坪上逗着包弟玩的妻子萧珊。

整整十三年零五个月过去了。我仍然住在这所楼房里,每天清

---

[1] 矫健:《到巴金花园去》,《人民文学》1982年第8期。

早我在院子里散步，脚下是一片衰草，竹篱笆换成了无缝的砖墙。隔壁房屋里增加了几户新主人，高高墙壁上多开了两堵窗，有时倒下一点垃圾。当初刚搭起的葡萄架给虫蛀后早已塌下来扫掉，连葡萄藤也被挖走了。右面角上却添了一个大化粪池，是从紧靠着的五层楼公寓里迁过来的。少掉了好几株花，多了几棵不开花的树。我想念过去同我一起散步的人，在绿草如茵的时节，她常常弯着身子，或者坐在地上拔除杂草，在午饭前后她有时逗着包弟玩。……我好像做了一场大梦。[1]

临着花园环绕着主楼的路是巴金通常散步的路，他在作品中也提到过："我家里有一块草地，上面常有落叶，有时刮起大风，广玉兰的大片落叶仿佛要'飞满天'。风一停，落叶一片也看不见，都给人扫到土沟里去了。"[2] 我见过一张1955年秋天的照片，是巴金一家刚搬到这里不久所摄，照片中还有靳以一家，巴金穿着西服，规矩地站在草地上。他的身后是花园的左边，只有一棵不太高的小树。右侧这边也不像有大树样子，那么，这棵高大的广玉兰应当是巴金一家搬进来后栽的。徐开垒在《巴金传》中也提到：玉兰树和樱花都是巴金成都老家有过的花木，所以特意栽种了这两种[3]。广玉兰如今已是参天大树了，树冠与主楼齐高，树荫也占了草坪的一大半。

在巴金1964年日记中，还记下园中种花的事情："花店送花

---

[1] 巴金：《小狗包弟》，《巴金全集》第16卷第167—168页
[2] 巴金：《〈真话集〉后记》，《巴金全集》第16卷第428页。
[3] 徐开垒：《巴金传》第441页。

花园中的紫藤

树来,并代种树、栽花。"① "中饭后南洋花店的同志送来樱花两株,并替我们种上,现在我们园子里有了五株樱花了。"② 有五株樱花,可见巴金对樱花的喜欢,1955年住进来的时候,他就买过两株:

---

① 巴金1964年3月19日日记,《巴金全集》第25卷第361页。
② 巴金1964年3月30日日记,《巴金全集》第25卷第364页。

但是我对樱花早就有了感情。在我的院子里竹篱边便有两株樱花，这是我七年前用二十元的代价买来种上的。两株花品种不同，却一样长得好，一年一度按时开花，而且花朵不少。今年花开较迟，但即使在花开的时候，我从窗口望出去，篱边也还是一片绿色（篱下点缀了几朵红色和白色的月季）。……我说不出我家里两株不同的樱花叫做什么。它们都是先发叶后开花，所以盛开的时候，树上也是绿多于白，跟我在日本见到的不同。……我在自己家中有机会一年一度地欣赏樱花，这是一种幸福，我不仅可以重温友谊旅行的旧梦，我还有和日本朋友重聚的快乐感觉。……就以我这里的两株樱花为例，它们一年比一年高大、一年比一年茂盛，不过短短的几年，它们就长成大树了。[1]

前庭的樱花

樱花让他想起日本友人的友情，也为这个园中的春天增添了怒放的欢畅。如今，巴金的花园中的草坪上还有一棵樱花，春天里她仍然开放着，想来有四五十年的树龄了。从文字记载看，这个园中的牡丹、月季、桂花，

---

[1] 巴金：《富士山和樱花》，《巴金全集》第15卷第316—317页，人民文学出版社11月版。

牡丹花开,一年又一年

一年四季都装点出不同的风景,妻子的书信中经常向出差的丈夫报告花的消息:

今天桂花开始开了,金桂、银桂都绽出几朵小花来,只是靠秋千的那枝依然故我。你回来之时,当然满园芳香了。[1]

园子里现在很美,但你回家时,杜鹃一定都谢了……[2]

家里牡丹全开了,殷红如锦,可惜你又看不到了。[3]

秋天,他们还种过菊花[4],老照片上能够看出紫藤,如今,紫藤已经长得苍劲有力,其中一枝缠绕在水杉上,直奔云霄。葡萄架前,巴金一家在上世纪六十年代曾留下不少照片,可见这是他们欢喜的玩处。刚来不到一年,萧珊曾给巴金写信,谈到对这个园子的喜欢,可惜这封信没有保留下来,但巴金的回信却保留下来了:

知道你喜欢我们的房子,我很高兴,我很喜欢我们那块草地和葡萄架,我回来葡萄一定结得很多很大了。孩子们高兴,我也高兴。希望书架能够在那个时候弄好。……我希望在上海安静地住一个时

---

[1] 萧珊1957年9月18日致巴金信,《家书》第258页。
[2] 萧珊1959年4月28日致巴金信,《家书》第304页。
[3] 萧珊1963年4月17日致巴金信,《家书》第526页。
[4] 萧珊1960年11月9日致巴金信:"昨天花园的廊前又种了菊花,新买到的,虽然种子不好,但总比光秃秃的好看多了。"《家书》第389页。

巴金与萧珊 20 世纪 60 年代摄于家中花园

候写点东西。①

　　如今，紫藤仍在，葡萄架照原样恢复。往事虽远，但有迹可寻。
　　武康路 113 号，巴金在这里度过自己的后半生，这里的点点滴滴尽管都成为历史，但也不时会焕发出新的生命力，要想获知这些，还是请你自己走进来，自己来感受它吧。

2011 年 12 月 7 日

---

① 巴金 1956 年 6 月 23 日致萧珊信，《家书》第 304 页。

家书中的家庭生活

像你这样的可爱的孩子

蕴珍：信收到。我很感激你的好意。你说的话全是对的，我不会怪你，反而我感谢你那善良的心灵。你关心我，劝告我，你说要我好好保养身体，你说要把家布置得安舒一点，你说在一天的忙碌的工作之后要找点安慰。我奇怪你这小孩子怎么能够想得这么周到？……我认识了几个像你这样的可爱的孩子，你们给了我一些安慰和鼓舞。……①

这应当是现存巴金给萧珊（本名陈蕴珍）最早的一封信。萧珊是巴金的一个读者，当时还在中学读书，1936年8月与巴金通信结识并逐渐相恋。写这封信时候，他们相识仅仅半年多，两人年龄相差十三四岁，巴金信中亲切地称她为"你这小孩子""你这样的可爱的孩子"，有大朋友的爱怜，也不乏几分亲昵的意味。随后全面抗战爆发，

《家书》书影

他们辗转广州、桂林、昆明、重庆等地，并于1944年在贵阳郊外结婚。巴金与萧珊忠贞不渝的爱情传奇，随着他的充满血和泪的《怀

---

① 巴金1937年春致萧珊残简，《佚简新编》第197页，大象出版社2003年11月版。

念萧珊》《再忆萧珊》等名作而广为人知,也打动了很多读者。

巴金是一个很愿意与读者交心的作家,不过,那表达的多是思想和情感,他很少谈论自己的私生活。然而,作为一位公众人物,有那么多读者如醉如痴地读他的作品,对他的个人生活难免产生好奇和猜想,在1930年代初,有的小报甚至编出他的种种小道消息,包括某女作家又爱上他的传闻。到巴金真正结婚了,他们自然也不会放过,重庆的一份刊物就有这样简短的报道:

以著作小说,尤其《家》的写作著名的巴金,其于五月八日在贵阳花溪与陈蕴珍女士结婚。新娘上海人,现年二十五岁,长于英国文学。读者谓,久悬中馈的巴金,现在真有"家"了。巴金平日沉默寡言,此次结婚亦在沉默中举行,故知知者甚少。[①]

抗战胜利后,巴金夫妇回到上海,过上相对稳定的家庭生活,他们的行踪也曾被人捕捉:

以写革命的恋爱小说感动年青人的巴金,是一个独身主义者,但现在却有了太太,而且做了一个女儿的父亲,夫人陈蕴珍,是他在文化生活出版社的同事,现在俩人住在辣斐德路辣斐坊他哥哥的家里,生活过得很舒服的。

巴金除负责"文化生活出版社"社务外,现正整理其八年来发表的名星小品(原文如此——引者注)及小说辑成一集,另外则打

---

① 《巴金有"家"》,1944年9月1日出版重庆《时兆月报》第2卷第9期"瀛海珍闻"。

巴金 1937 年春写给萧珊的信

算写一以八年动乱中青年活跃为题材的长论小说，约十万余字，因此工作极为忙碌，一无余暇，好多处有人来请他演讲，都婉辞了。

不过巴金对私生活极有条理，虽在紧张写作生活中，仍抽出空闲陪他太太出去散步，因临近的复兴公园，每当黄昏时候，常会看见他夫妇俩在园中散步，他太太拉着女儿，巴金拿着女儿的零星衣物，边走边谈，状至亲热，真不复如一对天造地设的文化夫妇。①

① 毛龙：《巴金夫妇生活悠闲》，1946 年 7 月出版上海《东南风》第 14 期。

外人的眼睛能够看到的东西毕竟有限，有些信息还未必很准确。我想，要了解这对夫妇、这个家庭的生活状况，最形象、具体，生动又准确的记录，无过于巴金与萧珊两个人的通信了。因为战乱原因，1949年以前两个人的通信几乎没有留下来，然而，1949年到1966年间两个人的通信，以及致子女的信件，大部分都保留下来了。这个阶段，巴金担任很多社会职务，写作、工作任务繁重，国内、国外辛苦奔波，每到一处，无不牵挂妻儿和家庭；萧珊守在家里，拖儿带女，照顾老人，招待亲朋，家长里短，无不一一向巴金诉说。两个人的通信中从生活琐事到国家大事都有涉及，可谓内容广博，这些仿佛是架在这个家庭中的摄像机，在向我们直播他们的生活。萧珊曾有一个心愿，在自己的晚年，希望能将自己与巴金的通信编一本书。由于她的早逝，她的这一心愿未曾亲手实现。1994年，巴金先生九十岁的时候，他们的女儿小林完成了母亲的心愿，编辑了这本《家书：巴金萧珊书信集》（浙江文艺出版社1994年10月版）。萧珊的信，文字量大，信息密集，文笔细腻，情感丰富，她一生中留下的作品不多，《家书》中的文字就是她最重要的文字，是她以贤妻和慈母之心所写下的一部家庭史。相信，随着时间的推移，它会和鲁迅、许广平的《两地书》、徐志摩的《爱眉小札》和沈从文的《湘行书简》等同列20世纪书信文学的经典作品之林。

读个人的书信，并非完全为了窥私，也是探史，书信是用个人视角书写下来的真实历史。岁月流逝，日常生活都消散在历史的烟尘中，能够完整、真实地呈现它，这样的文献尤为珍贵，它比冰冷、"客观"的历史教科书更能让人进入历史的现场，触摸到岁月的肌肤。法国的年鉴学派，在历史研究中特别重视人的日常生活在历史进程中的核心作用,这一学派的大师布罗代尔的巨著《十五至十八世纪的物质文明、经济和资本主义》第一卷名为:《日常生活的结构:可能和不可能》。人的日常生活,是他进入这段历史的重要切入点。他说:"我的出发点是日常生活,是我们在生活中不知不觉地遵守的习惯或者例行公事,即不下决心、不加思考就到处风行和自动完成的成千个动作。我相信人类有一半以上的时间都泡在日常生活中。无数流传至今的和杂乱无章、不断重复的动作正帮助、束缚和决定着我们的生活。"[1] 在他关于这个三个世纪的宏达历史的叙述中,研究的话题竟然是:一日三餐的面包,奢侈菜肴与大众消费,住宅、服装、时尚等等家长里短、个人小事。私人记录是历史学家手里的珍珠,从这个角度看巴金和萧珊的《家书》,有儿女情、家务事,在这之外,我们也分明能够感受社会风气、时代风云,乃至历史变迁。

非常想念你

很多人看情人间或夫妻间的书信,注意的是情话,难怪,这些才体现出书信的私密性嘛,两个人当面羞于出口的话,在书信中可以直抒胸臆。巴金是一位作家,作品中不乏个性解放、大胆恋爱的描写,在生活中,他如何讲自己的情话?何况,作家这个身份本身就带给人们很多浪漫的想象,巴金的好友沈从文,以写情书赢得张家三姐的芳心,那文字真是甜得冒蜜。"我行过许多地方的桥,看

---

[1] [法]费尔南·布罗代尔:《资本主义的活力》[代译序],《十五至十八世纪的物质文明、经济和资本主义》第 iii 页,顾良、施康强译,生活、读书、新知三联书店 2017 年 7 月版。

1937年春天，巴金与萧珊在苏州青阳港

1936年8月，萧珊写给巴金的信中所寄照片

过许多次数的云，喝过许多种类的酒，却只爱过一个正当最好年龄的人。""莫生我的气，许我在梦里，用嘴吻你的脚。我的自卑处，是觉得如一个奴隶蹲到地下用嘴接近你的脚，也近于十分亵渎了你的。"[1]这样的话，在巴金的家书里有没有呢？

恐怕很多人会失望，巴金与萧珊的通信中，最为情意绵绵的语句也不过是"想念你"之类的。1952年、1953年，接连两年，巴金去朝鲜战场采访，第一次有九个多月，第二次也有半年之久，这是他们结婚以来分别最久的一次。两个人的通信中不乏思念、依恋和深情，即便如此，也不过是这样：

我很想念你们，尤其想念你。每次分别，心里总充满着怀念。无论到什么地方，我总会记着你。[2]

珍，的确，我多么想见你，想跟你单独在一起谈四五个钟头。我知道没有人像你那样地关心我，也没有人像我这样地关心你。在上海时那许多事情分隔了我们，我就很少有时间单独跟你在一起。这次分别我心里最难过，因为分别时间最久，而且对前面的工作我全无把握。[3]

这算情话吗？比较而言，萧珊的信更为感性，毕竟是女性，加

---

[1] 沈从文：《由达园给张兆和》，《沈从文全集》第11卷第93、95页，花山文艺出版社2002年12月版。
[2] 巴金1952年2月12日北京致萧珊信，《家书》第17页。
[3] 巴金1952年2月18日北京致萧珊信，《家书》第24页。

给我敬爱的先生

留乙忆风采

阿蛮宝贝

上她的文笔非常出色，有时也有小儿女的撒娇，可是，她的"情话"也很朴素：

窗外有好月光，月亮是一个，也能照到你。你在干什么……①

我的怀念也是深的，每晚上我坐上你的大椅子时，好久我不能收集我的思想。也许你又会笑我，你会说："你喜欢的是感情的闪耀，你只喜欢你自己。"可是你怎么会晓得呢，昨晚上我好久不能睡，我轻轻地喊着你。你记得不记得十几年前你讲给我听过"七重天"的故事？半年是不是很快的呢？我们分开已是半月了，对于我，这已是长得不能令人忍受的了。②

今天又刮风又下雨，很阴沉。非常想念你！③

作为妻子，她还有一份牵挂，冷啊，热啊，都在心上。"北京这几天冷不冷？老担心你衣服不够暖和。"④"你怎么样？不要太累啊。想你。"⑤

巴金毕竟是作家，他不会直呼爱呀、恋呀的，但是，他会借景抒情，也有其他含蓄、婉转的表达。1952年8月，他写道："小棠生日我在西海岸附近，我在廿七日的日记中写着：'明天是小棠的

---

① 萧珊1950年11月21日致巴金信，《家书》第10页。
② 萧珊1952年2月25日致巴金信，《家书》第34页。
③ 萧珊1960年12月17日致巴金信，《家书》，第427页。
④ 萧珊1959年4月21日致巴金信，《家书》，第300页。
⑤ 萧珊1959年10月14日福州致巴金信，《家书》第305页。

生日，我却远在朝鲜，在河边望对面山景想到家，也想到珍和两个孩子。'"这封信最后的附言中，巴金看似不经意地又写了一句："《人民文学》八月号，瓦普查罗夫那首给妻子告别的诗很好，读了很受感动。"[1]写文章讲"豹尾"，这一句话分量可是不轻，看似不经意，其实蕴含深情。萧珊心领神会，立即有回应："我们分别六个半月了，愈来愈不能忍受这距离，这次你写来的信封上好像为火烧炙过，一片焦黄色，它遭遇过什么呢？我的朋友，你没事罢？你为什么要提说那首瓦普查罗夫的诗呢，他是在跟人生告别，可是你为什么要向我说那首诗呢？我们快要见面了，再一个多月我们能互相握住我们的手，我预计九月底带小妹来北京等你，让你在北京的车站上就可以看到小妹的笑容……"（萧珊1952年8月25日致巴金信，《家书》第103页）担心，忧虑，又有盼望。作为妻子，当然不愿意看到这种"告别"的情绪。那是一首什么样的诗呢，我们读一读或许能体会夫妻间在特定环境中一种隔空的交流：

告别[2]

——写给我的妻子

有时候，我会在你的梦中走近你的身旁，

好像一个意外的和遥远的客人。

但你不要让我站在大路上——

也不要在门上插上门闩。

---

[1] 巴金1952年8月15日致萧珊信，《家书》第100页。
[2] [俄]瓦普查罗夫：《告别》，戈宝权译，《人民文学》1952年第8期。

> 我静悄悄地走进来，温顺地坐在你的身旁，
> 我凝视着黑暗，为了能看见你。
> 当我把你看够的时候，
> 我要吻你，然后就又重新走开。
>
> 　　　　　　　　　　　　　　一九四二年

走进你的梦里，这个意象巴金在后来的书信中曾有用过，我怀疑，它就来自这首诗。1955年春天，巴金过坪石时，曾写信给妻子："重经十七年前的旧路，风景如昨，我的心情也未改变。十七年前的旅行犹在眼前。"他以为一路上都有他们的回忆和妻子的脚迹，……"昨晚在车上我又梦见你了，朋友，那是十几年前的你啊！在梦中我几乎失掉了你，醒来心跳得厉害。"[1]"我很想念你，愿你到我的梦里来。"[2] 这是他们之间的心灵"暗号"。

杀一只鸡给他们吃吧

相对于卿卿我我，夫妻间更多的是柴米油盐。这些家庭琐事，向来"不上台面"，结果，当我们考察明人、宋人的日常生活、社会风俗时，不得不拿《金瓶梅词话》《水浒传》这样的小说当作材料；要写哪个人的传记，经天纬地的大事，娓娓道来，可是日常生活——恰恰是一个人最具体的处境，最真实的状态——往往一片空白。莫非，他们都是不食人间烟火的人吗？幸好，有书信在，这不是专门的记录，

---

[1] 巴金1955年3月28日粤汉列车上致萧珊信，《家书》第202页。
[2] 巴金1959年4月22日北京致萧珊信，《家书》第302页。

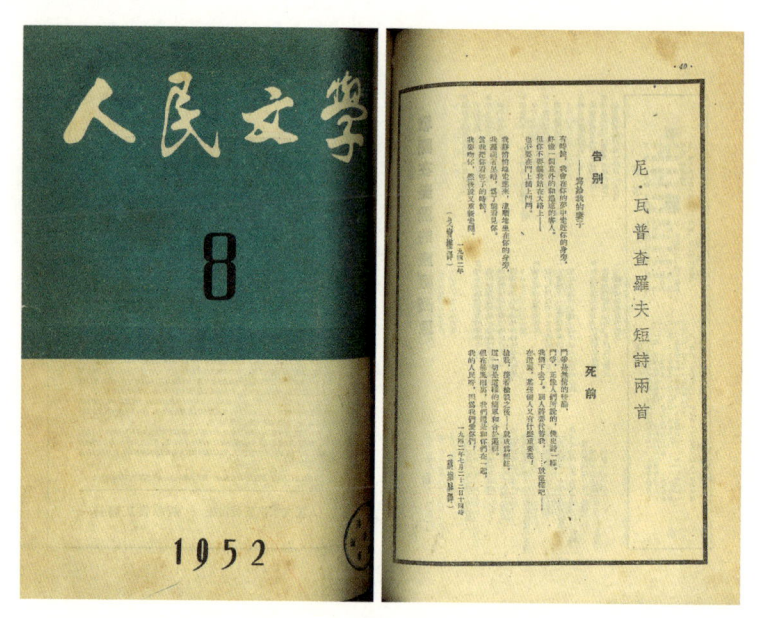

巴金与萧珊通信中提到的刊登在《人民文学》上的俄国诗人诗作

却是最本真状态的文献。

　　巴金夫妇通信中曾讨论书的版税升降、印数多少等问题，这些是巴金这个家庭唯一的生活来源，不能忽视。1949年中华人民共和国成立以后，人员单位化，收入工资化，福利供给制，这些构成中国人生活的基本条件。巴金虽然担任很多社会职务，可是，他不领国家一分钱的工资。在他们家中，萧珊没有工作，两个孩子尚幼小，继母和大嫂的生活需要他接济……这个上有老，下有的家庭，收入就靠巴金的版税和稿费，所以，这方面的变化，他们格外关注。

顾先生今天谈到改版税的问题。旧版书仍照契约结算,以后重版的书则照新办法了。大约只有百分之十光景(或者稍微少一点),详细办法要等"五反"结束后才能够确定。我说没有关系,我已经有心理准备了。"开明"因"中图"欠款一部分改作股款,所以最近很穷,这期版税一时恐难结出(大约因"三反"关系,业务已经暂停,未算出来)。我想版税虽减,我们好好生活,当不会有问题。而且我这半年可以不用钱(平明版税不多,仍作购书费)。别的话明天再写。①

萧珊在一封信中报告:"《家》的一千五百本稿费早寄来了,好像只有二百二十余万(合百分之八点五样子),《秋》尚未有消息。"②后来稿酬制度又有变化和调整,"人民文学出版社寄文集的新合同来,基本稿酬为千字10元,文集(五)的稿费已寄到,不算基本稿酬,只计印数稿酬,但却比旧办法多(《家》印三万五,只有一千多元)。他们很客气,还问你同意不同意,但你自然不会有不同的意见,我代你签字后把合同寄还他们,还是等你回家处理?中国青年出版社《一场挽救生命的战斗》也寄了合同来,如何处理,盼告。"③有一段时间,作家们主动降低稿费,好像脑力劳动得到报酬,与某种时代风尚相冲突,巴金也表示:"人民文学出版社的合同请盖章挂号寄去,稿酬十元请改为'捌元'。《一场挽救生命的战斗》的合同也请盖章寄回,并代我注明'作者声明放弃本文稿酬,只接受赠

---

① 巴金1952年2月23日致萧珊信,《家书》第32-33页。
② 萧珊1950年11月21日致巴金信,《家书》第93页。
③ 萧珊1958年9月28日致巴金信,《家书》第278页。

书十册'。我八月就去信讲过,不要稿费。"①

这些枯燥的数字,对于多年后研究中国当代社会史,或者是知识分子的生活状况,恐怕不无帮助。作为参照,我们不妨看一看同样靠版税生活的翻译家傅雷对于稿费的调整的意见。在1953年春他草拟的一份《对于版税问题的意见》中直言不讳地指出:"原则上新版税率不应当低于旧版税率:人民文学出版社的版税率虽然已经比三联的标准为高,定为每千字印万部八至十二单位——我们不妨以十个单位来平均计算,则与百分之十五的旧版税率相比,仍低过百分之五十有余。过去常闻社会人士及报纸舆论为作家鸣不平,足见其在旧社会中处于被剥削地位;何以在旧社会中被剥削的人,到了新社会中所得的报酬反而要被降低,而且降低到百分之五十以上?"② 由此可见,"新办法"计酬对于文人们生活的影响。

巴金的写作收入不能算少,不过,他们的生活却一直很节俭。女儿学琴,一直在别人家借琴弹,为了买琴的事情,萧珊郑重其事加旁敲侧击跟巴金在信中谈过几次。"小林弹琴很有进步,会自动的去练,我现在已替她接洽好了,在本弄一家熟人那里练。叶艾生每天下午都在我这里,陪小妹练琴。"③ "孩子已经弹完一本琴谱了,很有进步,手的姿势也好,只是家里没有琴,练起来太麻烦,我真想替小妹购一架,'三反'、'五反'以来琴价大跌,250—300万之间可以买架不错的钢琴,如果我的意思并不为你反对的话,

---

① 巴金1958年9月30日致萧珊信,《家书》第281页。
② 傅雷:《对于版税问题的意见》,《傅雷著译全书》第22卷第254页,上海远东出版社2018年4月版。
③ 萧珊1952年4月16日致巴金信,《家书》第63页。

1960年代初巴金夫妇与儿子小棠摄于寓所

巴金的卧室之一（薛寒冰绘）

我想这么做。"[1] "小妹现在整天都在弄堂里玩，不肯弹琴、念书，但也许是家里没有琴的缘故，在别人家弹，容易养成孩子自卑的心理，我也不勉强她，好在这月底前我们自己有一架琴了……"[2] 最终，还是萧珊用自己第一部译作的稿费给女儿买的琴。

---

[1] 萧珊1952年5月15日致巴金信，《家书》第71页。
[2] 萧珊1952年8月21日致巴金信，《家书》第101页。

在特殊的年代里，他们信中谈到"吃"都是津津有味，这从侧面能够看出那一段时期人们经历的"苦日子"。1960年底到1961年初，巴金回老家成都写作，当地政府和朋友们的招待常常让他想起家里的妻儿。1961年的元旦，巴金和沙汀去李劼人家"打牙祭"："我是今天一早和张老、沙汀夫妇一块儿坐张老的车子到李劼人那里去拜年，沙汀昨天下午就跟李劼人联系好了。张老带了点新鲜菜（蒜苔、韭黄、菜花等）去，李劼人家园子里有油菜苔、菠菜、红萝卜等，我们三点多钟在那里吃了一顿可口的午餐，我喝了两小杯白兰地，吃了半碗饭。"[①] 萧珊报告的情况是这样的："现在我们已经在计划你回家度春节了，孩子们决定不吃这个月你的照顾肉，'做酱油肉，等爸爸回家一起吃！'""这次为你寄上全国粮票36斤，请查收。因为是集中一个月打的，所以这个月粮食可能紧一些，但没有关系，我们总可以克服。文化俱乐部还有15张票，起码可带孩子们去四次！我们早已吃两稀一干了。两个保姆每月得吃70斤粮，就是说我们几个人得

---

① 巴金1961年1月1日致萧珊信，《家书》第437页。

调剂她们20斤,所以小林在外公家吃午饭,我也没有给粮票了。"①爸爸回来是个节日,孩子嘴馋了,也要等爸爸回来吃"好的":"孩子们都在计划:爸爸回来后怎样又怎样。棠棠较实际,只想吃一次清炖鸡!但现在杀一只鸡请他们吃,谁也不肯。孩子倒是很想你了,棠棠说:'爸爸快要回来了,可是等得真是不能忍耐呀。'这是他有一天睡在床上对我说的,我想想倒好笑,这太不像孩子的语汇了。"②

巴金在信中劝萧珊:"孩子想吃清炖鸡,就杀一只给他们吃吧,不必等我了。前两天陕西街招待所的炊事员同志特别给我做了陈皮麻辣鸡来,味道很好。"在同一信中,他还报了自己吃的菜名:"我留了两样菜:麻辣鸡,麻辣牛肉,再请服务员同志去买一份夫妻肺片,请他今晚来喝酒。"③在另外一封信中,同样的问题还在讨论:"国煜送来萧荀的信,讲到你们特别是小棠要把那一点好饮食留给我吃。我主张你们在我回来之前吃吧。我一直吃得好,吃得少,实在不需要什么,而且我还有可能带点吃的东西回来。我回家有好饮食,也一定让给你们吃。我高兴看见的是你们的好身体,不是你们留给我的好饮食。……沙汀昨晚来,我凑巧没有出去看戏。我请他们夫妇喝酒,有三样菜:油炸花生米、香肠、麻辣牛肉。"④萧珊回复:"你在成都吃得真好,我简直不敢对孩子们说你所吃的菜名,因为跟我们相差太远。我们这里每天每人只有二分钱菜,自然这是暂时现象,

---

① 萧珊1961年1月3日致巴金信,《家书》第441页。
② 萧珊1961年4月10日致巴金信,《家书》第445页。
③ 巴金1961年1月14日致萧珊信,《家书》第449、448页。
④ 巴金1961年1月24日致萧珊信,《家书》第455页。

巴金的卧室之二（薛寒冰绘）

卧室（李荣摄）

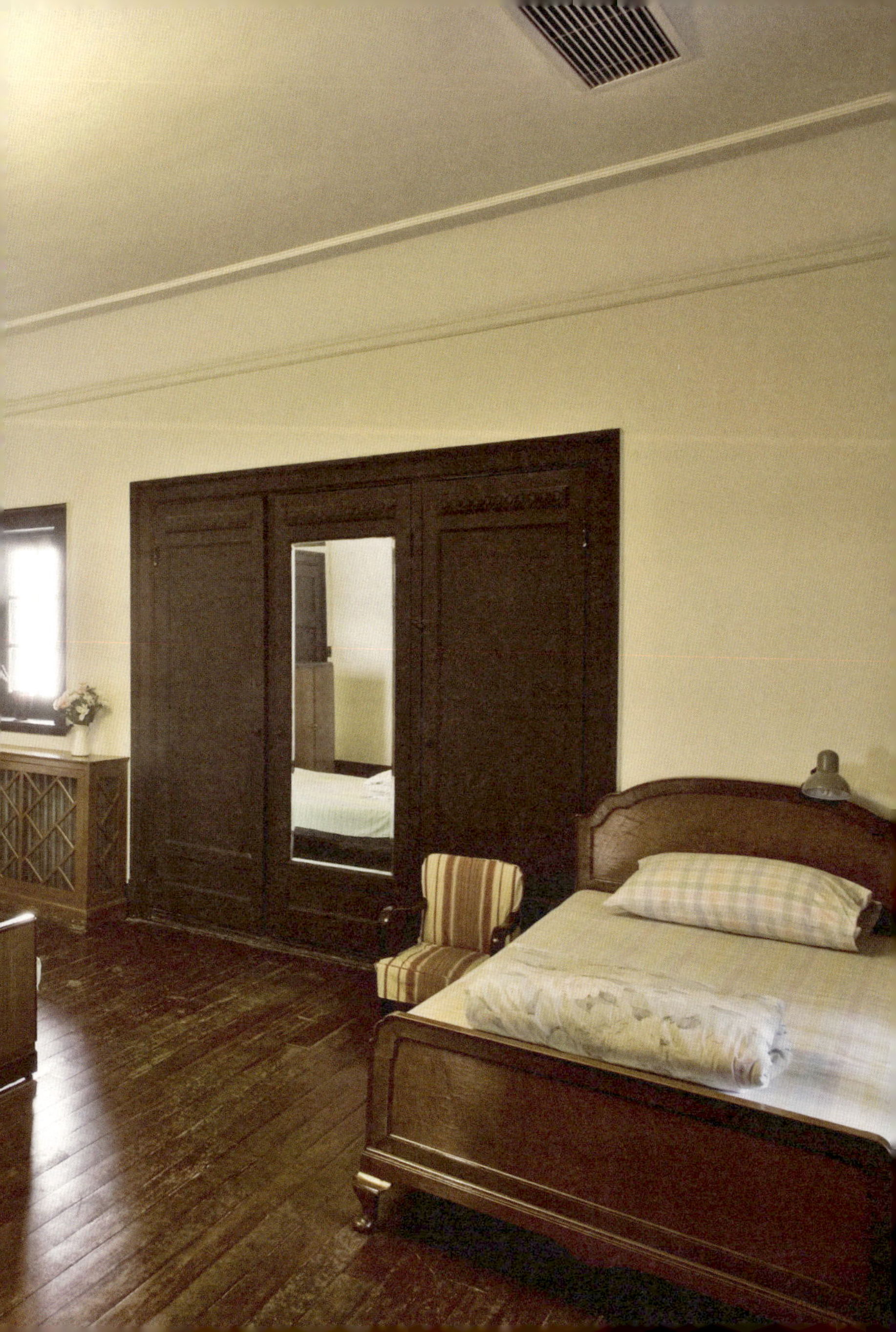

一定很快能克服的。这个月粮也大成问题：主要的两个保姆每月要吃七十斤，而她们只有伍拾伍斤粮，你又多打了十二斤，所以我们只能一天三顿稀饭了。在我家里这真是稀有现象。"[1] 今天的人看到当年大家居然一本正经地在书信中如此讨论吃的，不禁要哑然失笑；也只有经历过物资匮乏的年代，才会理解这么认真地"报菜名"吧？

同时，巴金还在盘算回上海要带什么，"挂面也许不带回上海了，唯一的原因是不好带，放在箱里或帆布袋里或别处，拿回家一定变成了火柴一样的东西。我只想把花生糖和罐头带回上海。"[2] "回来带什么东西，很难说。张老说要送我豆豉、豆瓣。那时是否会找到这些东西，也难说。我就只给你带了点花生米和花生糖，但数量很少，花生米只够你一人吃，花生糖还可以分点给孩子。这都是有了的。还有两听过年时别人送我的罐头，和小四送我的两斤挂面。此外就没有什么了。我临走也不会找人代买什么，我在这里吃了几个月，还要买东西带回去也不像话。至于送朋友的土产，我倒买了些。"[3] 两次信中都提到了"花生糖"，原来这是萧珊的所爱。

能帮助人总是好事

1950年代后半期，巴金搬到武康路的寓所，居住条件大为改善，原本的小家庭又成了大家庭，继母和两个妹妹，都与他们一家生活

---

[1] 萧珊1961年1月18日致巴金信，《家书》第452页。
[2] 巴金1961年1月1日致萧珊信，《家书》第439页。
[3] 巴金1961年1月27日致萧珊信，《家书》第456-457页。

卧室速写（罗雪村绘）

在一起。还有两个弟弟在上海（后来其中一个弟弟去宁夏工作了）。亲人之外，中外的朋友们来来往往几乎每日不断。巴金社会事务繁忙，操持这个家的重任就落在萧珊身上，她本来是一个无忧无虑的女孩子，这么快就承担这个角色，我不知道她一下子是否适应，只是感觉：在外人眼里，巴金家的女主人可能很风光吧，可是，她付出的辛苦也不是我们能够想象的。

家长里短，是谁都避免不了的具体生活，为了支持巴金的工作，保证巴金的写作不受干扰，萧珊做出巨大的努力。照顾老人，抚养孩子，协调亲朋，把千头万绪安排妥当，真是不简单、不容易。

国煃七月一号将结婚了，我购了一件毛衣和一对枕套送她，算

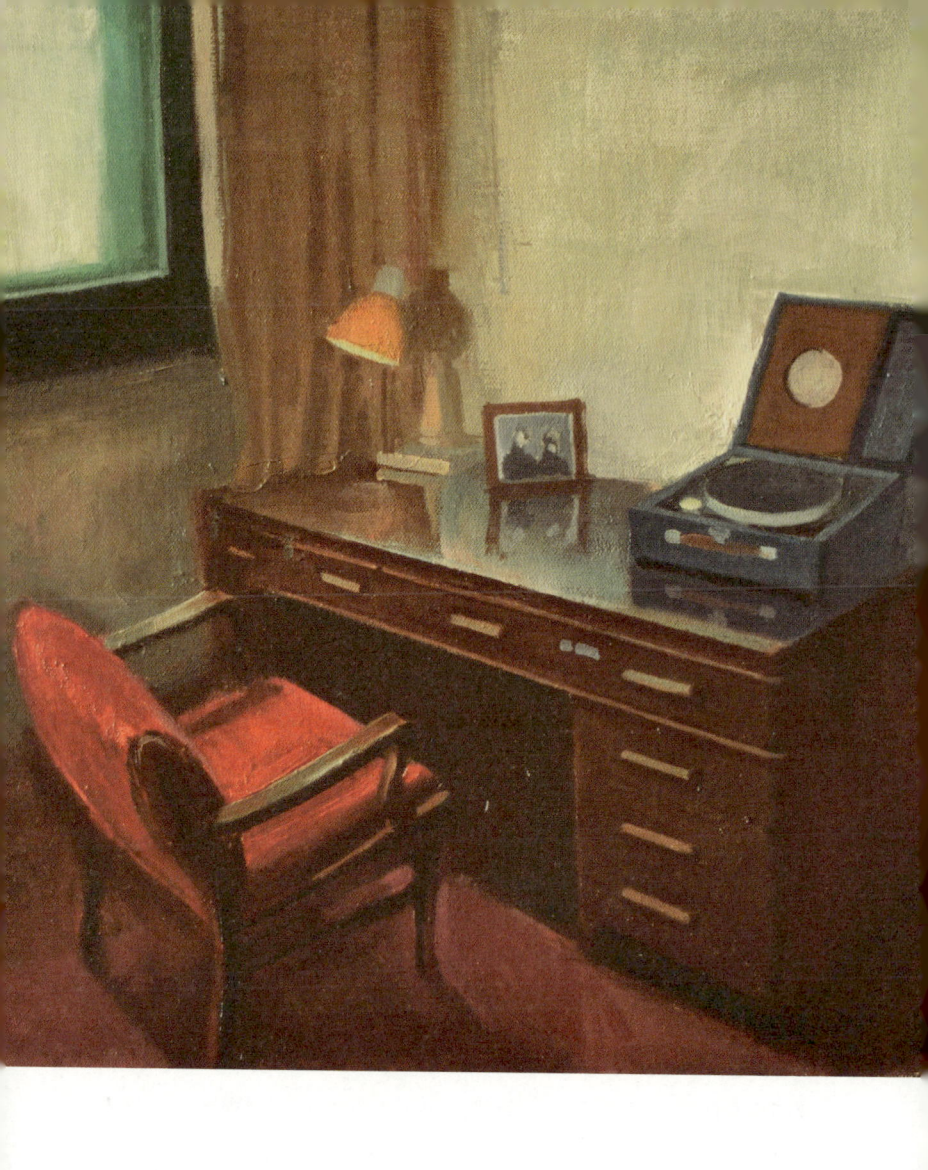

这张书桌曾是萧珊工作的地方（刘斌绘）

作纪念。我相信你知道这事一定很喜欢，我已经写了贺信去。①

前不久大嫂有信来，而且给你的，说了半天没有提到要钱的事，但是我还是在给九姐寄钱时多汇了十四万，让九姐转给她，能帮助人总是好事。②

我告诉过你没有，陆不如回乡去休养了，临走时我还送他十万元，日前有信来要我寄他五万元，我寄去了。能帮助人总是愉快的事。③

家里都很好，你放心。今天陆不如来，我拿给他八万元。

后天是靳以生日，我买了两双送你那样的丝袜送他。只是后天他不能请我们吃面，他要陪贵宾。

马小弥今天刚有一信来，说起她兄弟的教育问题。她原则上赞成她兄弟去北京，只是北京无处可住，学校又不收住宿生，而且限定我们十日内作决定。④

侄女、大嫂、朋友、朋友的孩子，方方面面，萧珊都要照顾到，还要做到。

老话讲"清官难断家务事"，家务事也最容易引起夫妻或亲人间的矛盾，"难断"乃是有时候这完全不是以是非来论断的，理性在以亲情为基础构建的家庭中，往往是无效的。巴金和萧珊的家书中，

---

① 萧珊1952年6月16日致巴金信，《家书》第83页。
② 萧珊1952年8月25日致巴金信，《家书》第103-104页。
③ 萧珊1952年8月21日致巴金信，《家书》第101页。
④ 萧珊1953年8月8日致巴金信，《家书》第121页。

偶尔也露出某些家庭矛盾的端倪,然而,他们似乎都能以体谅对方的态度把它们从容解决了。比如,巴金的九妹讲从四川来到上海,跟他们一起生活,萧珊的信中是这么写的:

> 有一件事你没有告诉我,九姐将来上海。日前采臣来叫我从三哥存款里取一百万给她寄去,当时我很奇怪,我以为她在医牙,后来采臣说:"四哥难道没有告诉你,我们约九小姐出来。"我很伤心,原来你并不是什么都告诉我的![1]

采臣,是巴金的弟弟,当时巴金在北京出席第一届全国人民代表大会第一次会议。从上面的文字中判断,就是兄弟俩把"九姐"约到上海来生活,却没有跟女主人讲。也许,这个话巴金讲不出口,而自己的妹妹又不能不照顾,他只好采取瞒天过海之术造成既成事实。想不到让李采臣提前把这件事透露了,萧珊既感到尴尬,又"很伤心","原来你并不是什么都告诉我的"!这是一句抱怨、责怪的话,文字平淡,却是她对巴金很重的责怪了。有意思的是,我没有看到巴金接下来的信对此的解释,也许后续的信没保留下来,也许当面跟妻子解释了?反正,这件事情已经成为事实,也就这样了,并未影响家庭关系。在后来的几十年中,九妹一直跟巴金一家生活在一起,直到1997年12月22日去世。

婆媳关系、姑嫂关系,也是每一家庭都令人头疼的关系,巴金家里也未必就花好月圆,但是萧珊还是表现出女性的大度、忍让和

---

[1] 萧珊1954年9月24日致巴金,《家书》第193页。

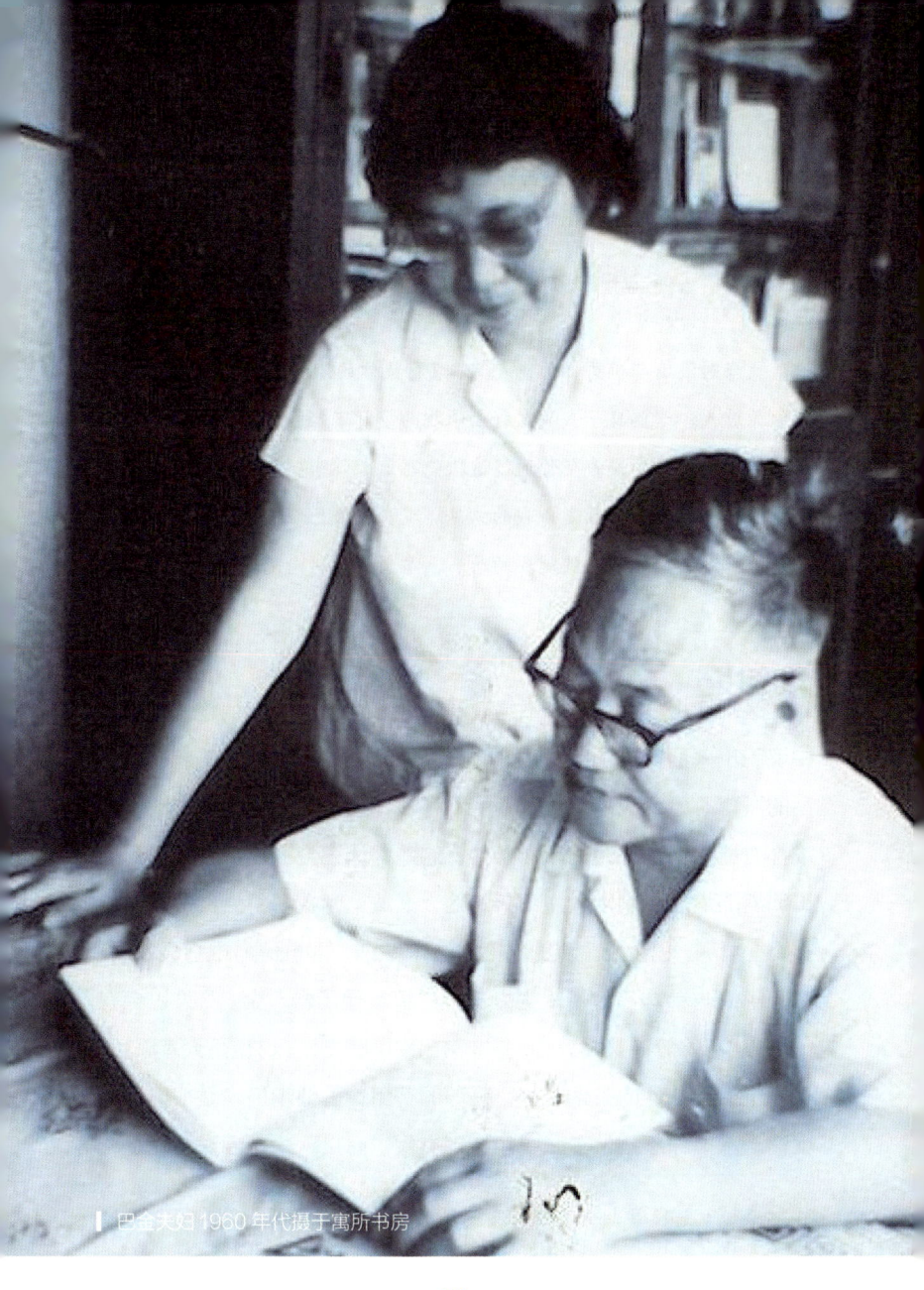

巴金夫妇 1960 年代摄于寓所书房

坚韧，非常难得。最集中的表现是1960年秋冬巴金回成都写作那一次，巴金离开上海不过二十多天，继母去世。——其实，在巴金离开不久，继母便生病，情况很严重，萧珊为了不影响巴金的情绪和写作，一直没有把真实情况报告给巴金：

我当时没有明确告诉你，是我不忍打扰你的情绪，如果我做得不对，请你原谅我。这些日子我的肩膀上承担的重量不轻，我很矛盾，党和人民对你的期望很高，希望你通过这次能写出长篇来，我何忍来扰乱你！我跟罗荪商量过，罗荪支持我的意见。现在老太已经过去，我看到你的电报很难过，你的悲哀就是我的悲哀，希望你时时念着我们，保重你的身体。[1]

这次回川写作，十分不易，是组织上特意让巴金从繁忙的事务中解脱出来而安排的。写出"大作品"来，是巴金进入"新社会"后的多年心愿，也是社会的期待和呼唤，当时正值社会困难时期，成都方能够保证巴金的写作条件，这些都让巴金珍惜机会，得到继母病逝的消息，刚刚入川不久的他，无法返回上海，治丧的工作只有委托萧珊。巴金给萧珊的电报是这样写的："陈蕴珍：电悉极哀痛，殡葬事请与弟妹等商量妥为办理，详情望速函告。金。"[2] 巴金有一个"与弟妹等商量妥为办理"非常原则性的交代，这也是大有深意。在这个家里，他的条件最好，殡葬的费用，由他承担，是很显然的事情。承担却不擅做主张，他特别交代"商量"，是因为毕竟是继

---

[1] 萧珊1960年10月28日致巴金信，《家书》第372-373页。
[2] 巴金1960年10月27日致萧珊电报，《家书》第369页。

巴金 1952 年 3 月 8 日赴朝途中写给萧珊的信之一页

母,而弟弟、妹妹则是继母的亲生孩子,尊重他们的意见更为重要,从简短的交待中,能够看出巴金办事的细心和平等对待各方的苦心。

这是让萧珊累倒的一桩苦差,在陈同生、孔罗荪等朋友的帮助下,从老太太入院到办理后事,一切都是在她的操持下办理的,要操心,也要出力。在这一过程中,她还事无巨细地将每一步情况写信报告给巴金,让他安心、放心。里里外外,费尽心思。因为困难时期,找不到更好的棺木,为此萧珊信中向巴金表示歉意:

这次费用都是我们负担的,老太刚过去,我就说:"经济方面的事情你们不必担心,我们负担好了!"这次花钱并不多,到现在为止,还只花去八百余。主要的是棺木购不到好的,罗荪曾说:如果对这种棺木不满意,可找人委设法。但现在是增产节约的时候,我开不出口(这次事情我以不麻烦人为原则,自己能办到的,自己办)。我又怕他们有意见,和济生等商量后,他们也强调不找人委,自己去买。所以我们买的棺木是市上能购到的一种。去年罗荪老太太就是睡这种。这件事是我感到抱歉的。[1]

对此,巴金的回信表示完全理解:

老太的事情你们安排得很好,我完全放心了。你说棺木只能买到市面有的那种,为这事感到抱歉。我觉得并没有可以抱歉的理由,你说抱歉是思想上有问题(不要说我给你扣帽子),能买到市面上

---

[1] 萧珊1960年11月2日致巴金信,《家书》第378页。

有的已算是尽了自己的力量。组织上照顾我们，能推掉的就应当推掉。……现在大家都在全力搞生产，我们怎好向组织作过分要求？所以你们不找人委想法，也是很对的。……关于老太，我觉得要是这一两年你能听我的话，在有些小事情上面多忍一些，多让老太一些，使她过得更高兴些，那就更好了。她的缺点是另一个问题，人刚过去不便谈这些事。不过，这次为老太治疗殡葬，我不在，好些事还得靠你。你花了这许多精力，办了许多事情，也算对得住她老人家。你也用不着难过。[1]

信中也透露，婆媳关系在这样的家庭中也是很难相处的，不过，他真诚地向妻子表示感谢。同时，他又担心起与母亲相依为命的妹妹："老太去世后，瑞珏一定很哀痛，你如有机会，可多多劝她节哀。"[2]这个叮嘱，也碰倒了萧珊的苦水瓶，她也趁机向丈夫倒了一回苦水：

……我因为前一阵忙乱，加上老太生病时受了凉，她的事情刚办好人就瘫了，咳嗽老不好……瑞珏的确很伤心，老太过去后，人就瘦了，现在还在看医生吃药。这次瑞珏很脆弱，老太过去后她就躺下来，九姑妈留在家里陪她，我们跑腿外还得事事征求她的意见，安抚她的情绪。大殓前一天，连罗荪都说，"你还是找个人照顾她，要不，大殓时你顾内顾外会太紧张。"……瑞珏则不同了，凡事有我们顶着，她可以钻到个人感情里去。你放心，我们会照顾她的，

---

[1] 巴金1960年11月7日致萧珊信，《家书》第386-387页。
[2] 巴金1960年11月9日致萧珊信，《家书》第391页。

我现在就让济生夫妇多来我们家玩。①

老话怎么讲？家家都有本难念的经。

茅盾问做什么菜

巴金的那些朋友，一多半都是名字写在文学史上的光辉灿烂人物，平常，他们都躲在各自的文字后面，我们不识庐山真面目，可是在他们夫妻间的通信中，偶尔一句或寥寥几笔谈到朋友，却如剪影，立即勾勒出这些人的面貌来，精彩处算是当代《世说新语》。

萧珊笔下的沈从文，就是一个童心未泯的调皮孩子："傍晚沈从文打电话来，说明天早晨八时多来看我，好家伙这么早！他说了好久要我猜他是谁，可是我猜不到，他还是很有意思，明天我该请他吃饭。"②原来，大作家也玩这种"猜猜看"的小把戏啊。卞之琳，"卞诗人"，当时还没有走出那场著名的苦恋，再后来，他又有了新的追求对象，结果倒是同样的，依然无望，唉，这苦命的人儿哟：

卞更苍老，精神倒还好，颇有寂寞感。③

还有一件大事也可以告诉你，黄裳订婚了，有一天黄裳陪那位小姐来我这里坐了很久，第二天就去无锡。我们在报上读到他们订

---

① 萧珊1960年11月14日致巴金信，《家书》第394页。
② 萧珊1953年11月27日致巴金信，《家书》第162页。
③ 萧珊1953年10月5日致巴金信，《家书》第140页。

婚的消息。只是卞之琳还是忧伤满面,有一天他请我在四马路一家酒店吃螃蟹,大聊他自己,所说的不是他本人,就是张家的事,我很同情他。①

你走的第二天,卞诗人来了,那天晚上在汽车旁边,他轻轻说:"也许明天来看你。"第二天早晨我还没有脱掉睡衣(只是八点半呀),此公就来了,直坐到十一时半,我本想留他吃饭,可是我实在累了。现在去苏州了。②

卞之琳又回来了,已经找过我一次。那位小姐的事好像难成了,小姐明白表示,愿意跟他做个朋友,进一步却不能了,因为一切都有距离,不论学识、年龄……卞之琳将回北京另外进行了,但愿他此行顺利。听说他好像月中回京。③

巴金所讲的"你做菜很好"的故事,不禁让人轻松一笑:"今天中午茅盾请韩雪野吃饭,我作陪。他谈起尹世重同志回朝后对他说,你做菜很好。茅盾问做什么菜,我含糊地答应了一句。我不便说明那天是大三元送来的菜,外国人不易了解。晚上告诉家宝,他大笑不止。"④"家宝",万家宝,曹禺也。信中提到的另外两个名字,是朝鲜作家。萧珊"做菜很好"的名声已传播海外,再转到文学巨

---

① 萧珊1953年11月16日致巴金信,《家书》第157-158页。
② 萧珊1955年7月3日致巴金信,《家书》第209页。
③ 萧珊1955年7月9日致巴金信,《家书》第212页。
④ 巴金1958年9月29日北京致萧珊信,《家书》第279页。

匠茅盾那里，事实上，是叫的外卖，菜是饭店送到家里来的。巴金又为这件事添了一道波折是，他也没有跟茅盾等人解释，最终的情节是，晚上又与老朋友曹禺，闭门"大笑不止"……那一代的事啊，岁月的风仿佛吹不散。而今，人远去，他们的音容笑貌随着这些文字又在我们的眼前复现。

轰炸时我们在另一处山头

书信是私人书写，也是历史文献，个人生活无论怎么"与世隔绝"，它总是时代和历史森林中的一棵树一根草，一枝一叶，它们的生长都与这片土地的土壤、气候、大环境息息相关。反过来看，一片森林带给我们的是总体的印象、笼统的感觉，而只有抓住了一枝一叶，我们才算真正走进它，才能身临其境。

私人书写，是打开厚厚的历史大门的一把特殊的钥匙。新中国成立初期的"三反""五反"运动，前者是针对国家干部的贪污、浪费、官僚主义腐败现象的，后者是针对工商业者和资本家的行贿、偷漏税、偷工减料、盗骗国家财产和盗窃国家经济情报的违法行为的，这些都说对社会生活产生直接且影响的行为，历史学家金冲及认为："这是又一次触及社会方方面面的移风易俗的大扫除。"[1]萧珊给远在朝鲜战地的巴金的信中，也提到了几家私营出版社在"五反"运动中的定案情况。开明书店出版过《家》等大量巴金的创作，平明出版社是巴金主持的出版社，赵家璧经营的是晨光出版公司："开

---

[1] 金冲及：《二十世纪中国史纲》第3卷第761页，社会科学文献出版社2009年9月版。

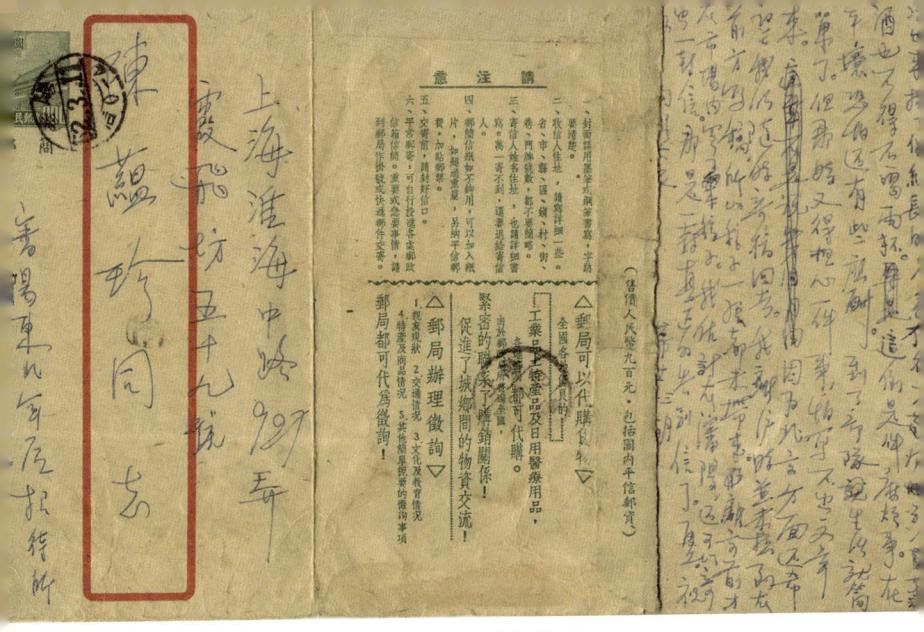

巴金1952年3月11日赴朝途中在沈阳写给萧珊的信

明版税日前已寄来，是算到三月底为止的（这次半年一结），但跟上次三个月结算比，也多不了多少，大概是'五反'关系，进书的少。'平明'早定案，是基本守法户，赵家璧也是基本守法户。——总之，我们都很好……"[1] 基本守法户是什么概念呢？查阅历史文献可知，当时分五类：守法户、基本守法户、半守法半违法户、严重违法户和完全违法户。基本守法户，具体指违法所得未满200元者，或者超过这个数额，但是情节轻微又能彻底坦白者。从后来的结果看，守法户，占10%-15%的比例，基本守法户占50%-60%的比例，是占大多数的部分。

在后来的书信中，他们还谈到"公私合营"，谈的也是他们出

---

[1] 萧珊1952年5月15日致巴金信，《家书》第71-72页。

版社和熟悉的编辑的情况:"明今天正式过去了,二编室六位(康、杨、叶、潘、郝、成),祝在总编室,其他两位,一搞通联组,陈绮在资料室。陆则等他反省后再进新文艺,据说工作也在二编室(俄文组),另外一个人也待反省后再进去,这个人你想不到会是林亚一吧。小顾进中图,据说还是一个什么科的科长,戴子明也进中图。采臣的位置还没有确定。昨夜新文艺开联欢会,孔罗荪太太还跳新疆舞。"[1]"公私合营"也是共和国的历史上的大事,读历史教科书,我们可能没有太多感性认识,但是,书信中的言辞涉及每一个人、每一个家庭的命运的时候,历史从统计数字到具体的人的时候,这个时候,我们才能感觉到它的有情、无情。

在这批书信中,最值得注意的当然是关于抗美援朝的记述,巴金两赴朝鲜,前线体验,所见所闻,有他的散文和小说公开发表的作品传达,书信和日记等文本,展现的却是公开文本不曾深入的层面。这些细节甚至琐碎到喝酒的事情,因为担任朝鲜战地创作组的组长,巴金不得不喝点酒:"昨晚文化部请吃饭,我喝了十多杯黄酒(小杯)和一杯白酒,居然没有大醉。这次出来挂了个组长的名义,在这种场合上不得不敬酒,别人敬酒也不得不喝两杯。这倒是件麻烦事。在平壤恐怕还有些应酬。"[2]"昨晚这里开欢送会,我喝了几杯苏联香槟,醉了,不过出来吐了一阵也就好了。"[3]巴金是这个组年岁最大的作家,从名望和资历上也无人能与他相比,但是,他很注意这个问题,说明他不愿意搞"特殊",不想游离于集体之外,

---

[1] 萧珊1955年12月29日致巴金信,《家书》第222页。
[2] 巴金1952年3月11日沈阳致萧珊信,《家书》第51页。
[3] 巴金1952年4月10日朝鲜致萧珊信,《家书》第61页。

1960年代，巴金与太太萧珊摄于花园

而是尽量与大家打成一片。除了为人的修养之外,这里还有一个特殊的背景不能不提,他们去朝鲜也是身负知识分子思想改造的任务。因此,在生活上,他克己奉公,连喝茶、抽烟这样的问题,他都很注意。"我很好。在部队里处处受到照顾,生活相当舒适。我感到受之有愧。除了上次在连部防空洞内十多天喝白开水外,天天都有茶喝。处处都送烟来,我不愿意浪费国家财产,这月起索性不抽烟了。"[1]

公开文章中,巴金更注重宣传效果、政治倾向,书信中,他会谈到具体生活环境和个人印象,两者结合起来,我们才能看到完整的战地生活。"这里离开城有两百多里路,白天热,晚上凉。但是我和李蕤同住一屋,是朝鲜老太太家,满屋都是小虫,我说是与小虫和平共处。她一家人住在隔壁,老太太昨天烧炕。(朝鲜人热天也烧炕),把屋里烧得像蒸笼,弄得我失眠,半夜起来吃凉茶拌炒面。"[2] 他还谈到朝鲜勤劳的妇女,遭受着火破坏的平壤,以及不怕冻的人们:"朝鲜这个美丽的国土和勇敢热情的人民真使人感到依恋。朝鲜妇女勤劳,担任种种繁重工作,但是她们喜欢穿得红红绿绿,喜欢唱歌跳舞。平壤城好房子都炸光了,可是街上还有不少的人。我们穿着棉军服、戴皮帽子到处跑来跑去,朝鲜人早已穿春天的衣服了。他们就在冬天也穿得少。"[3]

朝鲜战争,金冲及说"这是新中国成立以来最重大的对外战争、

---

[1] 巴金1952年5月20日朝鲜致萧珊信,《家书》第73页。
[2] 巴金1952年7月17日朝鲜致萧珊信,《家书》第92页。
[3] 巴金1952年4月10日朝鲜致萧珊信,《家书》第61页。

政治斗争和军事斗争",① 它对二十世纪后半期东亚乃至世界格局都产生重要影响,关于它的描述的著作——从军事上、政治上等等——不计其数,作为作家的巴金,在给妻子的书信中却特别提到一位美军阵亡者身上搜出来的书信:

> 离开连队的那天,前面打了一个小胜仗,敌人两百人左右攻一个山头,被我军一个班打退了。敌人伤亡几十,我们伤亡各三人(后来敌人报复,大炸我们前三天去看过的一个较高山上的阵地,被打落两架飞机。轰炸时我们在另一处山头看见)。敌人丢下尸首一具,前晚我军找着那尸首,昨天早上把从死尸身上搜到的信送到团部,还有一本小本《新约》和侦探小说。我回到团部见到了信。一封六月廿二日发出,署名 your loving wife(从死者母亲信上知道她名 Bett),说她躺在床上写信给他,还说前些天有客人,她把床让出来了,现在她又睡到自己床上,想着他们在一起过的日子,说她寂寞,说天气冷,她希望床上铺十张毡子免得冻死,说她爱他,要永远等他。最后还印一个红唇印,注上 our kiss,又写"I love you from every bit of me"。母亲廿四日信上说:今天是你生日,我要做一个蛋糕,你可能听见我们唱你的生日歌,这个时候要是我在你那边或者你能回到家里多好。从这些小儿女的私情和小人物的悲哀里可以看出美军士气的低落,但也使人更憎恨美国那些战争贩子。他们毁了许多平凡人的幸福。②

---

① 金冲及:《二十世纪中国史纲》第3卷第761页。
② 巴金1952年7月5日朝鲜致萧珊信,《家书》第87-88页。

对于这封信,萧珊的回应是这样的:"前几天《大公报》有李蕤一篇文章,其中也提起那个美国兵尸首身上找到的他母亲和妻子的信,我感到亲切极了,因为你也跟我讲过那封信的事,你在七月十七日的信里还告诉我李蕤和你住在一屋里。谁都不要战争,而战争在进行着,美帝国主义者又在扬言要轰炸北朝鲜七十八个城市,你知道这个消息使我多么不安,但是我会克服这情绪,我不该让任何阴影笼罩着我,我要学习志愿军乐观的精神。"[1] 这也是作为一个妻子的回复。

巴金没有在文章中写这件事情,的确也不好写,作为敌对阵营的"敌人"来对待,是一种写法;作为一个普遍的人而言,恐怕又是另外一种写法;在对峙时刻,环境允许怎么写,又是一回事情。巴金在书信中,很少直接向妻子报告前线的情况,他这么细致地向妻子转述这封信的内容,显然,这封信里有为他所动之处,战争究竟给每个人带来什么?一个作家有他的视角和敏锐性,这一点也可能跟历史学家不同。当然,历史有时候是复杂的,多层次的,随着时间的推移给人的感受可能也不一样。

不论怎么样,这些保存下来的第一手资料弥足珍贵,它们是一个家庭的生活百科全书,也是一部宏大历史的草稿。

2020 年 1 月 14 日于上海;1 月 16 日改定

---

[1] 萧珊 1952 年 8 月 21 日致巴金,《家书》第 101 页。

女主人萧珊

大门刚刚关上

最初了解萧珊的事情,当然是通过《随想录》中《怀念萧珊》《再忆萧珊》两篇文章,平常不太多谈个人的生活和情感细节的巴金先生,在这两篇文章中深情地回忆与"最亲爱的人"一起生活的点点滴滴,十年生死两茫茫,这些文字和着血和泪,让萧珊的形象在我心中镂刻至深。到巴金故居工作以后,这个家里的很多家具都是她选来的,巴老的卧室和书桌上也有萧珊的照片,他们的很多遗物、遗稿更让我感觉到他们的精神气息。有好几次,站在武康路113号的大门前,我想起巴金先生的话,更是感到心上被狠狠地抓了一把:

> 她离开我十二年了。十二年,多么长的日日夜夜!每次我回到家门口,眼前就出现一张笑脸,一个亲切的声音向我迎来,可是走进院子,却只见一些高高矮矮的没有花的绿树。上了台阶,我环顾四周,她最后一次离家的情景还历历在目:她穿得整整齐齐,有些急躁,有点伤感,又似乎充满希望,走到门口还回头张望。……仿佛车子才开走不久,大门刚刚关上。不,她不是从这两扇绿色大铁门出去的。以前门铃也没有这样悦耳的声音。十二年前更不会有开门进来的挎书包的小姑娘。……为什么偏偏她的面影不能在这里再现?为什么不让她看见活泼可爱的小端端?[1]

---

[1] 巴金:《再忆萧珊》,《巴金全集》第16卷565页。

怀念萧珊　　　　　　　　巴金
——随想录之五

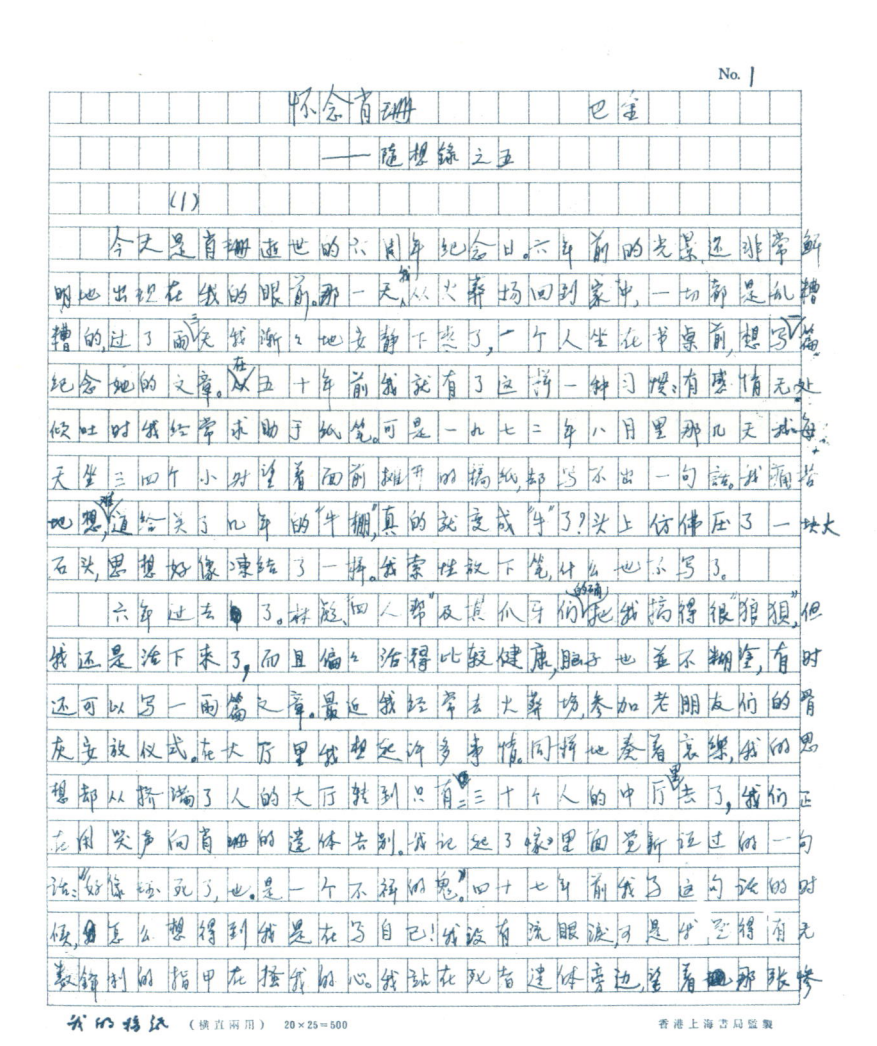

(1)

　　今天是萧珊逝世的六周年纪念日。六年前的光景还非常鲜明地出现在我的眼前。那一天从火葬场回到家中，一切都是乱糟糟的过了两天我渐渐地安静下来了，一个人坐在书桌前想写篇纪念她的文章。在五十年前我就有了这样一种习惯，有感情无处倾吐时我经常求助于纸笔。可是一九七二年八月里那几天我每天坐三四个小时望着面前摊开的稿纸却写不出一句话。我痴痴地想，这给关了几年的"牛棚"真的把我变成"牛"了？头上仿佛压了一块大石头，思想好像冻结了一样，我索性放下笔，什么也不写了。

　　六年过去了。"四人帮"反党集团横行的时候把我搞得很"狼狈"，但我还是活下来了，而且偏偏活得比较健康，脑子也并不糊塗，有时还可以写一两篇文章。最近我轻轻去火葬场参加老朋友们的骨灰安放仪式。在大厅里我想起许多事情，同样地躺着哀乐，我的思想却从挤满了人的大厅转到只有三十个人的中厅去了，我们正在用笑声向萧珊的遗体告别。我记起了家里面曾新近过的一句话："好像珠死了，也是一个不祥的鬼。"四十七年前我写这句话的时候怎么想得到我是在写自己！我没有流眼泪可是我觉得有无数锋利的指甲在搔我的心。我就在死者遗体旁边望着那张苍

我的稿纸 (横直两用) 20×25=500　　　　香港上海書局監製

巴金《怀念萧珊》手稿之一页

那是 1984 年，生病住院的巴金，在一个夜晚又默默地念起萧珊的名字，他想喊道："我到哪里去找她？！"

对于巴金，萧珊永远在心底和记忆中；对于我们，1972 年就已经去世的萧珊，被人不断提起，仿佛也很熟悉，细想起来却又十分模糊。作为武康路 113 号的女主人，她是巴金先生和这个家庭举足轻重的存在，这样的问题会不断地在我心底提问：萧珊什么样子，她是一个怎样的人？"寻找萧珊"成为这些年来既诱惑，又令我无法回避的一个话题。我买来她翻译的仅有的几本小说，看到一位有才华的翻译家。《家书》出版后，从她那些琐屑又灵动的文字中，我看到一个贤惠的妻子和慈爱的母亲。八九年前，我还编辑过一部《萧珊文存》，接触到她青年时代的诗文，以及进入新社会之后的创作，看到一位与时代同步、不断追求进步的身影。我还看过她很多照片，从少女时代到中年，这是一位美丽又智慧的女性……然而，这一切的一切，远不能让我有把握地说：我认识了她。

因此，当我要写一点东西表达对她的理解时，仍然没有把握。终于，我找到一条捷径：从她的朋友们的印象里剪辑出一个"萧珊"来，展示出她生命的不同侧面。

她是我的一个读者

与萧珊从结识到相恋，巴金在文章中写得很简单："她是我的一个读者。一九三六年我在上海第一次同她见面。……我认识她的时候，她还不到二十，对她的成长我应当负很大的责任。她读了我

萧珊 文存 xiaoshan wencun

巴金先生在《怀念萧珊》中说:"她比我有才华……我很喜欢她翻译的普希金和格涅夫的小说。……阅读它们对我是一种享受。"在我丧失工作能力的时候,我希望病榻上有萧珊翻译的那几本小说,"等到我永远闭上眼睛,就让我的骨灰同她的搅和在一起。"如今两位前辈都魂归大海了。这本《萧珊文存》收集了这位有才华的女士的散文、随笔、书信和译文,是迄今为止作者最为全面的一本文集,也是对他们和那个时代的一个郑重的纪念。

上海人民出版社

| 《萧珊文存》书影

少女时代的萧珊

的小说，给我写信，后来见到了我，对我发生了感情。"[1] 这是一个吸引了很多人的美丽传奇，我和许多人一样，对它充满好奇，想知道更多的细节。

关于这段恋情，我目前看到最详细和最可信的记述，是彭新琪的《巴金的夫人萧珊》《巴金萧珊之恋》两篇文章。它们是作者采访巴老所得，除误记的因素之外，算是第一手资料。1992年在《巴金的夫人萧珊》一文开头，作者说：

> 巴老已是88岁高龄，病体衰弱，早已宣称不再接受采访。这次破例答应给我讲讲他和他挚爱的妻子萧珊的事，可是他不无遗憾地说："你错过机会了，你该早一点作准备来问我的。现在我精神不行了记性也差一点……"

---

[1] 巴金：《怀念萧珊》，《巴金全集》第16卷第26页。

我说:"不,我没有错过机会,现在正要抓住机会来问你。"

我非常珍惜这次机会,向他问个不停。他正患感冒,咳嗽多痰,但他思维清晰,几十年前的事,记忆犹新。他用略带沙哑的声音回答我的提问,不时沉浸在回忆之中。①

在《巴金萧珊之恋》中,作者说:"巴金怀念他夫人萧珊的文字已很多了,但写巴金和萧珊爱情的文章却很少,不少作家不敢触动巴老这个感情的'禁区'。但是《上海滩》杂志的编辑鼓动我去作和尝试⋯⋯"② 这都证实了,文章的主要材料来自巴金本人。

这两篇文章补充了很多巴金的文章未曾谈及的细节。比如,萧珊第一次写给巴金的信,很短,短得巴金记不起内容了,但是,巴金记住了她字迹很特别,落款是:"一个十几岁的女孩。"更重要的是,巴金清楚地记得他与萧珊第一次见面的情景:

我请巴老讲讲初识萧珊的情况。

巴老不假思索就脱口而出:"我们是1936年第一次见面的。那时,萧珊写信给我,说有些事情要找我谈一谈,约我到新雅饭店见面。怕我不认识,会闹出笑话,便在信里附了张照片给我⋯⋯"

那天上午,巴金先到了"新雅",他在二楼选了间对着楼梯口的厢房,叫了茶,过了一会儿,照片上的那个有着一双明亮大眼,梳着童花头的女学生出现了。她一眼认出了巴金,快活地笑着,好像见到了熟人似地走了过去,"李先生,你好早啊!"

"早,早!"开始他们就没有生分感,她大大方方坐在巴金对面,

---

① 彭新琪:《巴金的世界》第19页,宁夏人民出版社1997年4月版。
② 同前,第32页。

操着宁波腔的普通话开始讲自己的事情。她说话很急,巴金听得认真。

萧珊原名陈蕴珍,小名长春。她的母亲受"五四"新思潮影响,思想比较开通,在文学艺术方面也很有修养。萧珊只有姐弟二人,受母亲影响较大,姐弟俩都对革命充满激情。萧珊在学校还演过话剧,扮演《雷雨》里的四凤,由演戏认识了上海从事话剧运动的进步人士,经常参加活动。可是她父亲思想古板守旧,对她限制很多,所以她想离开这个守旧的家庭,到社会上去做个自食其力的人。

巴金诚恳地告诉萧珊，最近他刚写信劝阻过一个17岁的孩子不要逃出家庭。他觉得孩子的心就像一只小鸟，在羽毛尚未丰满时，是不能远走高飞的，在这五光十色的社会里，会被凶猛的老鹰捕食。他用具体事例说明现实生活的复杂，要小孩子切不可盲目冲动。他认为年轻人应该有读书的权利，因为知识是人人应该有的东西……

巴金恳切地分析，打消了萧珊离家的念头。巴金平易近人，坦率诚恳，热爱人生的态度，拉近了这位大作家和中学生之间的距离。[①]

萧珊给巴金的这张照片，保存下来了。巴金劝阻萧珊的意思，在他的《短简》中《给一个孩子》《答一个"陌生的孩子"》两文里都曾表述过，有人猜测这两封信中有一封是给萧珊的，从巴金上面的叙述可知，这倒不一定，巴金把信中的同样意思当面陈述给萧珊而已。

见面以后，两个人的交往更加频繁，

——————

① 彭新琪：《巴金萧珊之恋》，《巴金的世界》第35页。

巴金与萧珊第一次会面的新雅酒家

萧珊经常到文化生活出版社，或去巴金借住的拉都路上的马宗融的寓所，以及后来的淮海坊去探访，甚至以一个女性的细致关心这个单身汉的生活。1937年春天，巴金给萧珊的一封残简保留下来，从中，能够看出巴金对于个人生活的态度，也能够看出萧珊此时不是一个普通读者，她已经介入到巴金的生活中来了：

蕴珍：

信收到。我很感激你的好意。你说的话全是对的，我不会怪你，反而我感谢你那善良的心灵。你关心我，劝告我，你说要我好好保养身体，你说要把家布置得安舒一点，你说在一天的忙碌的工作之后要找点安慰。我奇怪你这小孩子怎么能够想得这么周到？其实这些话我都知道。但我不能做。我的环境是很复杂的，性格也是很矛盾的。你从我的文章里也可以知道我是怎样的人。对于我，一个凌乱的房间，一大堆外国文破书，也许更可以使我满意；再不然，一次远地的旅行，或者和许多朋友在一起做事，也是好的。或者关在房里整天整夜地写文章，或者在外面奔走，或者整天地玩个痛快，这些我都受得住，我不惯的就是一个有秩序的安定的家。这家在别人是需要的，我也常常拿这事情劝别人。但我自己却想做个例外的人。我宁愿一个人孤独地去经历人世的风波，去尝一切生活的苦味，我不要安慰和同情，我却想把安慰和同情给别的人。我已经这样地过了几年，这种生活不一定是愉快的，但我过得还好。我认识了几个像你这样的可爱的孩子，你们给了我一些安慰和鼓舞。这虽然不

萧珊 1939 年 8 月 28 日摄于昆明金殿风景区树上,时在西南联大读书

一定是我所愿望的，但你们究竟给了我一些……①

"我宁愿一个人孤独地去经历人世的风波，去尝一切生活的苦味，我不要安慰和同情……"巴金这话还带着他崇拜的那些革命者的味道，仿佛要革命就不配享受人间幸福。他为什么这么说，是感觉到感情上甜蜜的负担么？

在巴金、萧珊留下的为数不多的早期照片中，有一张1937年5月，巴金与萧珊在苏州青阳港划船的照片，照片上萧珊笑得那么轻松、快乐。青阳港之行，巴金晚年也有补充：

1937年初夏，巴金完成了手头的一些工作，和靳以等几个朋友参加旅行社办的苏州青阳港半日游。这一次，他们邀请萧珊同去。

青阳港是旅行社新开发的一个旅游点，主要是划船。巴金两年前刚在北京学会了划船，还参加过在北海的划船比赛；划船是他最喜欢的运动。萧珊不会划船，但她喜欢拿着桨玩水，她和巴金坐在一条小船上，看见靳以的船靠近了，她就天真地大叫："快，快，我们不要让他们赶上来！"样子十分可爱，有时，她望着划得满头大汗的巴金，会温柔地问一声："李先生，你累不累？我们慢一点划吧！"人小，却有颗温存体贴的心。②

---

① 巴金1937年致萧珊（残简），《佚简新编》第197页，大象出版社2003年11月版。
② 彭新琪：《巴金萧珊之恋》，《巴金的世界》第38页。

不清楚她的岁数

随着时间的推移,他们的关系在进一步发展。复活节时,巴金知道萧珊喜欢吃巧克力,特地从老大昌买回很大的蛋形巧克力糖。萧珊每一次来巴金这里,都是兴冲冲而归。可是,有一次,萧珊从楼上下来,流着眼泪,住在二楼的索非夫人忙问是怎么回事,萧珊委屈地说:"我告诉他,我父亲要我嫁给一个有钱的人。他,他说,这件事要由我考虑决定……"随后下楼的巴金,解释了他的意思:

巴金结婚时没有办过婚礼,也没有结婚照,这是 1954 年清明节摄于上海虹桥公墓的合影

"我是说，她现在还很小，很年轻，充满幻想，不成熟，需要读书、成长。我告诉她，我愿意等她。如果将来她长大成熟了，还愿意要我这个老头子，那我就和她生活在一起。"毕竟，巴金比萧珊要大上十三四岁，成为恋人，巴金即便没有顾虑，也有一份责任。他始终对萧珊说："你是自由的！"① 这是巴金一贯的态度。

两个人关系的"确定"，是在1938年7月间，巴金从广州返回上海修改小说《爱情的三部曲》，当时，萧珊的母亲成秀娟与巴金会面了。"她破除了传统的订婚方式，亲自出面，请巴金和萧珊一起到附近餐馆吃了一顿饭。在餐桌上，她表示承认巴金和自己女儿的关系，她把女儿交托给巴金。""巴金不善言辞。他在内心郑重地接受了萧珊母亲的重托，口中连声说：'好嘛，好嘛！'可是他还是再次表示：萧珊是自由的。我愿意等她几年，到那时再看她自己的意思。"② 从此之后，巴金公开承认萧珊是自己的未婚妻。

1938年7月底，萧珊中学毕业后，去广州投奔巴金，家里人以为他们会马上结婚。可是，一年后，重返上海，他们并未结婚，问缘由，是巴金支持萧珊先上大学。得知这个决定，萧珊的母亲说：对这个女婿，我是很满意的。

巴金与萧珊的感情，既平常又特殊。从大的方面讲，他们或许更注重精神上的联系，而并不看重一些细节。比如，巴金说："我一直不知道萧珊到底是多少岁，直到她去世，才从她表妹那里弄清楚。"对此，巴金又解释："只要两个人好，年龄、家庭有什么关系！"③

---

① 彭新琪：《巴金萧珊之恋》，《巴金的世界》第40-41页。
② 同前，第43-44页。
③ 同前，第39页。

相恋八年,两个人结婚,没有摆酒宴、请朋友,而是躲在贵阳郊外,要了几份小菜,独享二人的幸福。婚后,巴金留在贵阳做了个小手术,让新媳妇萧珊独自回成都老家去看他的亲人,这也够奇特的,不过萧珊也兴致勃勃:

> 巴金的侄女们听说四婶要来,开始还有些担心上海富家小姐会住不惯他们租借的陋屋,可是当这位说着一口宁波腔普通话的年轻四婶来到面前时,她们的担心消除了。原来这位小姐一点不娇,又是那么爽直大方。她坐下来的第一句话就说:我爸爸说李先生这么大年纪还没有结婚,怕是家里有大老婆,所以我一定要到李先生老家来看看。她的玩笑话把大家都逗笑了,她们也就顺着这个话题说了开去。巴老告诉我,萧珊开这个玩笑,是因为30年代上海有家小报上登了一篇文章,说我在家乡有三个妻子,我也没理会。萧珊便把这个谣言当作笑话说了……[1]

抗战胜利后,他们回到上海,萧珊的母亲已经去世。几年未见父亲,萧珊要回宁波探望,这也算是结婚后第一次回娘家。可是,萧珊考虑到巴金写作和编辑工作的繁忙,她没有要巴金同行,而是自己带着女儿小林同一位表弟回家。她打算以后接父亲到上海来住,那样见面的机会很多,所以不必拘于旧礼,非要这一次一同回去。向父亲解释后,萧珊的父亲也没有计较这些……在今天很多人看来,这是要不得的事情。近几年,看报纸上报道,春节期间小夫妻离婚

---

[1] 彭新琪:《巴金的夫人萧珊》,《巴金的世界》第25页。

巴金记录抗战时期与萧珊一同流亡经历的散文集《旅途通讯》，这些文字的背后有萧珊的影子

巴金的散文随笔集《龙·虎·狗》

率最高，大多数是为了在谁家过年这样的事情大吵大闹。想到巴金和萧珊一辈子相亲相爱，我们应该明白，在两个人的情感中，什么才是最重要的。

他们的家庭组建也是这样的，婚后，他们来到重庆，在文化生活出版社中安下了第一个家。这个家是仅能容纳下一张床的楼梯间，家无长物，只有四个玻璃杯，这就是巴金先生常说的："从贵阳我和她先后到了重庆，住在民国路文化生活出版社门市部楼梯下七八个平方米的小屋里。她托人买了四只玻璃杯开始组织我们的小家庭。"[1] 这期间的生活，田一文在《我忆巴金》（四川文艺出版社1989年12月版）中有详细的描述，几年前，我在《如火的青春，如歌的岁月——记巴金的抗战岁月》（收《闲话巴金》，四川文艺出版社2019年1月版）一文中也有引述，在此就不重复。需要重复一句的是，物质并不是在任何时候都像某些人想象得那么重要，正如苏格拉底所说："劝告青年人和老年人，不要只关心自己的身体和财产，轻视自己的灵魂；我跟你们说，美德并非来自钱财，钱财和一切公私福利都来自美德。"[2] 也许，我们太"轻视自己的灵魂"了。

我在你的身边

在抗日战争紧张的时期，我们一起在日军进城以前十多个小时逃离广州，我们从广东到广西，从昆明到桂林，从金华到温州，我

---

[1] 巴金：《怀念萧珊》，《巴金全集》第16卷第26页。
[2] 《苏格拉底的申辩篇》，王太庆译《柏拉图对话集》第41页，商务印书馆2011年4月版。

们分散了，又重见，相见后又别离。在我那两册《旅途通讯》中就有一部分这种生活的记录。四十年前有一位朋友批评我："这算什么文章！"我的《文集》出版后，另一位朋友认为我不应当把它们也收进去。他们都有道理，两年来我对朋友、对读者讲过不止一次，我决定不让《文集》重版。但是为我自己，我要经常翻看那两小册《通讯》。在那些年代，每当我落在困苦的境地里、朋友们各奔前程的时候，她总是亲切地在我的耳边说："不要难过，我不会离开你，我在你的身边。"[①]

这是巴金对他们抗战时代生活的回忆，作家是个幸福的职业，他可以把自己心灵的秘密隐藏在文字之中，既与人共享，又有所隐藏。记录他们这段逃难历程的《旅途通讯》中，巴金只写了"一行十人""我们""年长的朋友"，后来的注释中出现过"我的一个兄弟"，其他都是笼统的话，普通读者在这里根本看不到萧珊的身影。然而，从广州逃出来，一路上的大小事情，文中记述甚详，巴金和萧珊等亲历者一定很清楚每一个细节，这是他们心中的"秘密"，也是一生中最为珍贵的记忆之一，所以巴金先生说："为我自己，我要经常翻看那两小册《通讯》。"

所幸，他们的同路者，张兆和的大弟弟张宗和留下一份题为《秋灯忆语》的稿子，里面有这段经历的记述，和巴金的文字相互参证。在1960年代所写的自传体小说《烽火》（未完稿）中，张宗和交代过他与巴金的交往：

[①] 巴金：《怀念萧珊》，《巴金全集》第16卷第26-27页。

1940年9月，巴金、萧珊、张晓天、沈从文、张兆和、王树藏、萧珊摄于昆明西山

在广州，家麟没有什么熟人，只有在北平时熟悉的作家倪非，在上海沦陷后他们文化生活社就迁到了广州，倪非和孙叔文同是作家又是好朋友，在北平倪非在孙家住过一个时期，那时家麟还在清华读书，进城时也住在姐夫家，他们就这样熟了，还有同倪非共同编《文学季刊》的秦已和家麟家训都很熟悉，他们经常一起去听韩世昌的昆曲、杨小楼的京戏。这次家麟到了广州，和竹一起去看过他，倪非请他们吃过一次饭，很明显，倪非已知道竹是他的未婚妻了。[1]

---

[1] 张宗和：《烽火》，《秋灯忆语》第359-360页，人民文学出版社2013年版。

巴金 1938 年摄于桂林

上文中，"家麟"是张宗和，"倪非"是巴金，"孙叔文"是沈从文，"秦巳"是靳以。"竹"是张宗和的未婚妻孙凤竹。1938年9月，张宗和追逐未婚妻到了广州，在1944年11月所写的回忆中他说："我在广州的朋友不多，病好我就去找主持文化生活出版社的李芾甘先生，我们在北平时就熟，一谈起他们也正预备撤退，还有一个文化机关宇宙风社和他们一同走。于是我决定和他们一同先到桂林再说。"[1] 就这样，他携未婚妻凤竹在10月20日与巴金等人一道坐船离开广州：

下午我们真走了，孙二哥送我们到珠江边，这一天的景象已大不同，警察挨家叫门，叫人撤退，珠江边堆满了行李，划子许久也叫不到一艘，我们的船还在江心，必须坐划子去。我们在邮局门口等同行的人，一直到天黑了我们才由小船上到我们所坐的大货船上。

---

[1] 张宗和：《秋灯忆语》，《秋灯忆语》第18页。

孙二哥低低地叮嘱他妹妹说:"人家不比我们,在路上不要闹脾气,不要累人。"我装着没有听见。满江灯火的时候,孙二哥才跳上小船回到岸上。

当夜船开行,我们到三水后,听说广州在21号就失陷了。①

码头送别的情景,在巴金的笔下是这样叙述的:

另外还有一个朋友,他来送别他的胞妹和她的男友。他家里有一位患着不治之疾的母亲,他无法将她移往别处,也不能抛撇她独自寻找生路。他好像落进一个深渊,无力挣扎,等待命运来将他推到渊底。他送走他的妹妹,仿佛送一个希望到活的世界去。我在旁边听见他对他们说:"你们好好地去生活罢。你们这样出去,我也就放心了。"我刚刚跟石龙的朋友握手告了别。我看见石龙的朋友已经上了小艇,害怕小艇立即开走,便催促那位做哥哥的人回去。我们搭的舱在上层,由一个短梯上去。我站在下面舱板上说话。接着那个做哥哥的人便躬着身子爬下来了。我的另一个朋友,即是他妹妹的男友,也跟着下来。他一边走,一边叮嘱做哥哥的道:"你回去对她母亲说得好一点,不要说是这样的船。"做哥哥的点头说:"我晓得,你只管放心,"又转头对妹妹叮咛了两句,声音有些呜咽了。我也跟这个善良的人告了别,他还对我说:"以后我会随时写信报告你们广州的情形。"②

---

① 张宗和:《秋灯忆语》,《秋灯忆语》第19页。
② 巴金:《从广州出来》,《巴金全集》第13卷第173-174页。

这里"还有一个朋友",就是凤竹的哥哥"孙二哥","她的男友"自然就是张宗和。根据张宗和的回忆,巴金所说"十个人"都落实清楚了:"船是只货船,很大,有点像轮船拖,乘客只有我们十人,十人之中又分两组,一组是宇宙风社,由林翰[憾]庐老先生为领袖,此外有他的一位公子和三位宇宙风社的职员。另一组是文化生活社,以李芾甘先生为首,此外有他的女友陈小姐和弟弟李采臣先生。"[1]张宗和与女友在巴金这一组,正好十个人。巴金、萧珊与他们是在柳州分手的,张宗和、女友和李采臣一道乘西南公路局汽车去重庆,巴金等人则去桂林。在这之前,从广州出来,经佛山、三水、高安、禄步、太平、德庆、都城、梧州、石龙、柳州,他们一路都在一起。有一个细节,巴金和张宗和两个人都有记述:

在前楼我们睡到半夜,蚊香把一个朋友的枕头烧着了(我和他同睡在地板上)。他从梦中醒来,拿着枕头不知道应该怎么办,只顾用一本《口琴吹奏法》去压灭火。这没有用,火在鸭绒枕头中间延烧。烟早把我惊醒了。我忙乱中拿起皮鞋踏那个枕头,一面把枕头套取开。我的眼睛被烟熏得流了泪。那朋友也是这样。他慌张地抢过枕头一面说:"吐口水,吐口水!"他真的吐起口水来。我看这情形不对。枕头芯已经烧成了几段,而且贴着地板烧,便捧起一堆从窗户往楼下街中抛掷。街上静寂无人,忽然远远的电光一闪。我吃了一惊,我以为警察来了。但是我不得不继续把着火的鸭绒抛到街心去,另一个朋友也起来帮忙。那个主张吐口水的朋友便把剩

---

[1] 张宗和:《秋灯忆语》,《秋灯忆语》第20页。

余的半个枕头芯拿到下面去用水浇熄。等另外两个朋友醒起来时,我们的"消防"工作已经完成了。睡在外面房间的房东却始终不曾睁过眼睛。①

这个惊险又有趣的细节,张宗和叙述与巴金的有一个差异,就是"巴金先生还叫大家吐口水";而巴金文章中明明记的是"那朋友",即李采臣,"另外两个朋友"当时张宗和与女友。考虑到巴金的文章是写于事情发生后的两个月,而张宗和是在六年后,而且当事人不应把自己的事情按在别人头上,我认为巴金的说法更可靠些。在张宗和的叙述中,提到一句萧珊("陈小姐"),很是有趣:"巴金先生和他的女友很亲热,陈小姐很会撒娇,我们常常背后笑他们。"② 那正是他们热恋时节,相信每一个细节都镂刻在巴金的记忆里。1991年,巴金拿到张宗和这份稿子时,曾说过:"读着它,我好像又在广州开始逃难,我又在挖掘自己前半生的坟墓。"③ 三年后,他又说:"翻开稿子我便想起三八年我和宗和同船逃出广州的情景,现在我把《忆语》原件交给您,请你在方便时代我还给充和,不过我留下了一份新的复印件,也可以应付那些问我要三八年逃难的材料的朋友。"④ 逃难,并不是一件愉快的事情,然而,与自己最亲爱的人共艰危,灰暗的记忆里则有了不同的亮色。

---

① 巴金:《石龙——柳州》,《巴金全集》第13卷第206页。
② 张宗和:《秋灯忆语》,《秋灯忆语》第22页。
③ 巴金1991年12月2日致张兆和,《秋灯忆语》第371页。
④ 巴金1994年3月4日致张兆和,《秋灯忆语》第372页。

昆明往事

1938年初,萧珊与巴金到达桂林后,第二年2月,他们又经金华回到上海。巴金蛰居在淮海坊写《秋》,萧珊则准备考大学。萧珊最初考入的是中山大学外文系(已迁至昆明),随后转入西南联大文学院外文系。1940年9月,又转入该校历史系读二年级,直至1942年7月学期结束,辍学至桂林与巴金会合。关于这次转系,萧珊的同学萧荻解释:"我原名施载宣,当时是化学系的学生,而萧珊则是外文系的。……读完大学一年级,我决心弃理从文,而北汜兄也因当时的中文系是以语言文字、训诂、考据为正宗,对新文艺并不很重视,所以我们都决定转入历史系。而树藏本来就是历史系的,

萧珊以"陈嘉"的笔名所写的"旅途杂记",叙述抗战中的生活经历

于是萧珊也和我们一起转了系,我们成了同系同级的同学,在一起的机会就更多了些。"①

萧珊在西南联大读书期间,有两个暑假,巴金也来到昆明。巴金回忆:"我在抗战时期到昆明去过两次,都是去看我的未婚妻萧珊。第一次从上海去,是在一九四〇年七月;第二次隔了一年,也是在七月,是从重庆去的。"②1940年那一次,巴金先是在旅馆里住了几天,后经开明书店昆明分店的负责人卢芷芬的帮忙住进开明书店的栈房中。"闲谈起来,他说他们租得有一所房屋做栈房,相当空,地点就在分店附近,是同一个屋主的房屋,很安静,倘使我想写文章,不妨搬去小住。他还陪我去看了房子。是一间玻璃屋子,坐落在一所花园内,屋子相当宽敞,半间堆满了书,房中还有写字桌和其他家具。……我不客气地从旅馆搬了过去,并且受到他们夫妇的照料(他们住在园中另一所屋子里),在那里住了将近三个月,写完了《火》的第一部。"③巴金一直住到十月下旬,才离开昆明去重庆,这段日子充满了美好的回忆:

住下来的头两个月我的生活相当安适,除了萧珊,很少有人来找我。萧珊在西南联合大学念书,暑假期间,她每天来,我们一起出去"游山玩水",还约一两位朋友同行。武成路上有一间出名的牛肉铺,我们是那里的常客。傍晚或者更迟一些,我送萧珊回到宿舍。

---

① 萧荻:《忆萧珊》,原刊《随笔》1984年第4期;此据《最初的黎明——萧荻诗选》第11-12页,2005年8月作者自印本。
② 巴金:《关于〈龙·虎·狗〉》,《巴金全集》第20卷第624页。
③ 同前,第628-629页。

早晚我就在屋子里写《火》。我写得快，原先发表过六章，我在上海写了一章带出来，在昆明补写了十一章，不到两个月就把小说写成了。虽然不是成功之作，但也可以说是一个意外的收获。①

昆明似乎特别适合写作，也许，有萧珊相伴，心境也大不一样。第二次来昆明，巴金完成了《龙·虎·狗》的写作。

在这落雨的日子里我每天早晨坐在窗前，把头埋在一张小书桌上，奋笔写满两三张稿纸，一连写完十九篇。……那些日子里我的生活很平静，每天至少出去两次到附近小铺吃两碗"米线"，那种可口的味道我今天还十分怀念。当然我们也常常去小馆吃饭，或者到繁华的金碧路一带看电影。后来萧珊的同学们游罢石林归来，我们的生活就热闹起来了。虽然雨给我们的生活带来一些不便（我们不是自己烧饭，每天得去外面喂饱肚子；雨下大了，巷子里就淹水；水退了，路又滑，走路不小心会摔倒在泥水地上，因此早晚我不外出），可是在先生坡那座房子的楼上我感到非常安适，特别是在早晨，我望着窗外的平台，让我的思想在过去和未来中海阔天空地往来飞腾。②

---

① 巴金：《关于〈龙·虎·狗〉》，《巴金全集》第 20 卷 629-630 页。
② 同前，632-633 页。

巴金与萧珊相恋八年，终于在 1944 年 5 月 8 日在贵阳旅行结婚，他们连张结婚照都没有拍过。此为王仲清所绘他们结婚当天的场景图。

一九四四年五月巴金与萧珊来到贵阳郊外的花溪。

王仲清

"先生坡"为巴金误记,应是钱局街金鸡巷四号,当年租房子的萧荻有过这一段生活的生动回忆:

当时我在钱局街云南造币厂找到一个录事的兼职,造币厂附近的金鸡巷四号有一小院,房东人口不多,只住楼下三间正房,天井两侧是储物用的平顶厢房。楼上的三间房子,单有个楼梯上下,加上厢房屋顶的平台,关上楼梯门就可以自成一统。我邀北汜一同租了下来,却不需住三间房,萧珊和树藏知道了,便也搬了进来。我们两男两女各住一间,中间的堂屋作为共用的起居室。后来王文涛兄也搬了进来和我与北汜同住。我和北汜都是"冬青文社"的成员,"冬青"社的同学也常在这里集会。后来,巴金先生到昆明,也曾在我们那里下榻,他的老友沈从文、卞之琳等先生也常来坐。因此,我们的小楼,一时颇有些联大文人雅集之所的味道。我们常在一起谈电影("五月的花"指电影《翠堤春晓》的主题曲;"寒夜琴声"指李思廉、霍华主演的《寒夜琴挑》,都是当年好莱坞的"文艺巨片"),我们也常一起读中外小说,诗里提到的"高龙芭",是意大利作家梅里美同名小说里的人物。我们对这个带一点野性的女孩子都感到很大兴趣。……

我们四人中树藏是个很娴静端庄、也颇有点长者威严的大姐姐,我从不敢和她开什么玩笑。北汜虽是标准的东北大汉体型,却也是个书卷气颇重的人,连走路都像踱方步似的,写作也最勤奋。萧珊却是爱说爱笑,喜怒都形之于色的人。而我,却是个最调皮捣蛋的小伙子,常爱和萧珊逗笑。譬如萧珊的普通话说得不好,我们四人中,我是唯一可以和她用上海方言作"乡谈"的,我却时常故意用一口格外夸张的带浦东腔的"蓝青官话"来跟她说话,这也会气得她跺脚地叫："不理你啦！"有一次萧珊在整理箱子时，拿出一本织锦缎面精装特制本的《家》给我看。我当然知道这是巴金送给她的珍品，却故意把抢过来说："算我的啦！"说着就跑。她急得边追边骂，还是树藏大姐喝止住我，我才还给她，却扮着鬼脸，用巴金在《火》（那里面写的人物有萧珊的影子）里的话来逗她。她接过书，却狠狠地拧着我耳朵，我怪叫起来，她才破涕为笑。这也是我的小诗中对萧珊形象的勾画的一点注解，今天回忆起来，仍然栩栩如在目前。[①]

文中提到的"小诗"是1943年初萧荻写的《往事——忆萧珊》，这首诗和后来回忆都能看出萧珊活泼、率真的性格：

> 也记得你口角常挂一丝微笑，
> 也记得你不如意把嘴唇一翘，
> 也记得你生气了狠狠把人拧一把，
> 说："不理你了！"却仍在一起闹。
>
> 泥炉上浓浓煮一壶咖啡茶
> 瓦罐里常插着一束木兰花，
> 枕头边老爱放几卷线装书，
> 小楼上团团坐，讲说《高龙芭》。

[①] 萧荻：《忆萧珊》，《最初的黎明——萧荻诗选》第12-13页。

> "五月的歌"曾赚去多少同情泪,
> "寒夜琴声"也使你哭过几多回,
> "谁说我小,属猴的今年二十三了!
> 你比我年轻,生活自然比我好!"
> 分别后总说,"生活把人苦瘦啦!"
> 见面时却问,"你看我究竟胖了吗?"
> 千里祝福,这张薄纸哪儿载得起,
> 却以此长系慰安,在记忆里。①

在汪曾祺的记忆里,金鸡巷的这座小楼还是一个"文学沙龙":

> 文林街文林堂旁边有一条小巷,大概叫作金鸡巷,巷里的小院中有一座小楼。楼上住着联大的同学:王树藏、陈蕴珍(萧珊)、施载宣(萧荻)、刘北汜。当中有个小客厅。这小客厅常有熟同学来喝茶聊天,成了一个小小的沙龙。沈先生常来坐坐。有时还把他的朋友也拉来和大家谈谈。老舍先生从重庆过昆明时,沈先生曾拉他来谈过"小说和戏剧"。金岳霖先生也来过,谈的题目是"小说和哲学"。金先生是搞哲学的,主要是搞逻辑的,但是读很多小说,从普鲁斯特到《江湖奇侠传》。"小说和哲学"这题目是沈先生给他出的。不料金先生讲了半天,结论却是:小说和哲学没有关系。他说《红楼梦》里的哲学也不是哲学。他谈到兴浓处,忽然停下来,说:"对不起,我这里有个小动物!"说着把右手从后脖领伸进去,

---

① 萧荻:《往事——忆萧珊》,《最初的黎明——萧荻诗选》第40-41页。

萧珊 1945 年摄于重庆民国路文化生活出版社内，这是他们第一个"家"

捉出了一只跳蚤,甚为得意。我们问金先生为什么搞逻辑,金先生说:"我觉得它很好玩"!①

  这段生活,刘北汜在《四十年间——关于巴金、萧珊的片断回忆》中也曾谈及,在这里不引了。要补叙两笔的是,巴金在昆明期间,曾与萧珊一起去呈贡沈从文的家拜访过,而沈从文陪他们去过住在不远的冰心的家。冰心说:"我记得巴金曾把你带到我呈贡山上的家里来。这一次印象很深……"② 什么印象呢?可惜冰心没有谈。另外,巴金这样的著名作家来到昆明,是不大可能独自躲在屋子里写作的,这不,联大请他去座谈,许渊冲曾记:"一九四〇年八月十日,巴金来昆明探望未婚妻陈蕴珍(就是萧珊,当时在联大学习),由青年作家卢福庠陪同,参加了联大文学青年座谈会。他很谦虚地说:'我不懂文艺,只知道写我熟悉的东西。现在写得不好;几十年后,生活比较丰富,思想比较成熟,也许可以写得好些。要先做一个人,再做一个作家。外国作家我喜欢俄国的托尔斯泰、屠格涅夫等;中国作家鲁迅先生很好,他最懂得世故,但对青年不用。'"③ 文协昆明分会还为他开过欢迎会,这样的场合萧珊应当伴随在左右:

---

① 汪曾祺:《沈从文先生在西南联大》,《后十年集[散文随笔卷]》第9-10页,上海三联书店2016年9月版。
② 冰心1961年11月24日致萧珊信,《一双美丽的眼睛——巴金研究集刊卷三》第44页,上海三联书店2008年10月版。
③ 许渊冲:《追忆逝水年华》第61-62页,生活·读书·新知三联书店1996年11月版。

在文协的欢迎会里，我碰见了他。

他有不高的身材，面孔有些四方，鼻上架着黄边近视镜，一套灰色西装，脚下穿着黄皮鞋。

由马君介绍之后，他很和气的向每个人打招呼。楚图南先生问他许多上海的事项，他都很干脆的答复了，如出版界概况以及穆时英当汉奸等，他说话又快又有力，一口四川腔，坐的位子离他远了，不免要听不清。

后来大家请他讲创作经验，他很客气，以先不讲，因为大家的鼓掌，才讲了。他说：

"我不是什么了不起的作家，只因为当时遇到的环境好，容易出版，多出了几本书，……《家》写的不满意。……关于抗战的东西，最近写一本《火》，不久出版。……"

徐梦麟先生说："希望巴金先生再有抗战三部曲！"

大家都笑了，他也笑了。

茶点有糟糕、饼干……巴金先生拿了糟糕就吃。

有几位青年女学生走进来，都是十几岁的女青年，昆华女中的学生，听口音，都是云南人。她们五六人坐在一旁看着巴金先生。

许多人都说：

"这是巴金迷啊！"

大家又都笑了。巴金先生的小说的确影响青年不浅。所以在会中他自己也这样说过：

"我写小说的动机，是因为幼年读的旧小说多，以为小说看的人多，小说容易感动人！……"

其中有一位鼻架眼镜的女生，年岁大些，也似乎能说话，向巴

萧珊与女儿小林摄于抗战胜利后的霞飞坊

金先生问：

"巴金先生现在哪里往？"

"开明书店。"

大概他们还有往聆教的意思。[1]

---

[1] 赵捷民：《巴金在昆明——文协欢迎会上速记》，李存光编《巴金研究资料汇编1922-1949》第117-118页。

一个勇敢的少女

有一个人也注意到巴金的身边多了一位女朋友,在 1940 年 10 月 18 日的日记中特意记下一笔:"遇巴金,携一年少而摩登之妻。苏人。寒暄。后知系其女友(联大女生),非妻也。"[1] 这位就是大名鼎鼎的吴宓教授。汪曾祺记过他上课时的一件事:"他一进教室,看到有些女生站着,就马上出门,到别的教室去搬椅子。联大教室的椅子是不固定的,可以搬来搬去。吴先生以身作则,听课的男士也急忙蜂拥出门去搬椅子。到所有女生都已坐下,吴先生才开讲。吴先生讲课内容如何,不得而知。但是他的行动,很能体现'贾宝玉精神。'"[2] 可惜这位"贾宝玉",枉自多情却少女人缘,感情上屡受挫折。大约正因为如此,巴金身边多了位"年少而摩登"之"女友",他会"眼睛一亮",还郑重其事记到日记上。

萧珊"摩登"吗?不完全是。田一文 1938 年 10 月在桂林初见萧珊的印象是这样的:"她说一口带宁波音的普通话,穿着朴素,不趋时髦:一件长夹旗袍,外罩一件红毛线衣,如此而已。每一次在《宇宙风》社见到她,都给我留下了谦虚、热情、略带天真的深刻印象。"[3] "天真",是萧珊留给很多人的第一印象,差不多在同时见到过萧珊的金克木也是这么说,同时,他还看到了萧珊身上的自信:

---

[1] 吴宓 1940 年 10 月 18 日日记,《吴宓日记 1939-1940》第 248 页,生活·读书·新知三联书店 1998 年 6 月版。
[2] 汪曾祺:《吴雨僧先生二三事》,《后十年集[散文随笔卷]》第 208 页。
[3] 田一文:《忆萧珊》,《我忆巴金》第 107 页,四川文艺出版社 1989 年 12 月版。

巴金 1948 年摄于上海霞飞坊寓所内

　　杨刚向我提到过陈蕴珍，即巴金夫人萧珊。我在桂林见到她时，她还只能算是个大孩子，坐在那里一言不发打毛衣。到昆明见到时，她是西南联大的学生。在上海又见时，她成为一个婴儿的母亲。从此没有再见，但她给我的印象却不可磨灭。她有子冈的天真，又有杨刚的自信。这是难得的"二难并"……①

---

① 金克木：《悼子冈》，《金克木集》第 5 卷第 29 页，生活·读书·新知三联书店 2011 年 5 月版。

桂林相见，那一年是金克木辞去香港《立报》编辑之职后到的桂林，刘北汜的文章中说，巴金和萧珊热情款待了他。昆明见时，萧珊她们正好与刘北汜都住在金鸡巷。金克木晚年回忆："忆及一九四一年郁郁出国，途经昆明，因访沈从文，得识刘北汜，遂去金鸡巷见已在桂林巴金处见过的陈女士。在金鸡巷的小楼上几位青年'言笑宴宴'谈今论古，指点江山，无所顾忌，实为平生一乐。"[①]"在上海又见时"，则是1946年，金克木自印度归国后。"转眼半个世纪过去，当时聚会谈笑的男女友人俱已物化，独我尚存。触目旧稿，返念旧情，真成隔世。"[②] 上世纪九十年代，巴金和萧珊的女儿小林曾电话向金克木约稿，金克木在电话那一头说：你的声音跟你妈妈的一模一样……可见，萧珊给他留下了多么深刻的印象。

罗洪是1938年在桂林见到萧珊的，她跟金克木的印象一致："她给我的第一个印象，便是年轻、活泼、精神饱满、热情洋溢。在桂林，我们四个人，还有鲁彦，一起去游了象鼻山、七星岩。在漓江旁边，萧珊那种跳跃的欢乐姿态，至今还深印在我的脑际，四十年了，一点也没有淡忘。在七星岩，我们随着向导者的火把，在漆黑的岩洞里踽踽地前行，从岩壁渗出来的泉水，涓涓滴滴地淌着，有时把个本来崎岖的地面弄得泞滑不堪，我们便互相搀扶着，一颠一踬地前进。迎面出现一个瑰奇的钟乳，当头漏下一阵阴森的冷风，都会使她发出一声高兴但又惊怖的欢笑，在空廓的岩洞里回响。"[③] 天真，自信，还有活泼、勇敢，那也正是她们一生芳华吐露的季节：

---

① 金克木：《拟寓言诗记》[一]，《金克木集》第6卷第164页，生活·读书·新知三联书店2011年5月版。
② 同前。
③ 罗洪：《怀念萧珊》，《往事如烟》第129页，上海书店出版社1999年10月版。

你、树藏和我三个人在沈从文先生的家里度过一个十分愉快的夜晚，这是在昆明大西门内的北门街。时间大概是一九四〇年年初，那时我们联大的女生宿舍还在城外农校的一个小楼里。这天可能是除夕，我们在昏黄的煤油灯和红烛的光影摇曳下聊个没完，听着沈先生浓重的湖南口音的笑谈，谈林徽因，谈诗和散文，谈我们这些少女应该怎样珍惜这读书的好时光……我们吃了又谈，谈了又吃，完全忘记我们该赶夜路了，忽然发现已是午夜，这才恋恋不舍地站起来。三姐怎么也不让我们走，怕路上遇见"强盗"。我们却嘻嘻哈哈地满不在乎，我们说："我们是三个人哩！三个人足可以打一个坏人！"沈先生笑眯眯地看着我们："啊哈，三个勇敢的少女！"树藏摇了摇手中的甘蔗："瞧，我们有这个！"

巴金夫妇与女儿小林 1949 年摄于霞飞坊寓所

沈先生大笑，三姐不停地说："不行！不行！"最后他们还是只好端起油灯，送我们走出大门。分手时，三姐还在说"随便住一夜吧，我们实在不放心哩！"但我们这三个无所畏惧的少女就这样每人挥着一根两三尺长的甘蔗，嘻嘻哈哈地快步向城门走去。

那时昆明郊外的公路上真是一片漆黑！没有路灯，也看不见一个人影，偶尔有脚步声走近，我们也有点心跳，赶快用手中的"明子"（点着的火把）晃一晃，也是为了壮胆。我到现在还记得那种真正的伸手不见五指的漆黑！这以后的好几年，我都很习惯在昆明或重庆的郊区走夜路了，不管路面是如何崎岖不平！那天夜里，你有点胆怯，紧紧地挽着我，好像我们都在心跳个不停，只有树藏大大咧咧，确实不大在乎。走了一会，她建议我们开始吃甘蔗，于是路上添了我们的撕啃甘蔗皮的声音。我们嚼着吐着，树藏不停地发出"呸、呸"的声音，我们大笑，听见后面有脚步声传来，其实往往不过是联大的男同学走过我们，也在赶路，可我们总不免有点胆怯。你忽然说："要是树底下忽然跳出个人来怎么办？"树藏一边啃着甘蔗，一边满不在乎地说："打！用甘蔗打！"我们当时想象的坏人无非是美国电影中的蒙面大盗的形象！后来我们终于看见远远的女生宿舍的微弱灯光了，显然大家都松弛了，忽然高声唱起抗日歌曲，忘了疲乏，步子也更快了，当然在我们临近宿舍的大门时，甘蔗也只剩下最后一口！[1]

---

[1] 杨苡：《梦萧珊》，《雪泥集》第115-117页，生活·读书·新知三联书店1987年5月版。

杨苡印象深刻的还有一次火把游行中萧珊的形象：

一九四〇年春天的一个夜晚，我永远忘不了你也参加了那次有名的火把游行。你举着火把，好像同行的有树藏、北汜、王文涛等等。我并没有参加，那些天我陷在另一种纠葛中，很难拔出。这天晚上我在临街一家大饭店的楼上听到你们的口号声。我跑到窗子前，打开一扇，正好看到穿着长袍的闻一多老师气宇轩昂地走在队伍的前面。在队伍中间，你举着火把，挺着胸，非常严肃又自信地迈着你特有的步伐向前走着。大街两边的行人被你们的游行吸引住了，他们停下脚步，纷纷掏出纸币，我们的人民是爱国的！一刹那，几乎所有楼上的窗子里都飞下来大大小小的纸币，几乎所有的人都跟着喊口号，一切为了坚决抗日，枪口对外！我为你感到骄傲，你确实像一只！美丽的火鸟翘着首向前走着。①

西南联大读书，虽然短短三年，但是，她的老师中有朱自清、沈从文、闻一多等人，同学中有汪曾祺、穆旦这些人，虽然条件艰苦，可所受的教育是那时中国最好的教育。许渊冲曾记过他们的法文课：

联大开《法文》的有吴达元、闻家驷、林文铮、陈定民四位教授。吴先生主要是为外文系二年级的学生开课，所以上课多讲英、法文对比；闻先生是闻一多教授的弟弟，上课多用直接法；林先生是蔡元培的女婿，学艺术的，陈先生是学语言的，两人多讲中、法对比。

---

① 杨苡：《梦萧珊》，《雪泥集》第109-110页。

1964 年 8 月，巴金一家摄于太原，这是他们全家少有的几次出游之一

吴先生班上的"才子佳人"很多:"才子"如今天国际知名的数理逻辑学家王浩,后来得了宋美龄翻译奖的巫宁坤;"佳人"如全校总分最高的林同珠,身材最高、演英文剧得到满场掌声的梅祖彬(梅常委的大女公子),巴金的未婚妻陈蕴珍(就是女作家萧珊),先后出版了周恩来毛泽东诗词英译本的林同端(小林)等。在大三时,日本飞机经常轰炸昆明,联大新校舍操场上炸了两个大坑,师范学院史地系同学熊德基的床都炸掉了。日机总是在上午十点到下午三点之间空袭,联大只好把上课时间改在十点以前,三点以后。上课时间越少,学习抓得越紧。吴达元教授用的《法文读本》前半讲基本语法,从感性知识到理性知识;后半讲系统语法,理论联系实际。他要求非常严,巫宁坤、陈蕴珍回答不出他的提问,都曾当堂挨过批评。①

严格中也有自由,这一点,读汪曾祺等人的文章,我们也多有体会。那些高人兼怪人的老师总是给枯寂的读书生活增加很多趣味。比如金岳霖,他上课回答问题,常常不是点学生名字,而是:"今天,穿红毛衣的女同学回答问题。"汪曾祺也曾记下萧珊那略带调皮的提问:

有一个同学,大概是陈蕴珍,即萧珊,曾问过金先生:"您为什么要搞逻辑?"逻辑课的前一半讲三段论,大前提、小前提、结论、周延、不周延、归纳、演绎……还比较有意思。后半部全是符号,

---

① 许渊冲:《追忆逝水年华》第107-108页。

萧珊在操持家务之外，还参与编辑工作，做翻译工作，这是她部分译作

简直像高等数学。她的意思是：这种学问多么枯燥！金先生的回答是："我觉得它很好玩。"①

这是萧珊的知识和思想的养成重要的时期，她后来协助巴金做出版工作，联系的作者大多也是联大的旧同学和老师，可以说这个时期也奠定了她事业的基础。连她的笔名"萧珊"中也有着这段生活的记忆，杨苡回忆说：上面有两个同学：王树藏、"毛儿妈"，排到萧珊就是"小三子"了，她的笔名正是取自这个的谐音。这位"毛儿妈"本名缪景湖，在晚年回忆过她们当年的生活：

当时我们的衣裳都很朴素，一身阴丹士林的旗袍，黑布鞋或旧皮鞋，冬天只加上一件薄薄的呢外套或一件绒线衣。蕴珍身材窈窕，生着一对大大的乌黑明亮的眼睛，微笑时颊旁显露出两颗深深的酒窝，看上去很动人，说话带着浙江口音，声调嗲声嗲气。走进校门时，男同学们都注目而视，瞧着她慢条斯理，文文雅雅地走进教室，同学们开玩笑地在背后议论她"巴太太来了"。

她对我很爱护，四零年她看我穿得单薄，很慷慨地送了一件短的藏青色呢外套给我。四二年夏我行将毕业离开昆明时，又送我一副透明的白丝手套，作为我将来结婚礼品。这两件宝贵的纪念品，一直保留在我身边，直到抗战胜利和解放以后。当我偶然打开我的衣柜时，见到洁白透明的丝手套，脑海中涌现出萧珊的面容，深深

---

① 汪曾祺：《金岳霖先生》，《后十年集[散文随笔卷]》第98页。

萧珊译稿(《别尔金小说集》)

的酒窝，明亮乌黑的眼睛，甜甜地对着我微笑。[1]

　　非常有幸，有一段时间，我与缪女士同住在复旦四舍，老太太说话徐缓有致，举止风度给我留下极为深刻的印象。我还忘不了，端午节一大早晨，她挂着拐杖敲开我们家门"给妹妹送一件小礼物"

---

[1] 缪景湖：《追忆亡友萧珊》，《一双美丽的眼睛——巴金研究集刊卷三》第84、85页。

的情景……写此文时,我跟女儿说到这位"太奶奶",她一脸茫然。唉,那一代人的事情就这么随风飘散了么?

沙龙的女主人

前几年,我在巴金故居接待过诗人、翻译家穆旦(查良铮)的公子查英传先生,在武康路看完后,他郑重地问我,能否带他去淮海坊看一看。我知道,那里贮藏着他父亲等一批人与"陈阿姨"(他是这么称呼萧珊的)欢乐的笑声。时过境迁,越发不能忘:

> 回想起在上海李家的生活,我在1948年有一季是座中常客,那时是多么热闹呵。靳以和蕴珍,经常是互相逗笑,那时屋中很不讲究,厨房是进口,又黑又烟重,进到客室也是够旧的,可是由于有人们的青春,便觉得充满生命和快乐。汪曾祺,黄裳,王道乾,都到那里去。每天下午好像成了一个沙龙。我还记得巷口卖馄饨,卖到夜晚12点;下午还有卖油炸臭豆腐,我就曾买上楼,大家一吃。那时的情景还历历在目,可是人呢?想起来不禁惆怅。……我总觉得时光真是太快了,一转眼什么都没有了。[①]

写这封信时,巴金尚是戴罪之身,萧珊已经去世一年多,二三十年一瞬间,青春不再,"一转眼什么都没有了"。可是,穆旦对于淮海坊的一切还记忆如昨,在革命的年代,除了友情,他更

[①] 穆旦1973年10月15日致杨苡信,《穆旦诗文集》第2卷第141页,人民文学出版社2006年4月版。

留恋那种畅所欲言的"沙龙"气氛吧？淮海坊59号，后来不知换了多少人家，那天傍晚，我们只能站在楼下，望一望暮色中的二楼和三楼，想象着从文字读来的种种：

一九四六年夏，我从重庆回到上海，到霞飞坊五十九号去访问，又见到巴金和萧珊。从这时起，我成为他们家里的常客。尧林先生已经过世。他们就住在他生前住的那间房子里。过去尧林先生和巴金同住的时候，他自己是住在亭子间里的。这间三楼工作室临窗放着一只书桌，过去我看见过的井井有条的书桌巴金住下以后就立即变得零乱，书籍、纸张、报刊胡乱地叠得像小山似的。书桌后面是一张床，床后面三分之二地方排成了用书架组成的方阵。书架是漆成黑色的，玻璃橱门后面糊着报纸，已经发黄变脆了。我在这书橱组成的"方阵"里走过，那是只能容一个人侧身挪过去的。我不知道书架里放着些什么书。

亭子间里也排满了同样的书架，只留下很小一块地方安放床铺。

二楼是吃饭和会客的地方，一张圆台面以外，就是几只破旧的沙发，这就是当时我们称之为"沙龙"的地方。朋友来往是多的，大致可以分为巴金的和萧珊的朋友两个部分。不过有时界限并不那么清楚，像靳以，就是整天嘻嘻哈哈和我们这些"小字辈"混在一起的。萧珊的朋友多半是她在西南联大时的同学，这里面有年轻的诗人和小说家，好像过着困窘的日子，可是遇在一起都显得非常快乐，无所不谈，好像也并不只是谈论有关文学的事情。[1]

---

[1] 黄裳：《关于巴金的事情》，《黄裳文集·杂说卷》第461页，上海书店出版社1998年4月版。

走到大门突然看到，就在我们的前面，于女人的身旁，用快步子跳过一堆废墟，她到一个突出的墙头，站在悬崖上面。

"那一定是白天的烟！当金戒起来真是一个疯女孩子！"

我们穿过太阳晒了一个小院子，那里一半的地方长满了野苹果树和苎麻，阿细亚坐在残崖的边沿。她望着我们笑。

"但是并没有移动一下，苎金向她伸出一根手指头来吓她。"

大声责备她的不懂慎的举动。

"别说啦，"苎金低声地说着，"不要刺激她。你不了解她，她能够……"

他到塔顶上去哪。"哦，您还不认识我，这个地方人民的脾气……

我朝我的周围看，在小木棚的货摊里，一个老妇人坐在

去古墙的路上是順着斜坡到了狹窄的樹木茂盛的山谷

谷底一條小溪嘩嘩地在石子中間流过去它好像要趕快的流入

大河那条河就在陡峭山脊的陰影下面的那一面靜靜地閃光蕩金

時我住意戏几光彩奪目的地方,縱使他講詭,他即便不見了畫

家至於他也是一个藝術家,过不久古迹看得見了。在一個光亮处

岩石的顶上矗立着一座四角塔,这塔虽然用年代久远成了黑色,

但远看很堅固不过看得見塔身已經讓一條縱的裂痕分

为两半了,塔連接着長滿青苔的围牆,在塔的周围爬满了

長春藤弯曲的小樹從灰色的城垛和将崩坍的块顶中垂下

二三英埔石み小路通到那周壶不警覺琛的大门,我们快要

修改 四个从三行
接排

萧珊创作的散文《在刘胡兰烈士故乡》

文章中提到的汪曾祺（"小说家"），晚年曾写过一个细节，能够看出女主人招呼大家谈天说地的欢快与忙碌：

一九四六年冬，开明书店在绿杨邨请客。饭后，我们到巴金先生家喝功夫茶。几个人围着浅黄色的老式圆桌，看陈蕴珍（萧珊）"表演"：濯器、炽炭、注水、淋壶、筛茶。每人喝了三小杯。我第一次喝功夫茶，印象深刻。这茶太酽了，只能喝三小杯。在座的除巴金先生夫妇，有靳以、黄裳。一转眼，四十三年了。靳以、萧珊都不在了。巴老衰病，大概没有喝一次功夫茶的兴致了。那套紫砂茶具大概也不在了。①

① 汪曾祺：《寻常茶话》，《后十年集 [散文随笔卷]》第213页。

从汪曾祺1948年12月1日给黄裳的信中可知，这里经常有"打麻将"之类的娱乐活动："巴家打麻将，阁下其如何？仍强持对于麻将之洁癖乎？弟于此甚有阅历，觉得是一种令人痛苦的东西。他们打牌，你干吗呢？在一旁抽烟，看报，翻弄新买的残本（勿怪）宋明板书耶？"① 不知道，参与雀战的都是哪几位？黄裳倒是记过，他们一起去看戏。"记得一九四七年冬一次与萧珊、靳以、曾祺去天蟾看盖叫天的戏，巴金说笑话：盖似乎是在台上打太极拳。"②

汪曾祺在《星期天》里写道："我教三个班的国文。课余或看看电影，或到一位老作家家里坐坐，或陪一个天才画家无尽无休地逛霞飞路，说一些海阔天空，才华迸发的废话。"③ 这篇虽然是小说，叙述者在学校教书的经历与汪曾祺一致。很多人物也都是有原型的："老作家"是巴金，"天才画家"是黄永玉，"这是一所私立中学，很小，只有三个初中班。地点很好，在福煦路。往南不远是霞飞路；往北，穿过两条横马路，便是静安寺路、南京路。"④ 福煦路，就是今天的延安中路，汪曾祺所在的"私立中学"是致远中学，那是沈从文托李健吾给他介绍的工作，中学的位置大概在延安中路/成都路一带，离霞飞坊（今淮海坊）的巴金家不远。

文人是有一个圈子的，凭沈从文与巴金的交情，作为沈从文表侄的黄永玉出现在巴金家是自然而然的事情。他第一次去巴金家是

---

① 汪曾祺1948年12月1日致黄裳信，《汪曾祺书信集》第113页，上海三联书店2016年9月版。
② 黄裳：《琐记——和巴金在一起的日子》，李致、李舒编《巴金这个人》第80页，成都时代出版社2003年11月版。
③ 汪曾祺：《星期天》，《汪曾祺自选集》第502页，商务印书馆2015年8月版。
④ 同前，第495页。

随汪曾祺、黄裳同往的:

第一次上巴先生家是跟黄裳、汪曾祺两位老兄去的,兴奋紧张。巴先生话少,只夫人跟黄裳、汪曾祺搭得热烈。

巴先生自己写的书,翻译的书,出的别人的书,我几乎都读过。认识新世界,得益于这些书最多。我觉得他想的和该讲的话在书里都写完了,他坐在椅子里,脸孔开朗,也不看人,那个意思是在等人赶快把话讲完走路。却又不像;他仍然喜欢客人在场的融洽空气的。只是难插一句腔。[1]

小辈们对巴金总是有几分敬畏,当着他的面,还是有几分拘谨:"回忆一九四七年前后在一起的日子。在巴金家里,他实在是非常'老实'、低调的。他对巴老是尊重的(曾祺第一本小说,是巴金给他印的),他只是取一种对前辈尊敬的态度。只有到了咖啡馆中,才恢复了海阔天空、放言无忌的姿态。月旦人物,口无遮拦。这才是真实的汪曾祺。"[2]1947年7月15日汪曾祺给沈从文的信上说:"巴先生说在'文学丛刊'十辑中为我印一本集子。"[3]这就是他的第一本小说集《邂逅集》,"巴先生"从来没有把自己当作谁的"先生",都是以朋友视之,然而,从中国新文学的养育来说,他不能不说是很多人的"先生"。

----

[1] 黄永玉:《巴先生》,《黄永玉全集》文学编第2卷第2-3页,湖南美术出版社2013年9月版。
[2] 黄裳:《也说汪曾祺》,《来燕榭文存二编》第57页,生活·读书·新知三联书店2011年12月版。
[3] 汪曾祺1947年7月15日致沈从文信,《汪曾祺书信集》第6页。

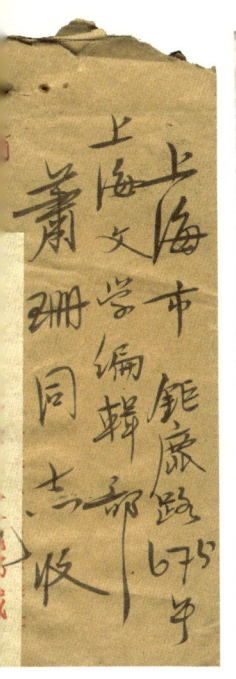

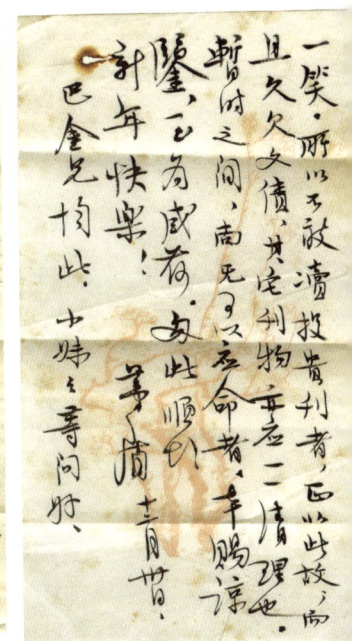

茅盾 1962 年 12 月 30 日致萧珊信

黄裳和汪曾祺也曾一起逛旧书店，"选书既毕，两人醉醺醺地提了一摞旧书，乘三轮车（当时出差汽车是只供'高等华人'所用的），赶往霞飞坊巴金家去谈天。那摞旧书不敢提进二楼客厅，只能放在门口外面。"① 为什么放在门外？他们知道巴金不大喜欢线装书，怕巴金嘲讽他们。在人们的回忆中，不约而同说到巴金的沉默寡言，他在三楼写作或做自己的事情，不大参与年轻人的谈话和活动，这

---

① 黄裳：《曾祺在上海的时候》，《来燕榭文存二编》第 68 页。

冰心 1963年10月18日致萧珊信

靓春、萧珊：

昨得你信，说正大风雨之中，昙花盛开，以你之共赏，又怅那天芾彤也不在家里，这些都是他的好文章材料，可惜不在那里。他若是不在那里，又好似"红楼梦"中所说"如五人，珠玑共闲"。没有什么意思了！一笑。告诉你一个消息，巴金夫妇以"翡翠"上写文章啊，你和肇泉，都有一个，现在书目车送来，我就在古月中句以后，即将予每人大开会，如果你们和巴金有来就的文章（尤其是谈什国内外小事情之类）请投下来，热烈欢迎在北京，要看到阿英已尼死，来见者又康同有（参加人民政协会议）在江阴，她一老家吧，仲闲也在考字校，现在没有什么重棚子了。文藻今月在北京月有一半时间，女婿在北京外交部也有出事下山做屋上一切话，请勿到北京。心不罕乏。

冰十八

个家里的热闹气氛完全是萧珊和她的朋友拨动起来的,黄裳对萧珊有一次给大家表演"茶艺"印象深刻:

> 巴金在福建有几位朋友,因此常能得到闽中土宜的馈赠,如印泥、武夷的铁观音与茶具等,印泥转送给我,一直用于藏书钤记,确是名物。武夷山茶及茶具就给萧珊以初试身手的好机会。记得那是一次开明书店宴客,席散后一群人赶到霞飞坊品茗。在座的都有谁记不清了,靳以肯定有份。萧珊当众表演洗盏、生火、注水,将装了几乎全满铁观音的茶壶放在火上,然后在排列一圈的小小茶杯中依次三次温杯,最后才是品茶。费了多少工夫才得到口的乌龙茶确非凡品,茗苦回甘,一盏已足。[1]

当时巴金的家庭生活也出现在黄裳的笔下:

> 巴金写完了《寒夜》以后,一直在译书。工作勤苦,休息的时候很少。有时候向他提议,"去喝杯咖啡吧",他说"好嘛"。这样就和萧珊带着小林一起到老大昌去坐一会。我记得大概还有一两次一起到"兰心"(现在的"上海艺术剧场")去听工部局乐队的演奏。这是尧林先生多年的习惯爱好,过去我常陪他去听这个乐队的演出,每次他都是选了八九排靠边的位子来坐的。
>
> 萧珊和我们都叫巴金"李先生"、"巴先生",到后期有时候萧珊也叫他"老巴";他招呼我们的时候就只叫名字,他叫起萧珊

---

[1] 黄裳:《曾祺在上海的时候》,《来燕榭文存二编》第68页。

赵树理 1964 年写给萧珊的横幅《石头歌》

来总是用"蕴珍"的原名，常常把"珍"字拖长了来念成"枝儿"，这就说明他的心情很好，接下去要说什么笑话了。①

那几年战火纷飞，物价飞涨，日子并不好过，巴金是职业作家，靠稿费生活，时局动荡，生活大受影响，他曾说过：

> 我一向靠稿费生活，当时蒋介石政权的法币不断贬值，每天在打折扣，市场上可买的东西很少，钞票存起来，不论存在银行或者存在家里，不到几天就变得一文不值。起初我和萧珊眼睁睁看着钞

---

① 黄裳：《关于巴金的事情》，《黄裳文集·杂说卷》第 462 页。

票化成乌有，后来也学会到林森路去买卖"大头"，把钞票换成银元，要购买东西时再把银元换成钞票。我上街总要注意烟纸店门口挂的银元（"大头"）牌价。在那些日子要活下去的确不是容易的事。……不久解放大军渡过长江，南京解放，上海形势更紧张，稿费的来源断绝，我没有收入，又没有储蓄，不知道怎样度日。[1]

不过，他们的内心都很安稳，穷也有穷开心，黄裳写他们去抢购物资，萧珊居然也能"高高兴兴"，可见其性格：

---

[1] 巴金：《怀念均正兄》，《巴金全集》第16卷第519页。

我只记得有一次陪着萧珊拿着开明书店开出的期票去兑现,两人坐了三轮车从书店赶到银行,取出用小口袋装着的"法币"坐在车上毫无办法的情景。那时"大头"(银元)好像还没有出现,如不将手头的"法币"立即变为"物资",几天以后就会变成一堆废纸,那真像手里捏着一团火。可是"抢购"些什么呢?谁也不知道。就是在这样紧张尴尬的时候,萧珊依旧是高高兴兴的,仿佛是在进行一种新鲜有趣的冒险活动。

萧珊当时虽然已经做了母亲,可实在不像一个操持家务的主妇。好像仍旧处在"不识愁滋味"的状态。当然她也有皱起眉头作出苦脸的时候,但并非为了自己。在她脱掉鞋子横坐在沙发上入迷地读小说的时候,当听到自己的同学好友给人欺负了的时候,就会生气,发愁。她会说一口不够水平的宁波腔普通话,喜欢在朋友面前一本正经地说,特别是当着北方朋友面前是如此。如果谁要取笑她,她就生气。

她对人没有私心,有的是同情。她愿意帮助随便哪一个陷入困难的人,天真得像一个小女孩一样。[1]

严整、优雅、贤惠的韵致

1949年以后,巴金先生在作家的身份之外,多出好多头衔,他的生活也变得喧闹起来,开会,出国,体验生活,身不由己,一出门就是几个月的情况也有。他的家也变成一个大家庭:一双儿女,

---

[1] 黄裳:《关于巴金的事情》,《黄裳文集·杂说卷》第462-463页。

两个妹妹,还有继母,南来北往的朋友更多。里里外外操持家务并使之井然有序的是萧珊,可以说是她给了巴金一个安定的"大后方"。

1955年9月,搬到武康路113号后,房子大了,经常有外宾登门拜访,人们对巴金的家和这家的女主人印象深刻:

> 一九五七年六月十四日,星期五,我有幸在上海会见了巴金。我在《西游新记》一书的第201-204页,曲尽详情地叙述了我们那次长达两个小时的谈话……这里不妨引述其中的一段:房间宽大、舒适,房前有一小院,客厅后边则是一块草坪……客厅的沙发和软椅上都蒙着布单,巴金夫人也来到客厅里,当时在场的三位女士全都穿着旧式的旗袍,黑白相间的格子花呢,浓黑的头发中缀着一点红,并且发着幽光(那也许是一只别针?)。这一切更突出了巴金夫人严整、优雅、贤惠的韵致。这里没有,丝毫没有"蓝蚂蚁"的印象!作家本人则身着"干部服",不过那套干部服的剪裁之精致却是在中国少有的。他表情开朗,睿智,一开始就吸引我。①

日本作家龟井胜一郎和井上靖1961年6月底也来访过。前者在旅行记中提到:"在上海,我和井上靖应邀参加了巴金先生的家宴,同巴金先生的夫人和孩子围桌欢谈。这一切都给我留下深刻印象,使我怀念不已。"② 他还有题为《访上海巴金先生寓所,赋于尽情长谈之时》的俳句:

---

① 艾坚尔伯:《〈寒夜〉法译本序言》,《巴金研究在国外》第167页,湖南文艺出版社1986年10月版。
② 龟井胜一郎:《北京的星星》,《北京的星星》第17页,祖秉和译。

樱花开时折一枝，

携来与君共团聚，

翘盼重逢时。①

多年后，井上靖还记得巴金家的冰淇淋："他回忆一九六一年与龟井胜一郎先生到巴金家里，受到巴老夫人热情款待时的情景说，巴老家的冰淇淋好吃极了，只可惜巴老夫人和龟井先生都已驾鹤西去。"②接待外宾中的趣事也是有的，巴金在1958年9月29日给萧珊的信中，讲过朝鲜作家的一个误会："今天中午茅盾请韩雪野吃饭，我作陪。他谈起尹世重同志回朝后对他说，你做菜很好。茅盾问做什么菜，我含糊地答应了一句。我不便说明那天是大三元送来的菜，外国人不易了解。晚上告诉家宝，他大笑不止。"③

家长里短，并不一定都像接待外宾那样其乐融融，它琐碎又耗人心力。1959年春天，巴金在北京开全国人大会，恰好继母生日，4月15日的信上，他特地叮嘱萧珊："老太太生日，你替我敬一杯酒。"④四天后，萧珊信上报告是怎么给继母过生日的：

你信到得迟一天，老太太生日已过，但吃饭的时候，我还是代你敬一杯酒。那天素菜很好，比外公生日那天好。而且前一天我们

---

① 龟井胜一郎：《樱花树下忆友谊,忧虑日本文化的危机》，《北京的星星》第93页，李芒译。
② 陈喜儒：《巴金与井上靖》，《巴金与日本作家》第90-91页，复旦大学出版社2015年1月版。
③ 巴金1958年9月29日致萧珊信，《家书》第278页。
④ 巴金1959年4月15日致萧珊信，《家书》第295页。

还吃了荤菜,是美心定的桌菜,质量比以前差多了,但有大块的肉和鸭子,孩子们吃得很高兴。父亲也来的,所以那天京戏票退了。我送老太一床毛巾被,枕套和拖鞋,都是她实际需要的。采臣给老太汇款十元,也是第二天才收到。总之老太太那两天过得很愉快。①

显然,他们都很注意让老人过得开心。更大的考验在一年之后,当年巴金好不容易拿出一段完整的时间,回到成都,准备写一点"大作品"。对此,组织上也满怀期待:"那天陈同生还谈起你创作的事,他非常希望你这次写中篇后,能把写《群》的事彻底考虑一下,你需要什么材料他也可以帮助你。他强调这次文代会的精神,我们中国解放后十一年还没有几部大作品出来,而且老作家没有写过大东西。他把希望寄托在你身上。他认为四川的春天和秋天都好。罗荪也跟我讲到这件事,他说你如果认为四川太远,可到无锡、苏杭一带,看材料方便一点。他们要我把这个意思告诉你。"②四川方面在困难时期也尽量给巴金提供方便的条件。就在这时,萧珊写信告诉巴金:"婆婆最近身体不大好,你走后第二天看过康医生(我交给她五十元,给她看医吃药用),八号去内科医院检查,疑有癌症,当时我就通过罗荪找到陈同生(他们在市委集中学习《毛选》四卷),星期四(十三日)一切报告出来,还是疑为癌症。星期五下午我在机关开会,陈同生打电话来找我,他五点多钟到我家,他认为还是送医院较好。当时我顾虑婆婆有洁癖,未见得肯去医院。星期六中

---

① 萧珊 1959 年 4 月 19 日致巴金信,《家书》第 298 页。
② 萧珊 1960 年 10 月 17 日致巴金信,《家书》第 354 页。

午我回家时，李瑞珏、济生正等着我，他们也认为还是送医院较妥当。当时我找作协写介绍信，找内科医院院长，办理入院手续，六时把老太太送进医院。"① 之后，又不断报告消息："老太还是这样，陈同生同志要我转告你，请你放心。不过老太年已古稀，体力不比年轻人，这病或者不易治疗。现在我们找一个护工陪她，我们每天去看她。在医院里她很受优待。"② 不料，继母的病情急转直下，于10月26日下午病逝。萧珊给巴金拍去电报，并在28日写信详细地报告继母生病和治疗的情况，萧珊说：

> 老太整个病的情况就是这些。我当时没有明确告诉你，是我不忍打扰你的情绪，如果我做得不对，请你原谅我。这些日子我的肩膀上承担的重量不轻，我很矛盾，党和人民对你的期望很高，希望你通过这次能写出长篇来，我何忍来扰乱你！我跟罗荪商量过，罗荪支持我的意见。现在老太已经过去，我看到你的电报很难过，你的悲哀就是我的悲哀，希望你时时念着我们，保重你的身体。③

巴金不在身边，萧珊的确压力很大，她处在"大嫂"的地位（大哥、三哥故去，大嫂又远在四川，她是辈分最大的人了），要与巴金弟弟商量办事，又要安抚小姑子的情绪，幸有陈同生、孔罗荪等朋友帮忙，萧珊在完全不依靠巴金的情况下料理婆婆的丧事。巴金给萧珊的信上说："得到母亲病逝的消息，心里很难过。这是万想

---

① 萧珊1960年10月17日致巴金信，《家书》第354-355页。
② 萧珊1960年10月24日致巴金信，《家书》第361-362页。
③ 萧珊1960年10月28日致巴金信，《家书》第372-373页。

不到的事。我一直在想什么时候请她回成都看看。上个月还对她说过。现在这也成了空话了。殡葬等事你们既然办妥,我也不必回上海走一趟。我等一会就出去发电报。望把详情告我。丧葬费用就由我负担吧。望大家保重。"① 后来又写信,表示对萧珊处理事情的满意:

老太的事情你们安排得很好,我完全放心了。……这次为老太治疗殡葬,我不在,好些事还得靠你。你花了这许多精力,办了许多事情,也算对得住她老人家。你也用不着难过。②

家庭琐事之外,萧珊也没有闲着,她帮助巴金处理了很多工作。比如,大量的读者来信,这在五六十年代也给巴金繁忙的生活增添很多压力。巴金故居现存不少读者来信背面有萧珊做的信件摘要,以节省巴金的时间。他们的通信中,也曾讨论过读者来信的处理情况:"昨天有读者给你的两封信,都是寄稿的信,都是火气很大,(说我们是有发表欲的年青人,老作家应该扶植……)我把这两封信连稿子交给王道乾去处理了。"③ 萧珊还为巴金主持的平明出版社约稿、看稿,穆旦、巫宁坤等人的译稿都是她约来的,不仅如此,对稿件的处理,她极为认真。巫宁坤在翻译《白求恩传》期间给萧珊的信上说:"希望你不是因为看自传搞得整天恍惚,那样我就未免太难为情了。尤其希望你不要为了我(任何理由)和平明吵架,希望你尽量尊重编辑部的意见,如果你的'太上编辑'的职权运用的过火,

---

① 巴金1960年10月27日致萧珊信,《家书》第369页。
② 巴金1960年11月7日致萧珊信,《家书》第386-387页。
③ 萧珊1955年12月29日致巴金信,《家书》第222页。

我以后就没法给平明搞下去了。希望你不要又为这个生气！"[1] 看来巫宁坤后来在这部书的译后记中说，此稿经过萧珊"精心润饰"并非虚言。

"可爱处"永不变

我曾见过有人写萧珊与巴金的恋爱，加了很多形容词和山啊海啊的话。这的确是一段不凡的恋情，冰心曾说过："文藻和我又都认为他最可佩服之处，就是他对恋爱和婚姻的态度上的严肃和专一。我们的朋友里有不少文艺界的人，其中有些人都很'风流'，对于钦慕他们的女读者，常常表示了很随便和不严肃的态度和行为。巴金就不这样，他对萧珊的爱情是严肃、真挚而专一的，这是他最可佩之一。"[2] 但是，从另外一方面看，他们也和其他恋人一样，都生活在现实的世界中，甚至表达感情的方式，并不是像徐志摩、沈从文那样，他们的"情话"也讲得非常含蓄。

1952年8月15日，在朝鲜战地的巴金给萧珊写信，信的最后，他附笔谈了一首诗："《人民文学》八月号，瓦普查罗夫那首给妻子告别的诗很好，读了很受感动。"[3] 他们分别半年，一定十分思念，这才有巴金似乎不经意的一笔。果然，萧珊立即捕捉到，在8月25日的回信中，她满满地是牵挂："我们分别六个半月了，愈来愈不

---

[1] 巫宁坤1953年10月9日致萧珊信，《一双美丽的眼睛——巴金研究集刊卷三》第68页。
[2] 冰心：《一位最可爱可佩的作家》，《中国作家》1989年第3期。
[3] 巴金1952年8月15日致萧珊信，《家书》第100页。

能忍受这距离,这次你写来的信封上好像为火烧炙过,一片焦黄色,它遭遇过什么呢?我的朋友,你没事罢?你为什么要提说那首瓦普查罗夫的诗呢,他是在跟人生告别,可是你为什么要向我说那首诗呢?我们快要见面了,再一个多月我们能互相握住我们的手,我预计九月底带小妹来北京等你,让你在北京的车站上就可以看到小妹的笑容……"①

1955后,在赴印度开会的粤汉路火车上,经过他们当年走过的旧迹时,巴金梦见了萧珊:

> 十二点半离开武昌。今晨过坪石,重经十七年前的旧路,风景如昨,我的心情也未改变。十七年前的旅行犹在眼前。"银盏坳……"你还记得吗?炸弹坑已填满,现在是一片和平建设的景象了。据说我们在广州住爱群,又是那个老地方。这一路上都有你,也有你的脚迹。昨晚在车上我又梦见你了,朋友,那是十几年前的你啊!在梦中我几乎失掉了你,醒来心跳得厉害,但是听见同伴的鼾声,想到你早已属我,我又安心地睡去了。②

不论走到哪里,萧珊的心都随着巴金的脚步,她的牵挂和关心也时时伴着巴金,有时候,她难免有一丝惆怅和哀怨。1956年年初,巴金在柏林访问,萧珊的信上说:"你到柏林后给我来的信收到,但也就此一信,使我的目光无法追随你遥远的脚踪,你知道我多想

---

① 萧珊1952年8月25日致巴金信,《家书》第103页。《尼·瓦普查罗夫短诗两首》刊《人民文学》1952年8月号,其中《告别》全文见本书第134页。
② 巴金1955年3月28日致萧珊信,《家书》第202页。

巴金的床头、书桌旁都放着妻子的遗像

你的紧张生活中有我的一份。每天晚上我跟孩子们说:'明天爸爸有信来了,'第二天他们都怪我说谎。自然你太忙,你不会忘记我们的。"①

萧珊毕竟是接受过教育的现代女性,她不可能仅仅局限在卿卿我我的世界里,尤其是在1950年代气氛高涨的社会氛围中,大家都投入社会建设中,仅仅做一个"家庭妇女"未免与热火朝天的气

① 萧珊1956年1月23日致巴金信,《家书》第226页。

氛不大协调。这种焦虑侵蚀着萧珊的心。在给巴金的信中,她也几次提到过:"我很好,时间浪费得很厉害,有时候想到这一辈子——一片空白,有点烦恼,你会怪我'名利思想',其实这何尝是呢。"① "这次你在国外一定见闻很多,小林总说:爸爸真开心,跟毛主席在一块儿。这也是我的感想。能多走走,多看看真好呀!这不只是见见世面的事,而是让你明白怎么做一个人。这些年来我老守在家庭一角,想想真自卑。"② "我很好,有一次我去找过吴强,他调到印染一厂。他不愿我先去,要等你回来决定。是的,我们不能再这样生活下去了,这股洪流会把人淹没的,我还不自甘落后。"③ 对于萧珊这样的要求,巴金有过答复:"关于你正式上班的问题你自己考虑吧。"④ 他并没有阻止萧珊,还是让她自己决定。不过此时,萧珊已经开始走出家庭,先后在《文艺月报》(《上海文学》)《收获》做起义务编辑来了。

作家罗洪回忆萧珊的工作情况:

解放以后,特别是在《收获》编辑部一起工作的那段时间,我跟萧珊坐在一个办公桌上,对她的处世为人,了解得越来越深。许多可贵的品质,从她日常生活中十分自然地表现出来,在我心里烙下了难忘的印记。她在《收获》任义务编辑,不要任何报酬,但对每篇稿子,她总是看得那么仔细,办公时间没看完,她就带到家里去看。每逢编辑部有特殊情况,比较忙乱的时候,她总是对我说:"你

---

① 萧珊 1957 年 6 月 24 日致巴金信,《家书》第 247 页。
② 萧珊 1957 年 11 月 16 日致巴金信,《家书》第 264 页。
③ 萧珊 1958 年 10 月 21 日致巴金信,《家书》第 226 页。
④ 巴金 1960 年 12 月 14 日致萧珊信,《家书》第 421 页。

们忙，可以让我多看点稿子。"她默默地为编辑部做了个不少工作。

我从没听到她说过一句对别人不满的话，也从没听到她抱怨过别人。她用善良宽厚的眼光看待朋友，总是看到别人的长处和优点，快乐地赞美别人的长处，使我感到她胸怀宽广，为人敦厚。①

冰心一直忘不了萧珊写信约稿的口气，她给萧珊的回信中也透露两个人为了稿子你来我往的情节：

亲爱的萧珊：

总得先回你一封信——上次信说我已着手给《上海文学》写文章了。一点不假，题目是《在大连》。我想痛快地写一下"海"。不想写到一半，有点惶惑了，再另起头，这时一些杂务的文章来了，就是你在其他报纸上所看到的那些。那都是些千把字的鸡零狗碎的应急的文章，我不会把它给你的！（不但不给你，也不给《人民文学》！）我总想聚精会神，写一些我力所能及的好一点的，不料，你的信来了，又是"自杀"，（在这一点上，巴金罪不可恕！）又是"寡情"，真把我吓坏了，我连信也不敢回。想把稿写好一并寄去，不料，越着急越不行，就像小学生写作文一样，理不出一个头绪来，同时开会听报告的事又纷至沓来了，这时你又来信，把旧事重提，说从文把你带到我家的事。这件事，我倒忘了，我记得巴金曾把你带到我呈贡山上的家里来。这一次印象很深……总之，只为喜欢你，才迟迟不回信，理由是等稿，结果得不到你的谅解，纳兰词有句云：

---

① 罗洪：《怀念萧珊》，《往事如烟》第130页。

1972年萧珊去世，这是对巴金晚年最大的打击

"人到情多情转薄，而今真个不多情"，可为我咏！这两天又开始努力，迟早寄上，请别着急。少不得请代问巴金好，虽然他仍是个调皮的孩子！

冰心

[一九六一年]十一月二十四日①

这是"威逼"，还有"利诱"。李劼人需要蚊香，当时，这也属于紧俏物资，萧珊给在成都的巴金写信说："李劼人托购的蚊香，很困难，有时有，每人限购五盘，廿盘才是一盒，他要廿盒。但我们慢慢设法。请你见到他时提一句，《大波》三部、四部写得怎么样，有单独可以发表的，先寄我们一两章，那么我就可以发动编辑部全体同志替他购蚊香了。（一笑！）"②

依旧"调皮"，罗洪还谈到他们一起去新安江参观途中：

次日下午，我们坐了一辆中型车子，出发到新安江水电站工地去。车子在桐庐附近暂停一下，让大家走一小段路，活动活动。古老的县城，凡是沿江的店铺门前大多搭个大凉棚。凉棚下有桌子、椅子，供来往客人歇息，路人也在凉棚下来往。萧珊见这情景，发生很大兴趣。看到店铺前挂着摆着的，样样都感到新鲜。而她那好奇的一顾盼，一招手，都使走在后边的巴金乐呵呵地喃喃说着什么，仿佛

---

① 冰心1961年11月24日致萧珊信，《一双美丽的眼睛——巴金研究集刊卷三》第44-45页。
② 萧珊1960年11月9日致巴金信，《家书》第389页。

慈爱的父母看到小女儿的憨态，乐不可支。①

沈从文1956年10月29日在给夫人张兆和的信上说："打电话给陈蕴珍，听明白是我来时，还依旧在电话中嚷了起来。""天不变，地不变，陈蕴珍可爱处也不会大变，可说是性格中的'阴丹士林'！正和形象中的阴丹士林，可爱处是一样的。"②

永远关闭了，叹息也不能打开它

就是这样一个"可爱处"永不变的萧珊，这么一对从来不想伤害谁的夫妻，在风暴中变成了这个样子：

那是1970年，一次我从五·七干校回来，在上海作协附近的陕西南路上，远远地看见一个人在走着，那模样儿像萧珊。稍稍走近了些，一看果真是她。已经有两年不见了，听说她身体不好，胸部发现一个小块，我本来一直在惦念着她。可是，她似乎没有看见我，也许她有点不愿意看见我，她的目光直直地望着前面，步履比较缓慢，脸瘦削多了，嘴唇紧闭着。这决不是过去的萧珊，我的心紧缩了。快将擦肩而过的时候，我停住脚步。要是在过去，她没看见，我会冲到她面前，扯扯她的衣角，或是没等她走近，我早已"萧珊，萧珊"地唤她。但是那天我没有这样做。那是什么时候？凡是进过"牛棚"

---

① 罗洪：《灯下忆旧》，《往事如烟》第85页。
② 沈从文1956年10月29日致张兆和信，《沈从文全集》第20卷第57、59页。

文革开始，巴金受到批判，这给萧珊身心带来巨大创伤，极大影响她的健康

的人，都习惯于熟人相见如同陌路，不打招呼，更不用说是交谈了。萧珊本是义务编辑，按理她可以不参加单位里的政治运动；但忽然来了一帮子受张春桥唆使的"狂妄派"，为的她跟巴金的关系，勒令把她当作牛鬼蛇神关进"牛棚"，从此她受尽折磨。我当时也是"审查对象"，不愿意带累她，不敢招呼她，而她也似乎没有见着我。那直视的目光，缓慢的脚步，瘦削的脸，还有那向下弯着的嘴唇，使我打了个寒噤。我说不出话，呆呆地立定了，让她在我面前走过。

想不到这竟是我最后一次见到的萧珊,她样子整个儿变了。①

其余的事情,在巴金的《怀念萧珊》中都能读到。天真的萧珊可能从未想到,还会发生这样的事情,会遭受这样的对待。她去世那一年才五十五岁,家人并没有告诉她真实病情,在当年6月28日给沈从文的信中,她说:"老巴是一个月回家休息四天,可是这次因为我生病,为了照应我一个月没有下乡,我生的也不知什么病,四十余天体温有时高至39℃,至今尚未查出病因。"② 去世前三天,彭新琪去看过她:

昔日的朋友们远离了她。我也不敢去看她。直到1972年我"四个面向",调到中学去当语文教师,回机关领工资时,听说她患了肠癌住进了中山医院病房,我这才敢到医院去探望她。

那天下午我去看她时,小林和她的好友萧荀陪伴在侧。巴金是为了让出探病的牌子,才离开病房的。我在入口处见到了巴金,他和我擦肩而过。我真不知道他陪伴萧珊的时间不长了,真不应该夺了他们相聚一起的宝贵时间。我在病房门口就看见了萧珊,她正半卧在病床上,腹部高高隆起。她面色苍白,却不露哀戚。她见我去看她,有些感到惊奇,但也很高兴。她很有精神地和我谈家常,绝口不提巴金的事,也不谈她自己的病。她显得很平静,很坦然,完

---

① 罗洪:《怀念萧珊》,《往事如烟》第128-129页。
② 萧珊1972年6月28日致沈从文信,《萧珊文存》第201页,上海人民出版社2009年3月版。

萧珊的形象一直留在朋友们的心间

全看不出她已是生命垂危的病人。①

我感叹的是，时光流逝，一代人的青春也在流逝。在她去世的那一年年初，萧珊有一封信给穆旦的信，平静的字句间是无奈地叹息和掩不住的怅惘：

收到你的信有好几天，不是不想写信，而是无从下笔。我们真是分别得太久了，你说有十七年，是啊，我的儿子已经有二十一岁了。少壮能几时！生、老、病、死是自然界的现象，对你我也不会有例外，所以你也不必抱怨时间。但是十七年真是一个大数字，我拿起笔，不知写些什么。还是先谈些家务吧。我女儿是去年春末结婚的，她读的是戏剧学院，到今天还没有分配，前一阵听说北方的艺术院校已经分配了，而是改行，后来又说是谣言。女儿的对象是劳动人民的儿子，同班同学。结婚后不久女儿回来住了，而且那一位也不肯回家去了。这样我家里也热闹许多。最近儿子又回来度假了，家里倒也歌声不绝。现在该你来谈谈你的家务了。既然我们现在是新交，得从家庭先来认识吧。你妻子是否还在南大教书，我已经记不得她叫什么了，你们现在有几个孩子，大概还没有到分配工作的年龄吧？你说你在学农基地已经一年多了，从你信里看来，你还是过去的你，知识分子改造是一个艰巨的历程，老友、新交，我也不知怎样认识你了。②

---

① 彭新琪：《巴金的夫人萧珊》，《巴金的世界》第32页，宁夏人民出版社1997年4月版。
② 萧珊1972年1月16日致穆旦信，《萧珊文存》第203页。

她就是带着这样叹息离开的……

朋友们都在寻找这个身影，沈从文1975年6月给黄裳的信上，叙及1974年重访巴金家的情景，"不免惘然许久"，想起昆明时和十多年前来此所见，更感"旧事成尘"：

去武康路时，仍在十余年前同一廊下大花园前喝喝茶，忆及前一回喝茶时，陈蕴珍还在廊下用喷水壶照料花草，叙及抗战初，到昆明升学，一时得不到住处，由我为安置到编书办公室楼上一角空处，四个还保留中学生风格的刚成年女孩，大喉咙十分响亮，摊地铺吵吵嚷嚷，充满青春欢忻。后屋住有刺孙传芳之施剑翘，十分高兴为叙经过种种。傅雷则住前屋，时正生孩子傅聪。每天均可听到放贝多芬肖邦唱片。旧事成尘，不意转眼即廿卅年，少壮一代，或已长大成人，或即将由顽童进入青壮少年，……还记得曾为蕴珍绘一浇花速写，十分传神，寄还北京给家中人传观，大小都以为形象逼真。这次到彼家中作客，则女主人已去世，彼此都相对白头，巴小姐正住医院待产，传来电话，得一女孩，外孙女已降生，母女无恙，往日接待友好的客厅，已改成临时卧房，一四川保姆正在整理床铺，准备欢迎新人。廊下似亦多久不接待客人，地面和几张旧藤椅，多灰扑扑的，歪歪乱乱搁在廊下，茶几也失了踪。我们就依旧坐下来谈谈十年种种。百叶窗则如十九世纪法国小说常描写到的情形，因女主人故去，下垂已多日，园中一角，往年陈蕴珍说起的上百种来自各地的花树，似只有墙角木槿和红薇，正在开放。大片草地看来也经月不曾剪过。印象重叠，弟不免惘然许久，因为死者长已生者亦若已失去存在本意，虽依旧谈笑风生，事实上心中所受伤害，已

1971年夏天，满面憔悴的萧珊

无可弥补。算算日子，又已过去整整一年，估计小外孙女或已能在廊下蹒跚走动，廊下又已有不少花花草草，每天由巴小姐一面为小外孙唱歌，一面用喷壶浇水到花盆中，园中大草地和墙角上百种花木，重新在照料下郁郁青青，生长得十分茂盛。过去四十年种种，只在弟心中留下前后印象还十分鲜明生动，此外在人世间即已消失无余，即在下一代亦一无所知矣。①

穆旦则有时光和记忆被"永远关闭了"之感，不过，他仍在寻觅"你温煦的阳光，会心的微笑"：

你永远关闭了，不管多珍贵的记忆，
曾经留在你栩栩生动的册页中，
也不管生活这支笔正在写下去，
还有多少思想和感情突然被冰冻；

永远关闭了，我再也无法跨进一步，
到这冰冷的石门后漫步和休憩，
去寻觅你温煦的阳光，会心的微笑，
不管我曾多年沟通这一片田园；

呵，永远关闭了，叹息也不能打开它，
我的心灵投资的银行已经关闭，
留下贫穷的我，面对严厉的岁月，
独自回顾那已丧失的财富和自己。②

---

① 沈从文1975年6月致黄裳信，《沈从文全集》第24卷第314-315页，北岳文艺出版社2002年版。
② 穆旦：《〈友谊〉之二》，《穆旦诗文选》第1卷第336页。作者曾在1976年6月28日致杜运燮的信中将此诗抄寄杜运燮，并在信中说："《友谊》的第二段着重想到陈蕴珍，第一段着重想到你们。所以可以看到，前者情调是喜，后者是悲。"

1972年8月萧珊逝世,这是8月13日巴金在龙华火葬场与萧珊告别时的照片

妻子的骨灰就放在巴金床边的橱上，伴着巴金一直走到生命的尽头

对于巴金先生而言，这些记忆永远都不会关闭。1975年，他把萧珊的骨灰接回家，放在自己床边的五斗橱上，相伴他到去世。春回人间之后，在给友人的信上，他说："一、蕴珍不需要开追悼会，有人问过我，要我决定，我不同意开。我不主张形式主义。二、我写了一篇《怀念萧珊》，约九千字，打算先在港报发表，然后在广

巴金与萧珊纪念铜章

东刊物上刊载，我替她平反。"①我总觉得"我不同意开……我替她平反"，这里面有这位老人的悲愤和倔强，他要用自己的方式纪念爱人，这就是《怀念萧珊》《再忆萧珊》，两篇文章足以让萧珊不朽，同时，也把那段焚心煮骨的日子留给历史：

不到两个月，她病倒了，以后就没有再出去扫街（我妹妹继续扫了一个时期），但是也没有完全恢复健康。尽管她还继续拖了四年，但一直到死她并不曾看到我恢复自由。这就是她的最后，然而绝不是她的结局。她的结局将和我的结局连在一起。我绝不悲观。我要争取多活。我要为我们社会主义祖国工作到生命

---

① 巴金1979年1月19日致杨苡，《雪泥集》第70页。

的最后一息。在我丧失工作能力的时候,我希望病榻上有萧珊翻译的那几本小说。等到我永远闭上眼睛,就让我的骨灰同她的搀和在一起。①

2005年11月25日,两个人的骨灰搀在一起,撒到了浩渺的大海,从此,人间的束缚对他们都失效了。

2018年1月12日下午写完,1月22日改

---

① 巴金:《怀念萧珊》,《巴金全集》第16卷第28页。

藏书家巴金

上　聚书记

1949年初春，战争的阴影笼罩着上海，一个政权的统治面临崩溃，物价飞涨，人心惶惶。然而，作家巴金逛书店逛得似乎更勤了。

他当时住在霞飞坊59号，楼梯是木质的。买书回来，踩着楼梯往上走时，巴金的脚步尤其沉重。听到这很有特色的声音，全家人都知道巴金回来了。妻子萧珊去门口开门，不满四岁的女儿小林，大声喊着"爸爸回来喽！"扑向楼梯口。寓居他们家的朋友之子马绍弥则迎下去，帮巴金拎书。

巴金家各式各样的书架、书橱

黄裳曾这样描述巴金的住所："霞飞坊的房子的开间不大,三楼临窗放着一只书桌,铁床放在后侧的角落里,其余的空隙全部被装玻璃橱门的书架占去。书架布置得曲曲折折,中间留有可以侧身走过的通路,就像苏州花园石假山中间的小径似的。书架里绝大部分是外文书。"[1] 尽管人已经睡在了书架中间,可是,每有新的收获,巴金还是兴致盎然。那些精美的、大部头的洋装书,仍然源源不断地涌进家中。

五月里的一天,李伯伯照例抱了一堆书回来。

李伯母从来都是个喜怒形于色的人。见买回这么一大摞书,面色不禁一变,一反往常地质问起李伯伯来:"李先生(萧珊一直这样称呼自己的爱人)!我们手头就只有五十七块银圆了,不是说要你暂时别再买书了么?现在东西这么贵,一旦真的围起城来,叫我拿什么来养这一大家人?"

"这么好的书!这么便宜的价钱!这个时候不买,以后可不一定有这种机会的哟!"巴金笑吟吟地答道。

"那也不成!"萧珊认真地说:"要是真打半年仗,东西就会比现在还要贵得多。人饿死了,要书有什么用?"

"言过其实,言过其实。"巴金还是笑吟吟地说:"我看这仗打不了半年,也不信就会饿死!不少书是难得一见的,我要是见了不买,那倒真是后悔也要后悔死的。"[2]

---

[1] 黄裳:《记巴金》,《黄裳文集·珠还卷》第304页。
[2] 马绍弥:《在霞飞坊59号的日子》,《一双美丽的眼睛——巴金研究集刊卷三》第93页。

兵荒马乱的年月里，别人忙着逃命，巴金却在抢书，十足书痴。

写书，编书，出书，巴金的一生都是围着书转。他从未想到要做"藏书家"，或许因此藏书家巴金的光芒被大大掩盖了。在现代作家中，郑振铎、阿英、唐弢、叶灵凤、宋春舫、黄裳都是声名显赫的藏书家，巴金与他们相比毫不逊色，在西文图书、新文学作品的收藏上，无论数量和特色上，能够巴金比肩的藏书家并不是很多。

到过巴金故居的人，无不惊叹：这里简直是书的世界。无论是主楼、辅楼，还是汽车间，凡是有空间的地方都为书所占领。巴金寓所中原有书橱（书架）80多个，为了方便观众参观，过道处抽出了不少书架，目前布置在各区域中的书橱（书架）还有37个。巴金故居现在收藏的书刊有近4万册，这还仅是巴金捐赠给各图书馆之后的遗存。巴金的藏书数量目前还没有精确的统计，巴金故居存书之外，加上他捐赠给各大图书馆等机构的书，巴金的藏书总量有六七万册之多。

巴金的藏书，古今中外，种类丰富。作为中国新文学作家中一员，对于新文学藏书，巴金收藏齐全，签名本尤多。他的西文藏书更是种类多、语种多、版本全、珍本多，仅就文学作品而言，巴金喜欢的作家托尔斯泰、屠格涅夫、赫尔岑、但丁等不同时期不同版本所见俱收，插图本、限定本等豪华版本为数不少。如《神曲》就有1888年版的汇注本，1921年版的袖珍精装本，圣·彼得堡印的俄文旧版本，还有法文的、英文的译本等多种。无政府主义理论、人物传记、报刊和其他史料，这些书刊原本发行量不大，尤为珍稀。因为与巴金的信仰相关，他穷搜尽罗、力求完备，据说他的收藏量远东第一。

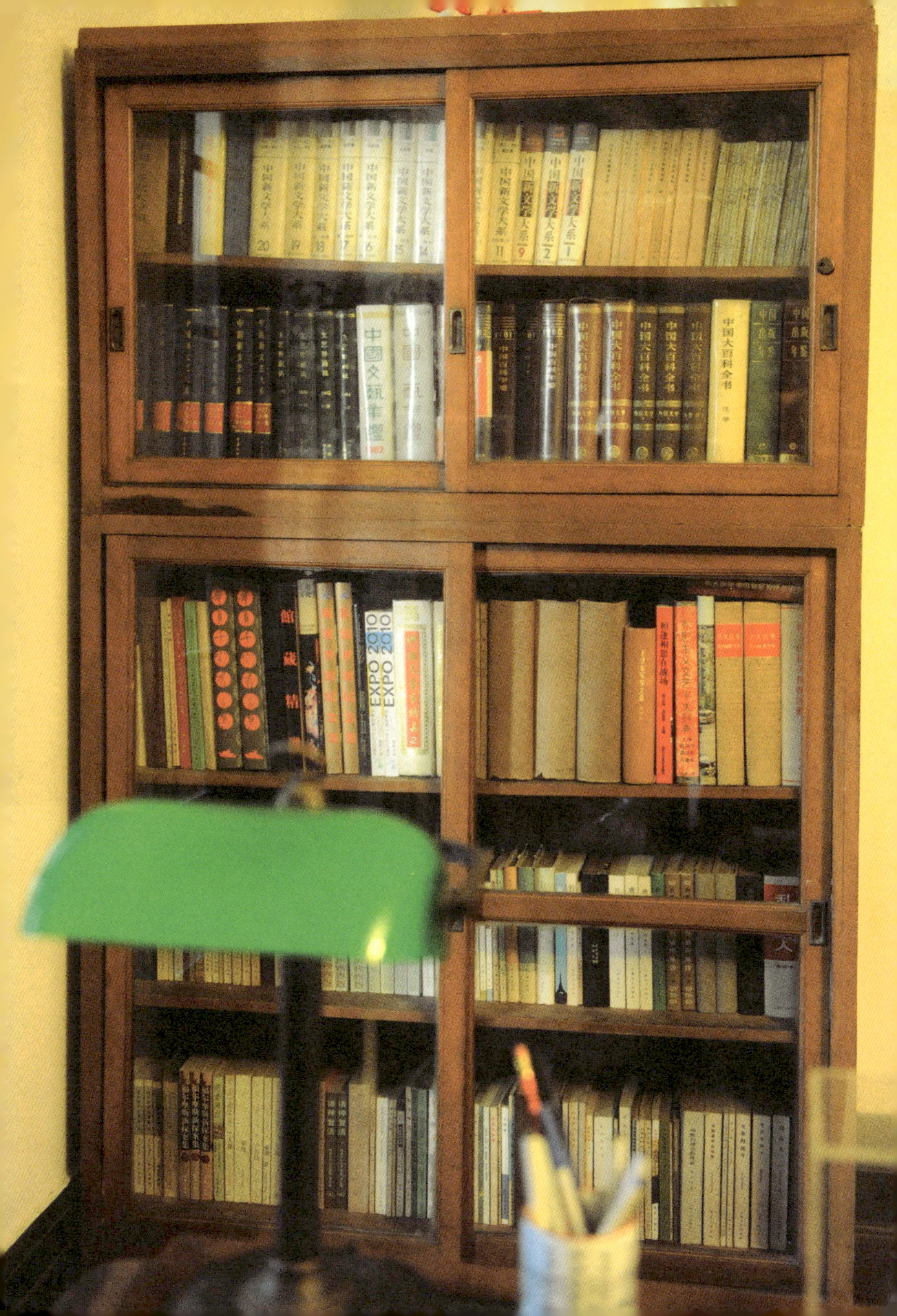
中国新文学大系
中国大百科全书
EXPO 2010
EXPO 2010

巴金家各式各样的书架、书橱

  这些书,大多数都是巴金一本本从新旧书店中挑选、购买、订购的。多年来,他过着简朴的生活,所有收入都来自稿费,然而,逛书店、买书是他一生保持的少数爱好之一。在巴黎的塞纳河畔,东京的神田旧书店,北京的东安市场,上海常熟路的西文旧书店、福州路的外文书店等等,都曾留下巴金流连书肆的身影。

  1927年至1928年,巴金在法国留学,特别是最初居住巴黎的

时光，塞纳河畔一带的旧书摊是巴金常到的地方。"一个星期中我至少要去两次，每次回来，两只手总是满满的。"①有一次，在绵绵的春雨中，他花了两个半法郎买回一本日本作家秋田雨雀的《骷髅的跳舞》，这是一本世界语小书，几天后，他在游人不多的卢森堡公园安静地读完它，几年后他把它翻译成中文。对巴金的写作有着很深影响俄国作家赫尔岑的《往事与随想》也是在旅法期间读到的。"《往事与随想》可以说是我的老师。我第一次读它是在一九二八年二月五日，那天我刚刚买到英国康·加尔纳特夫人（Mrs.C.Garnett）翻译的英文本。当时我的第一本小说《灭亡》还没有写成。"②巴金并未留下那时的日记，这个日期近半个世纪还能记得如此清楚，是因为在书的扉页上，他用钢笔写着自己的英文签名和这个日期。这本书至今仍保存在巴金故居，虽然墨迹

---

① 巴金：《〈骷髅的跳舞〉译者序》，《巴金全集》第 17 卷第 136 页。
② 巴金：《〈往事与随想〉后记 [一]》，《巴金全集》第 17 卷第 292 页。

巴金自书藏书统计

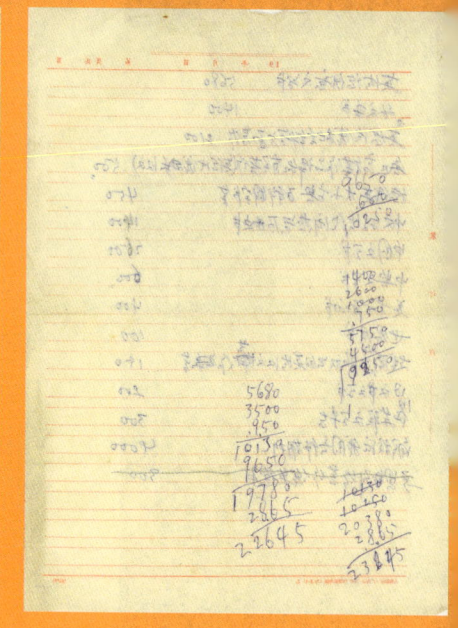

已经变淡,然而,两位伟大作家的"相遇"却留下珍贵的实物见证。

1934年11月,巴金来到日本,先是住在横滨,1935年春,到了东京。东京,是购书的天堂,更何况巴金就住在神保町附近,买书成为他日常生活的重要内容:

中华青年会会所在东京神田区,附近有很多西文旧书店,可以说我每天要去三次,哪一家店有什么书,我都记熟了,而且我也买了不少的旧书,全放在两层的大壁橱里面。……

到了东京,我对西文旧书发生了浓厚的兴趣,买了书回来常常看一个晚上,却不怎么热心学习日语了。[①]

1935年初,巴金在日本写下的《书》一文,记录了他当年买书的心情:

在大街上几家古本屋里耽搁了两个钟头,抱了十多本《现代日本文学全集》出来,这里面有了森鸥外,岛崎藤村,有岛武郎,谷崎润一郎,芥川龙之介,志贺直哉和别的一些文人。金一圆五十钱也。确实是很便宜的罢。上了自动车,心里还颇高兴……[②]

巴金的藏书中,有不少贴着神保町旧书店标签的书,想必都是他当年逛书店的"战果"。就这么"两手总是满满的",总是"心

---

① 巴金:《关于〈神·鬼·人〉》,《巴金全集》第20卷第617页。
② 巴金:《书》,《巴金全集》第12卷第467-468页,人民文学出版社1989年12月版。

里还颇高兴"，就这么日积月累，家里的书越聚越多。

1949年到1966年，巴金作为全国政协委员、人大代表、中国作协副主席，经常去北京开会或参加各种活动，有时候，待的时间还很长。除了与老朋友聚谈外，逛书店、买书的习惯巴金仍然未改。他的日记里多次记下自己或者与友人一起逛书店的事情：

十点半同佐临、沙汀出去到东安市场，并在外文书店购书九册。（1963年4月19日）

十二点家宝来，我约他到北海仿膳去吃肉末烧饼。两点回旅馆午睡。四点去市场购物、买书。五点继续看材料，读《越南史略》。晚饭后再去外文书店买书。（1963年6月7日）

书买得太多，还得从邮局寄回上海：

去邮局邮回上海书一包（日文《片山潜著作集》三册），并购包书纸和麻绳。午饭后再去邮局寄出第二包书（《列昂诺夫文集》五册）。（1963年6月8日）①

在外地与妻子的通信里，买书也是经常是他们谈论的主题：

诚实书店的法文字典送来没有？如未送来可找济生去问一声，

---

① 以上及后文引用日记均见《巴金全集》第25卷，人民文学出版社1993年8月版。

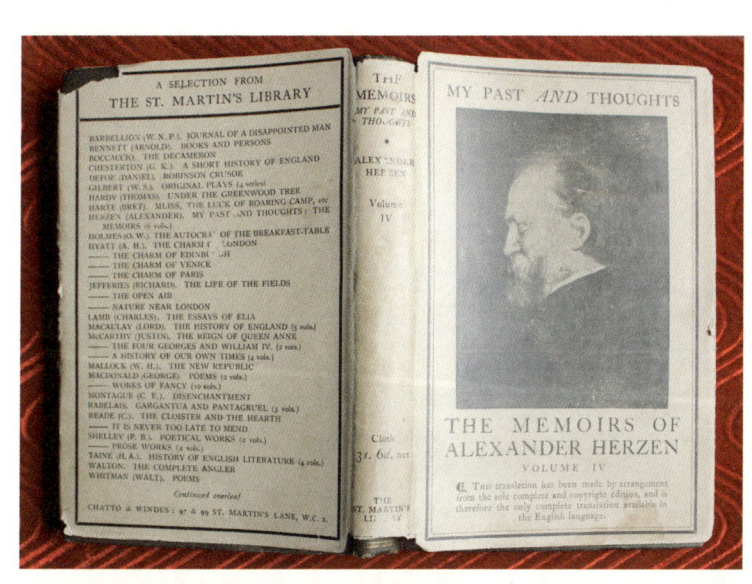

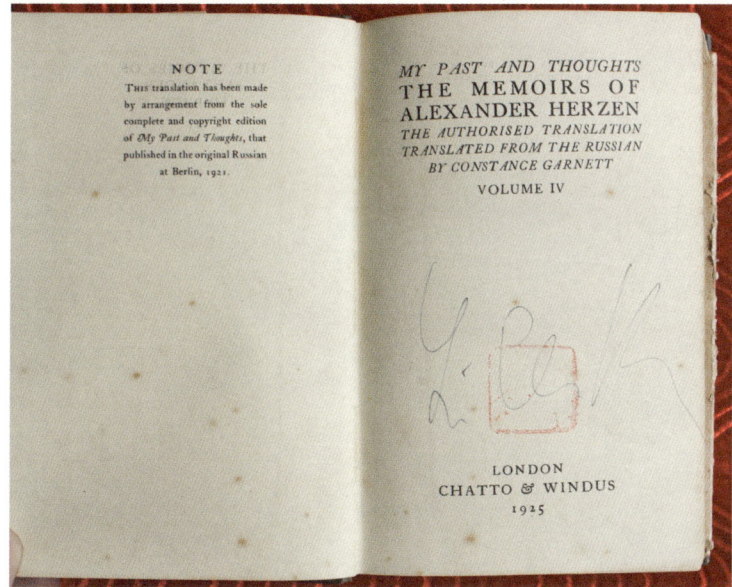

1928年2月5日购于法国的《往事与随想》

在书刊包围中的巴金

书款已付。今天寄上一包书是在国际买的普希金残本。（1954年7月8日致萧珊）

我在这里买书花钱不少。但想想反正我的书还陆续在印，可以拿版税，多买点书又何妨。（1954年9月27日致萧珊）

要买的书太多或太贵，钱不够了，巴金写信给妻子请求汇款来救急的事情也发生过：

前两天寄出一信要你为我汇六百元来。我要买两部书，价钱尚未讲好。可能很贵，所以需要钱。这两部书太好了。（1957年6月27日致萧珊）

请给我汇三百元来（写明在天桥邮局取款）。我买了几部旧书，钱不够，欠了债，这里旧书售价太贵。（1958年1月27日致萧珊）

那些年，巴金写作、开会、出访，任务一个接着一个，非常繁忙。不过，再忙，买书的习惯没有丢、爱书的兴致没有减，从他的日记中能够看出，买书，不断买书，仍然是他日常生活中的重要内容：

古籍书店送来《戏曲丛刊》第一批十册。（1962年11月3日）

在文艺会堂旧书店内购得《昭和法帖大系》一部，共十五册。一点半前睡。（1962年11月10日）

外文书店送来德文艺术家辞典三十七册。（1962年11月12日）

去外文书店和上海旧书店西书门市部购书若干册，并在期刊部楼上购得《文丛》一卷一至五、二卷一、三（两份）共八册（索价十八元，相当贵）。（1962年12月12日）

上午九点半乘作协车去四马路外文书店、上海旧书店中文和外文门市部，以后又去中图公司二楼购《第四名》《椅子》等内部读物数种。十点半回家。（1963年1月22日）

十二点半到文化俱乐部午饭。饭后去四马路外文书店和旧书店外文门市部购书，三点乘作协车回家，颇感疲乏。看书。（1963年2月16日）

四点雇车去四马路新华书店内部发行组取书，然后去外文书店和旧书店外文门市部购书。五点一刻回家。（1963年3月6日）

1966年，一场文化浩劫开始了，巴金的书房被贴上封条，他热爱的那些中外名著都成了被大加挞伐的"封资修"。然而，人们的

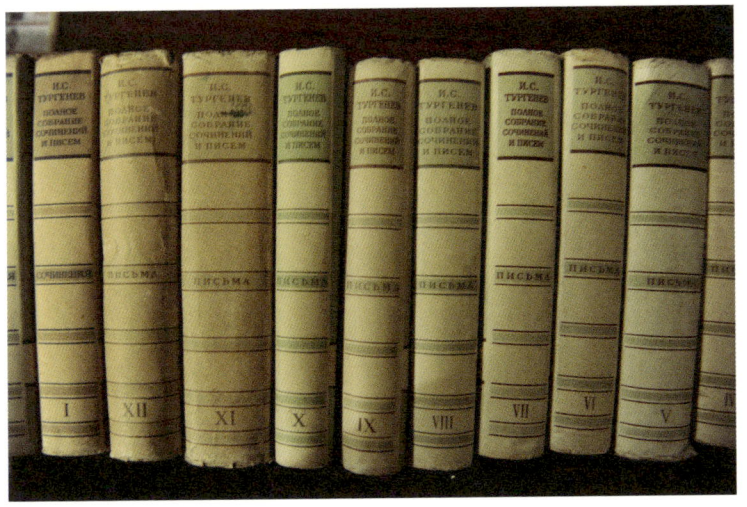

巴金所藏的一组西文图书

心愿不会被一瓢冷水就轻易浇灭,一有机会,它就会燃烧起来。

1972 年下半年,巴金不用再去干校,个人处境稍微有所好转,可以与外界的朋友联系了。他与时任人民文学出版社编辑的王仰晨开始通信,通信中相当的篇幅是谈论书,巴金多次请王仰晨帮忙买书。那是一个文化饥荒的年代,可以读的书很少,新书刚刚印出就被抢购一空。尚未恢复写作权利的巴金却密切关注出版信息,不放过一本他想读的书。

1973 年 6 月 29 日在给王仰晨的信中写道:

> 三岛(由纪夫)的几本书如能购到,请寄给我。这一类书我都想翻翻。在这里看不到。①

---

① 巴金 1973 年 6 月 29 日致王仰晨信,《巴金书简——致王仰晨》第 11 页,文汇出版社 1997 年 12 月版。

1973年10月4日的信，写道：

你问起我还需要什么书，我上次已和你谈过北京出的内部书，这里买不到，你如能找到，我都要。还有你们社里出的《四部古典小说评论》，虽然不是内部书，但这里已买不到，如可能请替我买两册。我要《鲁迅全集》咖啡色封面第四卷，上次已经告诉你了；还需要一册青灰色报纸本第六卷。①

1973年11月20日的信上，他说：

俞平伯的两本书，我都要，尤其是《红楼梦辨》，我从前在成都读过，很想再翻看一下。这两本书你能买到，太好了。②

从1972年9月到1976年底，在三年半的时间中，巴金与王仰晨的通信里，提到的书至少有这些：《红楼梦》《鲁迅手稿选集三编》《英汉文成语词典》《红楼梦研究资料三辑》《鲁迅批孔反儒文选》《封神榜》《第三帝国兴亡》《穆拉维约夫·阿穆尔斯基伯爵》《中国近代史》《杜鲁门回忆录》《红楼梦新证》《西游记》《水浒》《北齐书》《丘吉尔回忆录》《词综》《宋诗别裁》《俄国在远东》《米高扬回忆录》《赫鲁晓夫回忆录》《鲁迅日记》……当时，巴金政治结论悬而未决，尚未"解放"，可以说前途茫茫，可是这一切都不能影响他对书的热爱。

---

① 巴金1973年10月4日致王仰晨信，《巴金书简——致王仰晨》第12页。
② 巴金1973年11月20日致王仰晨信，《巴金书简——致王仰晨》第18页。

到晚年，身体原因，已经不容许他逛书店了，不过，老人还是关心书店、关心新书旧书。在与北京的藏书家姜德明的每一次交谈中，书都是主要内容。从姜德明的文章中，我们能够体会出巴金对书痴情不改。1988年10月24日，他与姜德明一见面，就向姜问起买了什么书。姜德明趁机问巴金以前买旧书的经历：

"您从什么时候就不跑旧书店了？"

"大概是60年代初吧，因为忙啊，连新书店也没时间去了。现在更失去了跑书店的自由，走不动了。"

"过去呢，比如解放以前？"

"过去我常跑四马路（现在的福州路），那里书店不少，旧书摊也多。还有外文旧书店。常熟路附近也有几家个体经营的小书店，我的很多外文书都是从那儿买来的。抗战前，那地方住过不少外国人，后来临回国前就把旧书都卖掉了。有不少稀见的珍本。"

我补充说："王子野同志最近翻译的《邓肯自传》续编《没有讲完的故事》（三联书店出版），用的本子就是您的藏书。他是从您送给北京图书馆的那批藏书中找出来的。您的旧书还真起作用了。"

巴老的情绪显得有点活跃，他说：

"还有一本呢，也是用了我的藏书，是一位美国作家谈写作的书。"

"抗战期间您走了许多地方，是不是也有许多藏书？"

"我在昆明、桂林、贵阳没有什么藏书，在重庆的时候有一点，也不多。抗战胜利后，只要有人复员回上海，我就随时托人捎一点书回来。结果有的箱子丢失了，书也不见了。那时候土纸印的书很

便宜,也没有想到日后会这么珍贵。"①

    这里,巴金的记忆并不准确,从他的日记看,1960年代初,他仍然是跑旧书店的。可能忙一点,不像以前那么勤罢了。1991年6月14日,他们见面时,巴金说:"有二十多年不进书店的大门了。太忙,没有时间,现在是走不动了,也没有什么旧书摊可逛。我那时逛书摊,主要是买外文旧书。"②没有时间,走不动,不能再逛书店,是老人晚年多么遗憾的事情啊。对于一个爱书人,更遗憾的是,"现

---

① 姜德明:《雨天谈书》,《与巴金闲谈》第45-46页,四川文艺出版社2019年1月版。
② 姜德明:《病房问答》,《与巴金闲谈》第54页。

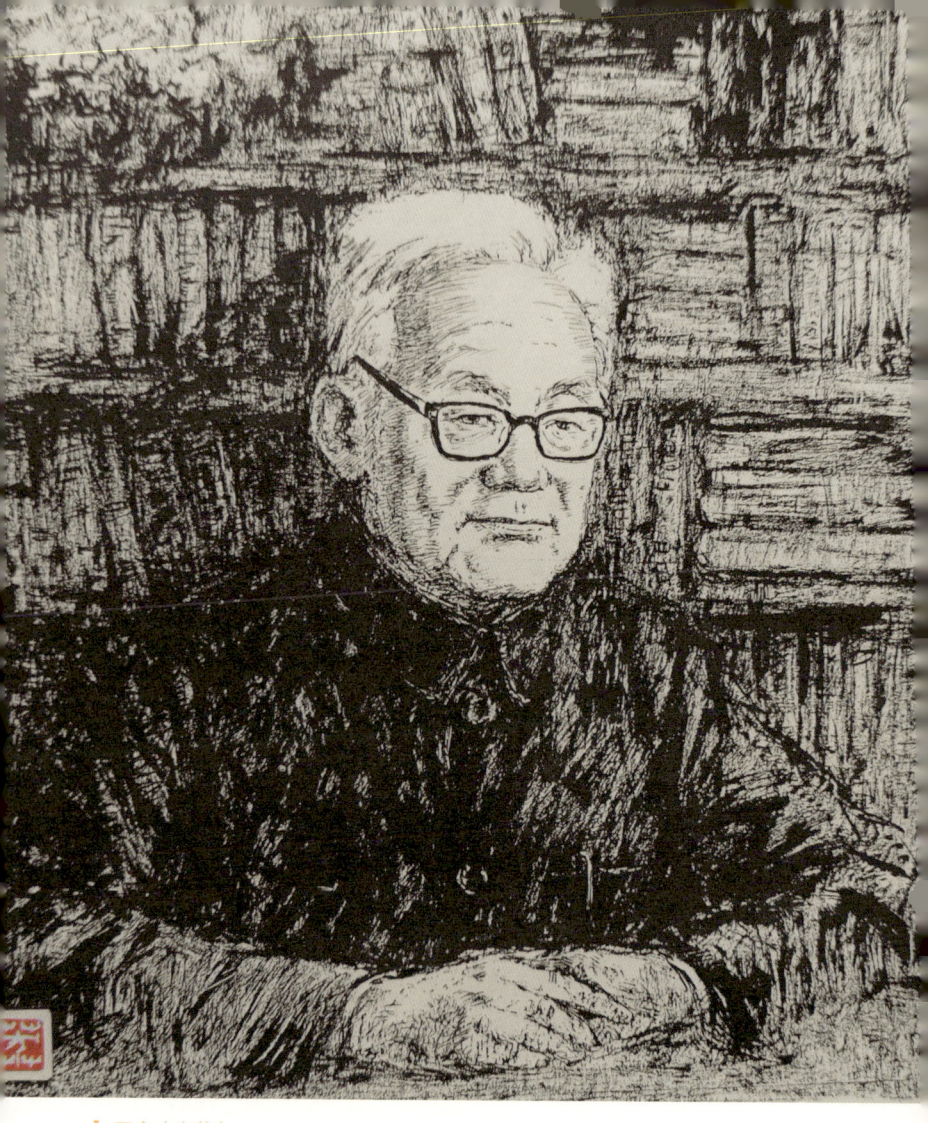

巴金（高莽）

在"没有旧书摊可逛了。时至今日,我仿佛仍能听到巴金那长长的叹息。

中　理书记

1955年9月,巴金的家从淮海坊59号搬到武康路113号。搬家时,最壮观的场面是搬书。据徐开垒《巴金传》描述:

搬家的时候,繁重的工作室大批书籍的迁移。人们不难想象,那天淮海坊的邻居们,几乎没有一个人不目瞪口呆,惊奇于五十九号门里,原住着巴金夫妇和他们的子女,竟有数量如此惊人的古今中外各种版本藏书,一车一车的运往新居。主持这项工作的得力助手是巴金的小弟弟(十七弟)李济生……巴金把这些书籍安顿在新居的藏书室中,但仍容纳不下,最后又不得不利用楼下的汽车间,把剩余的书籍放进去。①

搬到武康路,空间大了,藏书的条件更好了。不同语种的书从世界各地汇聚到武康路113号,主人对它们并非不管不问,整理书是巴金写作之余的体力活儿,有苦有乐。挥汗理书,在他当年的日记中多有记载:

六点晚饭。饭后在汽车间包检俄文书,少弥在旁边帮忙。洗澡

---

① 徐开垒:《巴金传》第440页。

后在廊上乘凉。（1963年8月25日）

十二点半午饭。午睡一小时。整理书刊。改译《处女地》。今天特别热，稍微动一下，就是满身大汗。（1963年8月30日）

六点结束。即回家晚饭。饭后洗澡。顾轶伦送书来，和他在廊上谈了一会。九点陪小棠上楼。整理书架，弄得满身大汗。（1963年8月31日）

七点半起。读书，看报。发现汽车间放书报的木箱最下层浸水，一些旧书刊有损坏，和少弥把最下层两个木箱中的旧报、旧书搬出，拿到外面晒太阳。为这件事忙了半天。（1963年9月15日）

整理图书，书多架少，搬来搬去，总放不好。为这事花去不少时间，颇觉可惜。（1963年9月19日）

顾轶伦去后，我上楼继续整理放在太阳间的旧书。一直弄到一点半钟，内衣让汗水打湿了。（1963年9月29）

六点三刻晚饭。整理三楼小间，搬书，弄得满身大汗。略感不适。洗澡。听广播。零点一刻睡。（1963年10月11日）

日记里，提到的汽车间，位于武康路寓所的北辅楼，这里本来是车库，巴金家没有车，所有的空间都是放书的，这里后来也填满

藏《说部丛书》的书橱

了书架，放满书报。武康路院子，在雨季里经常遭受水淹，日记里有书被水浸的记载就是这个原因。武康路寓所主楼的三楼，基本上就是一个大书库，书架是背对背一排排密集地放着，一年年书的增多，巴金整理这些书，花了不少精力。日记中写的"三楼小间"，在三楼的书库外面，几平方米吧，这里也被巴金塞满书和资料。家里的空间不算小，然而，巴金在日记里还抱怨"书多架少……总放不好"，只能说，书太多，书的增加太快。

这么多书，对于巴金来说，不是偶遇，而是生命中的旧相识，它们伴随着巴金的成长、写作，慢慢地翻开，一本本整理，犹如开启往事之门，触摸那些难忘的记忆。

1.《说部丛书》

在巴金的少年时代，有一部书曾深深吸引过他：

我想起年轻时候读过一部《说部丛书》，这是当时商务印书馆出版的翻译小说，有文言，有白话，全用四号字排印，一共三集，每集一百种。这些书打开了我的眼界，使我关在家里也看到外面世界，接触各种生活，理解各样人物。我觉得它们好像给我准备了条件，让我张开双臂去迎接新的思想，迎接新的文化运动。

《说部丛书》是商务印书馆于 1908-1924 年间出版的一套大型丛书，主要以西方翻译小说为主，当时影响甚大的"林译小说"也在其中。在一个新旧交替的时代，它打开了另外一个世界，吹进一股新风。那个时代的青少年都或多或少地接触和读过这套书。沈从文曾谈到自己的少年时代："因为空暇的时间仍然很多，恰恰那

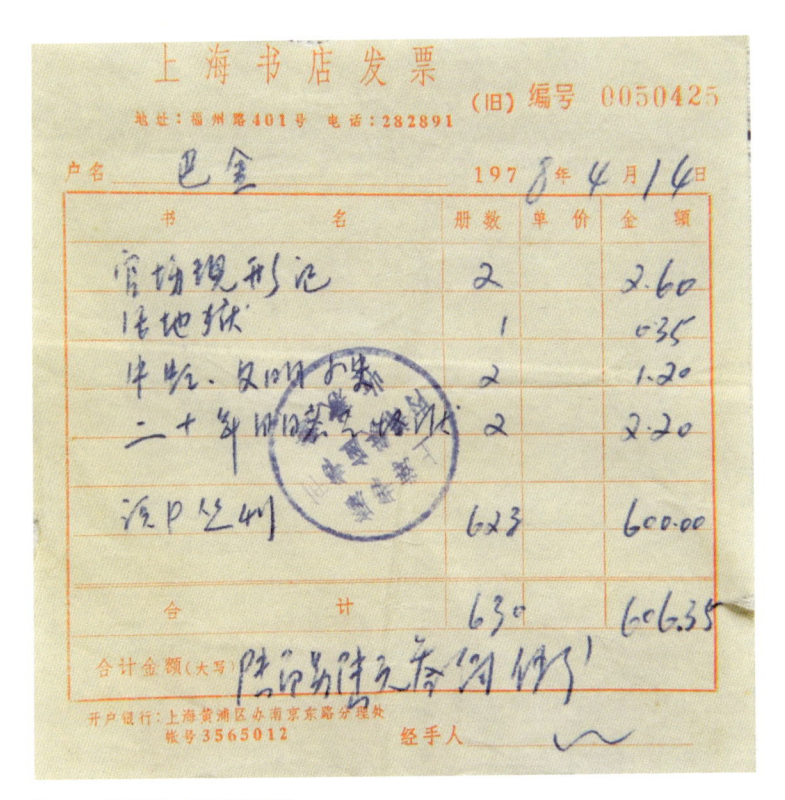

购买《说部丛书》时的发票

亲戚家中客厅楼上有两大箱商务印行的《说部丛书》，这些书便轮流做了我最好的朋友。我记得迭更司的《冰雪因缘》《滑稽外史》《贼史》这三部书，反复约占去了我两个月的时间。我欢喜这种书，因为它告给我的正是我所要明白的。"[1] 钱锺书则为林译小说而痴迷：

---

[1] 沈从文：《从文自传·女难》，《沈从文全集》第13卷第323页，北岳文艺出版社2002年12月版。

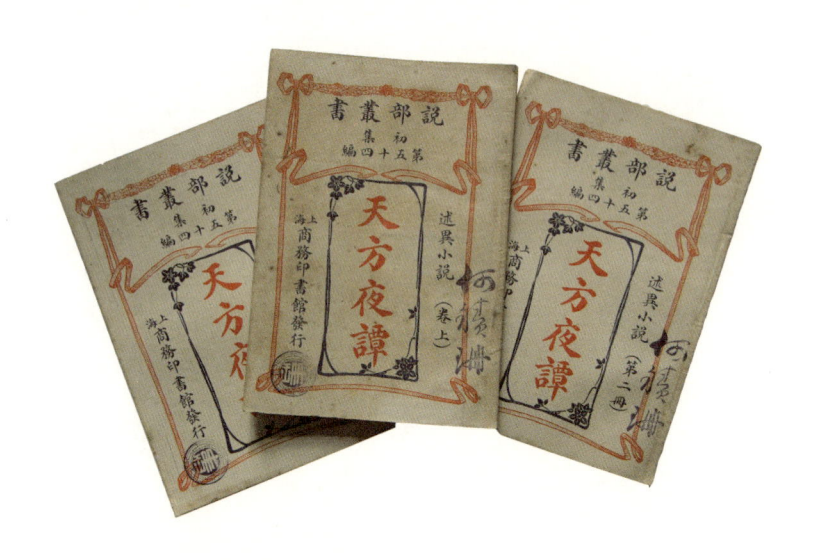

部分《说部丛书》书影

商务印书馆发行的那两小箱《林译小说丛书》是我十一二岁时的大发现,带领我进了一个新天地,一个在《水浒》《西游记》《聊斋志异》以外另辟的世界。我事先也看过梁启超译的《十五小豪杰》、周桂笙的侦探小说等,都觉得沉闷乏味。接触了林译,我才知道西洋小说会那么迷人。我把林译哈葛德、迭更司、欧文、司各德、斯威佛特的作品反复不厌地阅览。假如我当时学习英语有什么自己意识到的动机,其中之一就是有一天能够痛痛快快地读遍哈葛德以及旁人的探险小说。四十年前,在我故乡那个县城里,小孩子既无野兽片电影可看,又无动物园可逛,只能见到"走江湖"的人耍猴儿把戏或者牵一头疥骆驼卖药。后来孩子们看野兽片、逛动物园所获得的娱乐,我只能向冒险小说里去找寻。①

这套丛书犹如春风,吹醒少年巴金心田上的种子,多少年来,它让巴金魂牵梦绕:

书都是大哥从二叔那里借来的,为了这个我常常想起二叔。"文革"结束,我得到真正的解放后在旧书店买到一部这样的《丛书》,还有未出齐的第四集。我的许多书都捐赠出去了,这丛书我留着,作为感激的纪念,不仅是对二叔,而且也对大哥,对别的许多人,我从他们那里吸收了各种养料。没有从他们那里得来的点点滴滴,就没有今天的我。②

---

① 钱锺书:《林纾的翻译》,《七缀集》第85-86页,生活·读书·新知三联书店2007年10月第2版。
② 巴金:《怀念二叔》,《再思录》第78页。

巴金购藏的这一套《说部丛刊》，是请著名史料学家魏绍昌代寻的。1978年4月14日的巴金日记中记道："今天午睡半小时，两点光景魏绍昌来访，并取去代购书款六百元。"当月21日下午，"五点坐原车回家，旧书店已把《说部丛书》送来。"① 在整理资料时，我还找到了购书发票。从发票看，书是从上海书店购买的，开票日期是1978年4月14日。这一批一起买来的书还有《官场现形记》《活地狱》《文明小史》《二十年目睹之怪现状》《牛虻》等小说，共计：630册，总费用为：606.35元。其中《说部丛刊》，发票上登记共623册，600元，这个价钱在当时不是一笔小数目。"作为感激的纪念"，巴金先生没有捐出这套书，它们被装在一个专门的小书橱里，放在故居的南辅楼。根据上海图书馆编《中国近代现代丛书目录》一书显示，说部丛刊四集系列，共出版322种书，目前巴金故居存321种，仅缺一种。四集之外，本书还有十集系列，印的是四集系列中的初集100种，巴金故居存97种，仅缺三种，这个存量，已经超过很多大图书馆的藏量。

少年时读的书，在巴金的心中留下深刻的印象，晚年写《随想录》中，他还提到《说部丛书》中的一本："我十几岁的时候，读过一部林琴南翻译的英国小说，可能就是《十字军英雄记》吧，书中有一句话，我一直忘记不了：'奴在身者，其人可怜；奴在心者，其人可鄙。'话是一位公主向一个武士说的，当时是出于误会，武士也并不是真的奴隶，无论在身或者在心。……"② 由此，巴金展开

---

① 巴金日记，《巴金全集》第26卷第232、235页，人民文学出版社1994年2月版。
② 巴金：《十年一梦》，《巴金全集》第16卷第322页。

了关于"奴在身者"和"奴在心者"的讨论,"奴在心者"也成为《随想录》中反思历史和知识分子精神状态的重要名词之一。看来,随着阅历的增长,对一部书的看法也会越来越深入。

2.《呐喊》

巴金的中文藏书,以中国现当代文学创作和翻译书刊为主,作为一个在文坛中奋笔七十多年的作家和一个卓有建树的出版家,他的中文藏书,特别是现代文学书刊珍本很多,其中有大量的作者签名本,这为研究现代作家的交往提供了难得的线索。这批藏书中还有部分特装本,是作者订制赠送友人的,大多并不在市面上流通,这又是研究出版史的珍贵资料。

鲁迅是巴金最为敬佩的新文学作家之一,多年来,他一直以鲁迅为师站在鲁迅的旗帜下从事文学创作和出版工作。鲁迅的书,以及关于鲁迅的书,在巴金的藏书中占有相当重要的位置,他几乎收藏着能够找到的鲁迅所有的著作,从单行本到全集,从著作到译作,从排印本到手稿本,数以千计。

这里有一本重新装订的《呐喊》和《彷徨》,值得一提。这本红布面精装书,包含《呐喊》和《彷徨》两种小说集,封面上有巴金的签名,显然主人已经读过多遍,因为真爱,后来特意重新装订。对鲁迅和他的作品,巴金曾说:"对我他的一生便是一个鼓舞的泉源,犹如他的书是我的一个指路者。没有他的《呐喊》和《彷徨》,我也许不会写出小说。"[1]

《呐喊》又曾在最迷惘的岁月里陪伴着巴金走过风风雨雨的精

---

[1] 巴金:《忆鲁迅先生》,《巴金全集》第14卷第6页。

巴金藏部分鲁迅著作

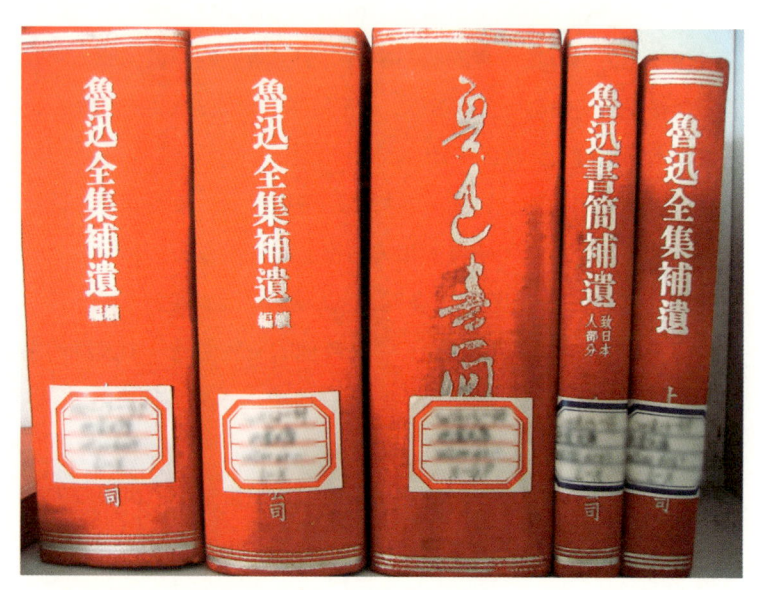

巴金藏部分鲁迅著作

神读物：

一九二六年八月我第一次来北京考大学，住在北河沿一家同兴公寓。因了病我没有进过考场，在公寓里住了半个月就走了。那时北海公园还没有开放，我也没有去过别的地方。在北京我只有两三个偶尔来闲谈的朋友，半个月中间始终陪伴我的就是一本《呐喊》。我早就读过了它，我在成都就读过在《新青年》杂志上发表过的《狂人日记》和别的几篇小说。我并不是一次就读懂了它们。我是慢慢地学会了爱好它们的。这一次我更有机会来熟读它们。在这苦闷寂寞的公寓生活中，正是他的小说安慰了我这个失望的孩子的心。我第一次感到了，相信了艺术的力量。以后的几年中间，我一直没有离开过《呐喊》，我带着它走过好些地方，后来我又得到了《彷徨》和散文诗集《野草》，更热爱地熟读着它们。我至今还能够背出《伤逝》中的几段文字。我有意识和无意识地学到了一点驾驭文字的方法。现在想到我曾经写过好几本小说的事，我就不得不感激这第一个使我明白应该怎样驾驭文字的人。拿我这点微小不足道的成绩来说，我实在不能称做他的学生。但是墙边一棵小草的生长，也曾靠着太阳的恩泽。鲁迅先生原是一个普照一切的太阳。[①]

直到九十高龄，见到当年一起在鲁迅身边的朋友黄源，巴金还是情不自禁地写道："我只想着一个人，他也想着一个人：就是鲁

[①] 巴金：《忆鲁迅先生》，《巴金全集》第14卷第6页。

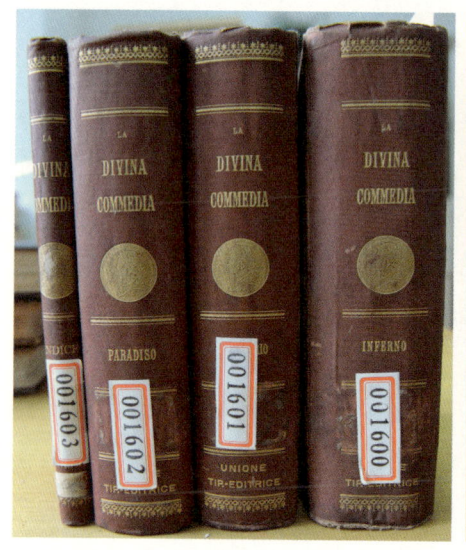

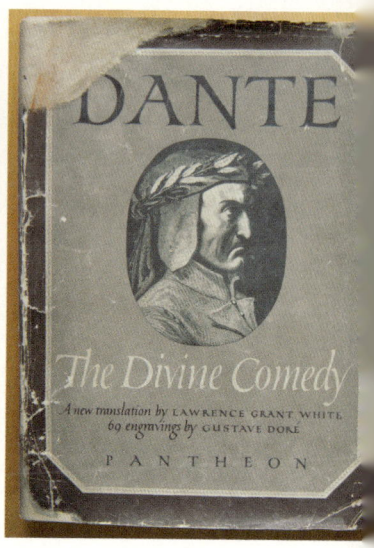

巴金藏《神曲》珍本两种

迅先生，我们都是他的学生，过去如此，今天还是如此。"[1] 在巴金受到污蔑时，鲁迅仗义执言，称"巴金是一个有热情的有进步思想的作家，在屈指可数的好作家之列的作家"[2]，这有知遇之恩，而且，他们还有精神上的相通："为了真理，敢爱，敢恨，敢说，敢做，敢追求……"[3]，这是巴金对于鲁迅精神的理解。这种精神一直激励着巴金，尤其是在晚年，当他写作《随想录》时，难道不是直接接过了鲁迅手中那枝"金不换"吗？

---

[1] 巴金：《我们都是他的学生》，《再思录》第108页。
[2] 鲁迅：《答徐懋庸并关于抗日统一战线问题》，《鲁迅全集》第6卷第536页，人民文学出版社1981年版。
[3] 巴金：《怀念鲁迅先生》，《巴金全集》第16卷第343页。

3.《神曲》

西文藏书在巴金藏书中占有相当大的比例，从某种意义上讲，这些汇聚了人类文明重要成果和精神高度的图书，是巴金思想和写作的重要精神资源。所以，他一辈子，买了很多喜爱的作家的作品，有的书，不止一个版本；有些作家的作品，买了几十种。在他的藏书中，意大利伟大诗人但丁的《神曲》，就有各种版本。在特殊的岁月中，这部书曾经带给巴金不一样的精神支持。1993年巴金获得意大利蒙德罗国际文学奖时，在书面致词中，他说过："意大利是令人神往的土地，她既有举世闻名的古罗马的文化遗产，又有文艺复兴时代的艺术瑰宝。意大利对我这个人又有不解之缘。一九二七年我在巴黎居住期间，投入了援救在美国遭受迫害的两名意大利工人萨珂（N. Sacco）和樊塞蒂（B. Vanzeti）的运动。……时隔四十多年之后，在我遭受炼狱般的苦难时，我开始抄录、背诵但丁的《神曲》。但丁的诗给了我很大的勇气。"①

那是一个不堪回首的岁月，当巴金绝望地走进"牛棚"时，他想到的是《神曲》中的诗句：

经过我这里走进苦痛的城，
*经过我这里走进永恒的痛苦——*②

1969年，巴金被派去奉贤文化系统五·七干校劳动。下乡前，他在家里的走廊上旧书堆中找到一本居·堪皮（G. Campi）的汇

---

① 巴金1993年10月3日致兰蒂尼信，《再思录》第352-353页。
② 巴金：《探索》，《巴金全集》第16卷第173页。

注本《神曲》的《地狱篇》,身临其境的感觉,让他对《神曲》有了不同的认识,他好像发现了一件宝贝,不能释手。书很厚,带到干校不方便,巴金用一个薄薄的小练习本抄写了第一曲带在身边。"在地里劳动的时候,在会场受批斗的时候,我默诵但丁的诗句,我以为自己是在地狱里受考验。但丁的诗给了我很大的勇气。读读《地狱篇》,想想'造反派',我觉得日子好过多了。""我一本一本地抄下去,还不曾抄完第九曲就离开了干校,因为萧珊在家中病危。"[1]想不到,中外两位文学大师,是在这样的境遇下"对话"。

这些事情,在晚年写作《随想录》时,他依然不能忘却,《神曲》中的句子,几次出现在《随想录》中。1981年夏天,意大利《新日报》记者弗尔南多·梅泽蒂访问巴金时,得知巴金与但丁的"特殊关系",立即做了报道,这条消息在意大利引起很大的关注。为了表彰巴金的文学成就和与但丁的这份关系,1982年,意大利但丁学院决定授予巴金当年但丁国际奖。1982年3月15日,意大利驻华大使马尼尼和意大利《新日报》记者弗尔南多·梅泽蒂来到武康路巴金寓所向巴金宣布这一决定。他们还受委托向巴金赠送了一套珍贵《神曲》,它是1965年意大利为纪念但丁诞辰700周年而印制,有四大册,装帧精美,据说在意大利国内早已销售一空。意大利但丁学会的主席在给巴金的信中说:"您是一位杰出的有名望的中国作家,您很喜欢但丁的诗集。这体现了意中两国在继承文化遗产上的相互联系和影响,也是今后我们两国世世代代进行文化交流的基

---

[1] 巴金:《说真话之四》,《巴金全集》第16卷第390页。

础。"① 捧着书,巴金说:"这是很珍贵的礼物。我很喜欢但丁的作品,在困难的时候,我读了但丁的作品,激励自己克服困难,增加了勇气。今后,我还要读但丁的作品。"他还说:"文化交流是很重要的。通过文化交流可以相互了解,增加友谊。"② 半个多月后,颁奖仪式在罗马举行,当时的新闻报道是这样写的:

> 新华社罗马四月二日电 一九八二年《但丁国际奖》授奖仪式四月二日下午在佛罗伦萨举行。中国驻意大利大使馆公使杨清华受本届获奖者巴金的委托,代为领奖。
>
> 《但丁国际奖》主办者卡泰蒂诺文学、艺术、科学和经济研究院院长威托里教授在仪式上说,本届奖授给巴金,因为巴金以自己的作品表达了对但丁的了解和赞赏。接着,评奖委员会主席桑米尼亚特利将授予巴金的一枚奖章委托杨清华转交巴金本人。奖章的正面是但丁的浮雕像,另一面刻着巴金的名字。
>
> 杨清华代表巴金对《但丁国际奖》的主办者表示亲切的谢意。她说,但丁是中国人民早已熟悉的著名诗人,我国著名作家巴金对但丁的作品是很了解的,至今他还能以意大利文背诵但丁的一些诗句。但丁的故乡佛罗伦萨同中国有悠久的交往历史,现在,卡森蒂诺研究院又授予巴金《但丁国际奖》,使中意两国的友好关系又增添了新的花朵。③

---

① 赵兰英:《作家会见大使》,《新民晚报》1982年3月19日。
② 赵兰英:《但丁国际奖》,《感觉巴金》第210页,上海人民出版社2003年11月版。
③ 《但丁国际奖授奖仪式在意举行 巴金委托杨清华代为领奖》,《文汇报》1982年4月4日。

这是改革开放以来,中国作家较早获得的国际性荣誉,在国内的文学界引起重要反响,巴金的老朋友师陀、西彦、于伶、吴强、陈荒煤等纷纷撰文表示祝贺。他们也都不约而同谈到巴金与但丁的精神联系。翻译家汤永宽说:"但丁的《神曲·地狱篇》所具有的净化作用(carthasis),无疑给了巴金以慰藉和支持力量,在他内心燃起不灭的希望,使他终于能艰辛地走完'黑暗的通道',跨出'地狱'的窄门。"[1] 于伶认为:"身处黑暗的牛棚中,偷偷地背诵但丁《神曲》中《地狱》篇以自励的巴金,十年中间,他决不曾停止写作。我深信:他不是用笔写,而是用灼热的心,用满腔血泪写刻在心扉上的伟大作品!"[2]

4. 工具书

作为一位杰出的翻译家,巴金不仅通晓多种西方文字,而且对于中西文化的了解也深入肌理。这从他收藏的门类齐全的工具书便可见一斑。现在留存在巴金故居中的各语

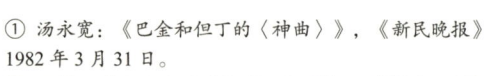

摆放工具书的书橱

---

[1] 汤永宽:《巴金和但丁的〈神曲〉》,《新民晚报》1982年3月31日。
[2] 于伶:《向巴金同志祝贺、祝愿》,《解放日报》1982年4月3日。

种辞典、语法书、百科全书、专有名词词典等工具书有三百多种、近 400 册，涉及语种有二十五六种。这些书年代不一，版本齐全。这还不包括，他捐赠给国家图书馆和上海图书馆等已经捐出去的工具书。作为个人收藏，有如此全面的工具书，实属罕见。

这些书中，有著名的百科全书，如《拉鲁斯大百科全书》，据说在法国，当年此书的影响仅次于《圣经》。这套书是皮埃尔·拉鲁斯（Pierre Larousse）于1852年创办的拉鲁斯出版社（Larousse）

Encyclopædia Britannica
DUDEN
ČESKÝ SLOVNÍK
Modern SWEDISH Grammar
汉法

出版，后不断修订，有多种版本。巴金的藏本共有17卷，第一卷是1866年出版，最后一卷是1878年出版，里面有大量插图，弥足珍贵。他还藏有六卷本《拉鲁斯20世纪大百科全书》，出版于1929-1933年。日文方面，巴金藏有下中弥三郎编的《大百科事典》，这是日本第一部大型百科全书，巴金藏本共26卷，出版于1936年。在英语方面，他藏有一套六卷本的《新时代百科全书》，1920-1921年出版。还有一套1980年出版的第15版《新不列颠百科全书》（《大英百科全书》），这套书共30卷，购书发票显示它是1980年8月25日花了650元从上海外文书店进口科买进的，当天的日记中，巴金写道："下午外文书店三位送大英百科全书来。"[①]如今，这套书与其他各种工具书一起安放在巴金故居二楼走廊的书架上。在俄语方面，巴金藏有一套50卷本的《苏联大百科全书》。这套书由苏联科学院主编，第1版从1926年开始编纂，1947年出齐，共66卷。1950—1957年出版第2版，共50卷。于此之外，巴金还藏有一套苏联的《百科全书》，共82卷，出版于1890-1904年。关于这套书，我请教了俄国学者罗季奥诺夫，他回答是：这是很有名的十月革命前百科全书。也叫Brochhaus Efron百科全书。本来是荷兰的出版物，深受19世纪欧洲各国欢迎，再版了十几次。1889年俄罗斯引进了版权并进行了深入修改，当时很多俄罗斯文化科学名人参加了编辑工作。

各种语言词典更是语种繁多、种类齐全。除了我们熟知的英、法、俄、德、西班牙、日、意大利等大语种之外，小语种的也很多，如韩语、

[①] 巴金日记，《巴金全集》第26卷第418页。

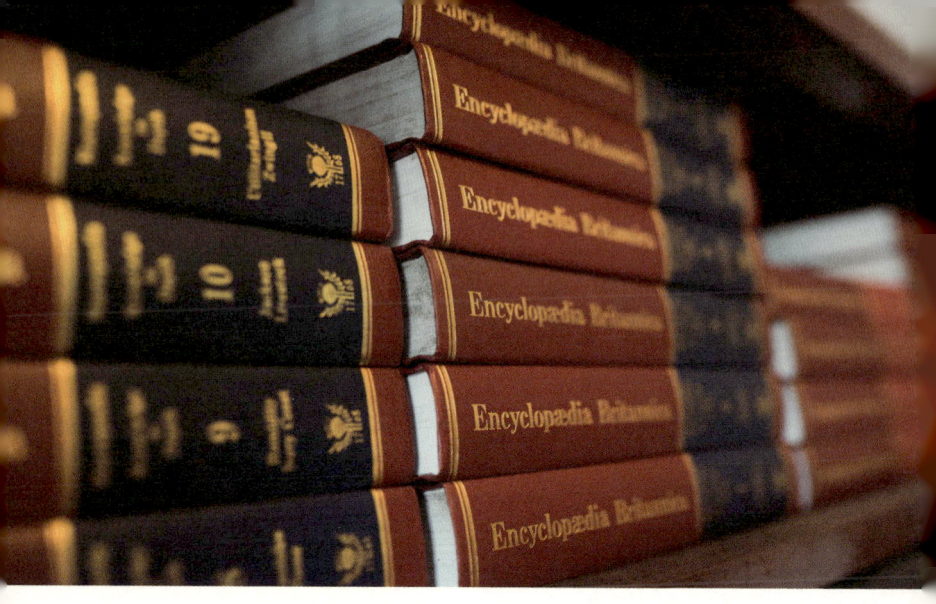

《大英百科全书》及购书发票

荷兰语、芬兰语、罗马尼亚语、孟加拉语、旁遮普语、乌克兰语、挪威语、捷克语、越南语、希腊语等。巴金是中国世界语运动的先驱,他所藏世界语词典也不少,有《世界语中文大辞典》(冯文洛编,世界语函授学社1943年版)、《汉译世界语小辞典》(周庄萍编,开明书店1934年版),以及1949年后出版的各种世汉词典,也有国外出版的,《世界语大辞典》(*Plena Vortaro de Esperanto*),是世界无民族协会(Sennacieca Asocio Tutmonda)1931年出版的。在谈到使用工具书,他曾经写道:"我开始学习世界语的时候只有一本薄薄的卡伯(Kabe)博士的字典,现在我可以使用一千三百页的插图本大字典了。"[1] 在他的这批藏书中,我找到了

---

[1] 巴金:《世界语》,《巴金全集》第16卷第226页。

一本中国世界语出版社 1984 年出版的《世界语原文小词典》，这是 Kabe 编的词典。

在巴金所藏的工具书中，还有大量的专科词典、专有名词词典等等，如《简明文学辞典》（章克标等编译，开明书店 1933 年再版本）、《标准韩语外国人名地名表》（王云五主编，商务印书馆 1934 年版）、《中华药典》（卫生部编，中华书局 1936 年第 2 版）、《美军军语汉注词典》（联合勤务学校教官训练班编印，1947 年印）、《医学名词汇编》（人民卫生出版社，1962 年版）、《昆虫学辞典》（北隆馆，素木得一编）、《西洋美术辞典》（东京堂，1956 年第 4 版）、《音乐词典》（商务印书馆 1936 年再版）等等，这些大概都是为了做翻译查考用的工具书。

巴金对于工具书购买一直热情不减,哪怕在外地也写信叮嘱妻子帮忙买辞书。1953年8月5日在北京给妻子萧珊的信中就写道:"时代出版社的《俄华辞典》请预订两册。"① 一个月后,他人在朝鲜,仍然不忘这个叮嘱:"请济生到大同等旧书店逛逛,有好书,替我买下。书店老板知道哪些书我没有买过。俄文《静静的顿河》,爱伦堡集,古典著作插图本,托氏屠氏著作新版本,波(波兰文)英字典,匈英字典,罗(马尼亚)英字典都要。保英(英保)字典我已有了。"② 随后的信中,他再次强调"搞翻译工作,字典越多越好":"又请打电话给赵家璧,请他留意如国际有英波或波英,英罗或罗英,英匈或匈英字典请他替我买下。我在北京时听说国际到过已卖完了,我只买到英保和保英的。英捷和捷英的赵家璧曾买过送给我了。总之请你们留意,有好字典都替我买下。搞翻译工作,字典越多越好。"③ 为了一部法文词典,他宁愿受到书商的"敲诈":"诚实书店的法文字典送来没有?如未送来可找济生去问一声,书款已付。"④ 后来萧珊回信说:"诚实书店已把法文字典送来了,可是一定要伍拾万,钱我已经付了,书相当新。那一批俄文书价还未说妥,书有一部分在我这里,我已经按你的价钱给他166.5万元,连上次35万元,计给他201.5万元。(法文字典伍拾万另外给的。)这家伙相当市侩,每一部书都提到新文艺,说他们愿给多少……反正书价你回家后可以跟他议定。"⑤

---

① 巴金1953年8月5日致萧珊信,《家书》第117页。
② 巴金1953年9月13日致萧珊信,《家书》第136页。
③ 巴金1953年10月5日致萧珊信,《家书》第142页。
④ 巴金1954年7月8日致萧珊信,《家书》第173页。
⑤ 萧珊1954年8月5日致巴金信,《家书》第181页。

三楼藏书室外的书架,其中中间的书架摆放的都是日本作家赠送给巴金的签名书

买俄文的达里词典,也牵动夫妻二人的心。"诚实书店那人来过了,Даль 字典有下落了,他要 300 万,不能少,原主 250,书店赚 50,他说卖给别人可多得 10 万,你看如何?立刻给我一信(是新的那部,1903 版)。"[1]这是萧珊给巴金征询购书意见的信,巴金回复说:"俄文字典,只要是新的,就照他说的价买下来吧。这家伙会敲竹杠。但也只好让他。他一定不只赚五十。"[2]后面一封信又补充说:"达里字典我在曹葆华处看过一本旧的,他说很好,三百万也值得。想你已得前信替我买下了。"[3]萧珊随即复

---

[1] 萧珊 1954 年 9 月 15 日致巴金信,《家书》第 188 页。
[2] 巴金 1954 年 9 月 19 日致萧珊信,《家书》第 191 页。
[3] 巴金 1954 年 9 月 23 日致萧珊信,《家书》第 192 页。

中岛健藏赠送给巴金的部分作品

信，说词典已经买下："收到你十九日来信。Даль字典已经买下来了，依他这数目，他还说一点好处都没有。"①——达里全名弗拉基米尔·伊万诺维奇·达里（1801-1872，Владимир Даль），是一位作家，与普希金、果戈里等人交往甚密。达里词典（Толковый словарь русского языка），从编写原则，编排方法，和语言材料的搜集都是达里一人完成，达里词典收词20万条，直到1980年，仍然是各类俄语词典收词最多的。其中有8万个词汇是达里亲自搜集的，为此他花费毕生精力，五十多年一直致力于此。有人称这部词典是19世纪俄国人民生活的百科全书，"活的大俄罗斯语详解词典"。②难怪，巴金对他情有独钟。

有人曾记下这样一个细节，能够看出巴金不断学习和对于工具书的看法：

有一天，巴金在翻阅辞典。马绍弥有点"得意"地在一旁说："我不用辞典。"为什么？"巴金问。"我有一本活辞典。那就是我爸

---

① 萧珊1954年9月24日致巴金信，《家书》第193页。
② 参见劳正：《达里和他的词典》，《辞书研究》1980年第3期。

爸。"绍弥说。绍弥的爸爸是复旦大学的老师。"不对噢。一个人一定要学会查辞典。"巴金告诫小绍弥。他又说:"一个人学问越多,越知道自己不行,越需要查辞典。辞典,是我们的老师。"①

5. 日本作家签名本

人与书的故事,永远讲不完。

一本书,不仅传播知识,给人启迪,它还承载情感、记忆,是一个人心灵的珍藏品。

在巴金故居三楼中有一个专门的书架,存放了243种日本当代知名作家的签名本,包括内山完造、芹泽光治良、中岛健藏、井上靖、饭塚朗、龟井胜一郎、武田泰淳、木下顺二、野间宏、水上勉、山崎朋子、黑井千次、大江健三郎、东山魁夷等人的多种作品。这些书是巴金与日本作家友谊的见证,如果巴金先生还在,相信每一本书他都能讲出一个长长的故事。巴金曾经写过一本散文集《倾吐不尽的感情》来表达自己的心意。每逢巴金翻起这些书时,那五颜六色的封面背后,是一个个日本朋友生动、亲切的面孔。

巴金曾撰文《怀念井上靖先生》回忆他与井上长达三十年的友情,井上靖曾经说过:"比起西方人来,日本人同中国人更容易接近。"巴金认为:"我们东方人不轻易吐露感情,但是谁触动到我们心灵深处,为了真挚的友情,我们可以奉献一切。"② 在这篇充满深情的文章中,巴金特别提到井上靖的两部书。一部是散文集《桃李记》:

第二件事是"文革"后我们在上海见面,他送给我几本近作,

---

① 赵兰英:《词典》,《感觉巴金》第60页。
② 巴金:《怀念井上靖先生》,《再思录》第61页。

晚上我在家翻看他的散文集《桃李记》，意外地发现了那篇揭露作家老舍悲剧性死亡的《壶》，是七年写成的。第二天早晨到虹桥机场送别，我向他表示感谢，我说中国作家对老舍之死保持沉默的时候，日本作家出来为他们的中国友人雪冤，我一共读到三篇文章，我们真该向日本同行学习交友之道。……酒会结束前，我又一次见到他，他告诉我有人问他是不是中国客人都这样讲话，他说："不都是这样。巴金却是这样的。"我说："对朋友应该掏出自己的心。"对真诚的朋友我的确掏出了心来的。①

在1979年底写的《怀念老舍同志》中，巴金还叙述了他与井上靖交谈的情景：

我在悼念中岛健藏先生的文章里提到一九七七年九月二日虹桥机场送别的事。那天上午离沪返国的，除了中岛夫妇外，还有井上靖先生和其他几位日本朋友。前一天晚上我拿到中岛、井上两位赠送的书，回到家里，十一点半上床，睡不着，翻了翻井上先生的集子《桃李记》，里面有一篇《壶》，讲到中日两位作家（老舍和广津和郎）的事情，我躺在床上读了一遍，眼前老是出现那两位熟人的面影，都是那么善良的人，尤其是老舍……总之，我睡得不好。第二天一早我到了宾馆陪中岛先生和夫人去机场。在机场贵宾室里我拉着一位年轻译员找井上先生谈了几句，我告诉他读了他的《壶》。……

---

① 巴金：《怀念井上靖先生》，《再思录》第61页。

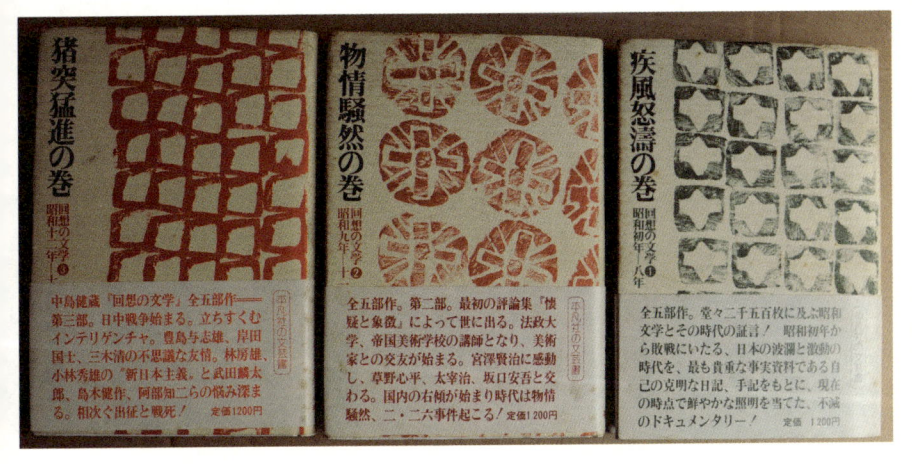

中岛健藏赠送给巴金的部分作品

那天我们在贵宾室停留的时间很短,年轻的中国译员没有读过《壶》,不了解井上先生文章里讲些什么,无法传达我的心意。井上先生这样地回答我:"我是说老舍先生抱着壶跳楼的。"意思可能是老舍无意摔破壶。可是原文的最后一句明明是"壶碎人亡",壶还是给摔破了。

有人来通知客人上飞机,我们的交谈无法继续下去,但井上先生的激动表情给我留下深刻的印象,他告诉同行的佐藤女士:"巴金先生读过《壶》了。"①

两位作家对于共同朋友的怀念,对一个民间传说的讨论……都以书的媒介而展开。巴金谈到井上靖的另外一部书是《孔子》,他读完了它,然而,他再也没有机会与井上讨论了,井上就去世:"在

---

① 巴金:《怀念老舍同志》,《巴金全集》第16卷第153-154页。

巴金与中岛健藏（中）

去年十月等待他最后一次访问的时候，他的书出版了，我得到一册中文译本，想起对谈中的诺言，争取时间读完了它，我不由得发出赞叹。他写的孔子也就是我幼小时候把"他"的著作和讲话读得烂熟的孔夫子，可是我到现在才明白这个孔子爱人民，行仁政，认为人民是国家之本！两千几百年以前就有这样一个人，真了不起！在我们这个时代，花这么多的时间和精力，把孔子放在原来地位上描写出来，这就是井上文学。"[1]如今，这部《孔子》仍在，它默默地诉说着两位作家的友谊和相互理解。

曾经担任日中文化交流协会会长的著名作家中岛健藏先生，是

---

[1] 巴金：《怀念井上靖先生》，《再思录》第62页。

巴金1961年访日时结识的朋友,"文革"前几年,他们几乎年年见面,无话不谈。中岛先生喜欢酒,又有海量,巴金请过他几次,也常常劝他有所节制。然而,巴金知道,他的劝告不会有多大作用,并非中岛不重视朋友的话,而是他在借酒浇愁。当时中岛正在为着中日两国友谊事业艰苦奋斗,遭到一些右翼势力的反对,"他接到恐吓信,他受到歧视,他的文章找不到发表地方,书店不出他的著作,生活的源泉给堵塞了,他卖掉了汽车,困苦地过着日子。他并不屈服,也不动摇。"巴金敬佩这样的友人,也感受到他的赤诚,他常常想:"要是没有中岛先生这许多年的努力,我们中日两国的文化交流会有今天这样的发展吗?只有由荆棘丛中、泥泞路上走到大路的人才充分了解日中文化交流协会和它的主要负责人中岛先生的工作的重大意义。"

十年浩劫阻隔了两位老朋友的相见,却阻挡不了相互的友谊,在度日如年的"牛棚"中,巴金常常回忆起同中岛先生一起喝酒谈心的日子,而日本朋友也深深地关心着巴金的遭遇。十一年后,他们终于又等来了见面的机会,尽管两个人已经白发苍苍,然而,经过岁月检验的友谊更加牢固了。

谁曾想到,这份喜悦持续了不到两年,中岛先生便因病去世了。

中岛先生病逝前,巴金忽然得到通知去北京出席五届人大常委会的一次会议,匆忙中还请另外的日本作家转去一信表示问候。可是他到了北京不几天,《人民日报》就刊出中岛先生的噩耗。后来巴金还听人说:"中岛先生病危时,讲过几个人的名字,有一个就是你。"听到这些,他更为痛心,在纪念文章中写道:

这一切我为什么早不知道?我为什么从法国回来不马上给他写信?为什么我不赶去东京探病?现在已经太迟了!他再也听不见我的声音,再也看不到我的字迹了。难道这就是结局?难道这本友情的书就从此合上给锁在书橱里面永远不再打开?不,不可能!死绝不能结束我们之间的友谊。

巴金的书橱中有不少中岛健藏的书,看到这些书,他一定会想到他们的交往,中岛给巴金的信上曾经说过:"一九六一年樱花盛开的时节我同您一起游览了富士五湖和金泽,那个时候我们在东京还遇见了春雪,想起来好像是昨天的事情。还有东京新宿的秋田家,它的老板娘上了年纪,去年把店关了。您下次来日本就另外找一家像秋田家那样的地方为我们的友谊干一杯吧……"[1]这些词句,这些书,随着那些珍贵的友谊一定长留天地间。

下　散书记

1981年夏天,有朋友到巴金家拜访,巴金在三楼整理书:

整个楼面全是书,巴金套着一件蓝色旧中山装,在一本一本地整理。"巴老,您这是干什么?"记者问道。巴金正踮着脚,往上取书,记者忙上前帮忙。取回书,他抚摸着,回答说:"我在做身后事。""身后事?什么身后事?"记者一时没有明白过来,问

---

[1] 以上均引自巴金:《中岛健藏先生》,《巴金全集》第16卷第114-119页。

L'ADUNATA DEI REFRATTARI

(THE CALL OF THE 'REFRACTAIRES')
A WEEKLY PUBLICATION

PROSPETTIVE DELLA RIVOLUZIONE SPAGNOLA

Sono tanti, così vari e così complessi i problemi che ha posto in Ispagna la rivoluzione, che non è possibile esaminarli più o meno attentamente in un articolo. E nemmeno in una serie di articoli. Questo esame richiede più ampio spazio.

No. Malgrado tutto ciò che si possa credere, certe questioni non possono nè debbono essere trattate in rapida sintesi.

Vincolati strettamente alla tendenza che imprime le sue direttive e il suo carattere sociale alla rivoluzione spagnola — che è senza dubbio la più ampia e la più profonda che esista nella storia — siamo convinti che il suo presente ed il suo futuro immediato, dipendono anche dalla chiarezza e dalla ampiezza con cui sappiamo esaminare i detti problemi.

Quando l'esame è confuso, non possono esserne accertate le soluzioni.

L'impazienza è la prima delle nostre virtù... a condizione che non oscuri il prisma attraverso il quale vediamo le cose. E' indiscutibile che gli avvenimenti non seguono esattamente il corso dei nostri desideri. Abbiamo fretta. Desideriamo arrivare al più presto. E osserviamo che, ridotto, mercè un complesso di circostanze, l'impulso iniziale, il ritmo è oggi meno accelerato. Sta bene che si deplori il fatto. Ma non è logico, nè ragionevole, nè giusto, dedurne conseguenze arbitrarie. Si tratta di una fase comune a tutte le rivoluzioni. Perchè le rivoluzioni non seguono mai — nè potranno mai seguire — una linea retta. Non raggiungono il loro obbiettivo in un attimo, come una palla il bersaglio. Avanzano. Retrocedono. Descrivono uno zig-zag. E avanzano di nuovo.

In quanto tempo?

Non si sa! Ma nemmeno è questo che più importa. L'importante è che rimanga integra la rivoluzione dei primi giorni. E che predomini come sempre lo spirito anarchico. L'importante è che la grande fornace di inquietudini spirituali alimentata da quelle masse che il capitalismo sfrutta e lo Stato soggioga, continui a fiammeggiare senza sosta.

Chi negherebbe che queste circostanze esistano oggi in Ispagna? Sarebbe insensato il negarlo. Sarebbe negare la stessa evidenza. E non è che esse esistano nelle medesime proporzioni di ieri; ma tutto sta a provare che questi elementi nostri — garanzia di una ripresa vertiginosa, nel momento in cui scompaia il pericolo di fare il "brodo grasso" al terzo incomodo, il fascismo — si sono moltiplicati all'infinito.

Può essere lecito dedurre da certi accidenti avversi, che la rivoluzione sia stata strangolata?

Lo neghiamo assolutamente!

Questi giudizi, la cui portata è apertamente negativa, emessi alla leggera e che mancano assolutamente di base, non possono essere giustificati.

Se fosse vero che la rivoluzione ha perduto la sua forza, come taluni affermano, perchè allora non riuscirebbe a nessuno di ricostruire ciò che essa ha distrutto?

D'altra parte, come spiegarsi, che i suoi nemici palesi ed occulti, se sono così poderosi, non facciano saltare in frantumi ciò che essa ha creato?

La circostanza di avere essa subìto una sosta, impostale da certe circostanze, vale forse a dimostrare che la rivoluzione si stia indebolita?

Dobbiamo dunque pensare che il solo segno indicativo della potenza di un movimento rivoluzionario consista nel tuonar dei cannoni e nel crepitio della mitraglia?

E sarebbe allora accertato che le rivoluzioni consistono tutte in blocco in una fase unica e sola?

Bisogna a questo punto notare che le creazioni rivoluzionarie che si reggono malgrado tutte in Ispagna non sono di poco conto. Esse colpiscono nelle viscere il capitalismo e lo Stato, rompendola apertamente colla vecchia economia e cancellando inesorabilmente il nefasto diritto di proprietà.

In virtù dell'influenza esercitata dall'anarchismo — che è, bisogna insistere, l'idea ispiratrice della rivoluzione — le moltitudini affermano la pienezza delle autonomie individuali, che considerano tanto sacre quanto il diritto alla vita. Esse si avventano con identica forza contro i privilegi economici, quanto contro le dominazioni politiche. Esse hanno appreso dalla predicazione anarchica che queste dominazioni e quei privilegi si determinano reciprocamente.

No. Nessuno può essere permettersi di stendere il certificato di decesso ad un movimento rivoluzionario, basandosi su particolari gesta, brutalissime e dispotiche in verità, della controrivoluzione.

Non si deve giuocare colle parole, giacchè questo può comportare delle ripercussioni sui fatti.

I casi eccezionali dicono poco. Alle conclusioni si arriva, deducendo dalla regola.

E' indubitato che la controrivoluzione tenta di aprirsi una strada.

Negheremmo noi che vi sia riuscita sotto un certo aspetto?

Bisogna subito chiedersi quando mai una rivoluzione sia andata esente dai tentativi controrivoluzionari.

Non negheremo che sul terreno politico qualche ri-

巴金捐赠给国家图书馆的《反抗者》

起来。"就是把这些书整理出来,捐出去。死了后就没法做了。"巴金解释道。

……

……记者说道:"整理这些书,可以叫些人来,何必都要自己去做呢?"巴金说:"别人不晓得有哪些书。要分门别类,比如工具书归工具书,外文书归外文书,文学书归文学书。所以,还是自己做比较好。"[1]

---

[1] 赵兰英:《身后事》,《感觉巴金》第101页。

在前一年，巴金正式提出建立中国现代文学馆的设想，以此收藏五四以来所有作家的作品、手稿、信函、图片等等，并且表示："我准备交出自己收藏的书刊和资料，还可以捐献自己的稿费……"①在以后几年里，他切实做了起来，先后为现代文学馆捐赠图书9000多册，手稿上百部，还有大量的稿费。《人民日报》对此做过报道：

中国作家协会主席巴金最近将他多年所藏书刊、信件、手稿等珍贵资料3161件捐献给中国现代文学馆。

在这批资料中，有巴金手稿36件，巴金各种版本的作品112种，包括《灭亡》、《家》、《秋》、《爱情的三部曲》、《火》（1—3卷）、《憩园》，《寒夜》等中长篇小说，《电椅》、《光明》、《海行杂记》、《旅途随笔》等短篇小说集和散文集（其中有些是初版本）。还有作者为瞒过国民党检查官，以美国旧金山平社名义自费印刷的《雪》这样的珍本；有译成23种文字的巴金外文版著作49本；译文34种；具有研究价值的《煤》（后改为《雪》）、《家》、《秋》等出版清样8件。所捐书信中，有巴金大哥李尧枚（《家》中人物原型）自杀前写给他的最后一封信，以及茅盾、缪崇群等作家信件8封。

此外，巴金还捐献了珍藏多年的罗淑、王西彦、黎烈文、梁宗岱等人的手稿8件，巴金经常为之撰稿并参与编辑的《文季月刊》、《水星》、《烽火》、《文艺复兴》等重要文学期刊15种以及其他珍贵资料。目前，巴金所捐献的资料，已全部送到中国现代文学馆。②

---

① 巴金：《现代文学资料馆》，《巴金全集》第16卷第295页。
② 文：《巴金捐赠珍贵资料》，《人民日报》1983年11月19日。

把自己的珍藏的图书、手稿捐赠给各图书馆、档案馆，私人收藏化为公共资源为社会所利用，是巴金晚年所做的很重要的一项工作。藏书，由此超越了个人占有和喜好，而成为国家财富，服务于更多人，这是一件功德无量的事情。

依据现有的资料，除了捐赠中国现代文学馆9000多册书之外，巴金捐赠给国家图书馆书刊共7457册（现核存7522册），上海图书馆6395册，泉州黎明大学7073册，南京师大附中600多册，香港中文大学71种1202册（以线装书为主），另外给上海市档案馆、成都市档案馆、成都慧园等机构也捐赠过图书。

这些捐赠的图书，都是巴金亲手挑选、分类，再委托人送走的。巴金1981年4月29日致北京图书馆有关就捐书的书信中说："我决定把我收藏和使用的外文书刊百分之八十捐赠给北京图书馆,准备六年内移交完毕,最近先交出关于性科学(sexology)的英、德、法、日文著作(作者:H. Ellis, M. Hirschfeld, I. Bloch, W. Stekel 等)和限定版英、德文本《天方夜谭》、《十日谈》等两百多册。"在1981年5月19日的信中,他又写道:

托尔斯泰文集

最近,我又清理出来一批英、法、意文无政府主义期刊,作为第一批捐赠的图书,其中有:

1. 克鲁泡特金1879年在日内瓦创办的法文刊物《反抗者》。(后移到巴黎改名《反抗》,再改名《新时代》。)从1879年到1914年合订本十四册,全,在东方大概就只有这一部。

2. 英文《自由》月刊1886年到1927年合订本二大册,有残缺。

3. 美国刊物《到自由之路》1924年到1932年合订本一册。

4. 美国出版意文月刊合订本1937年到1948年十二册《倔倔人的呼号》。

5. 英文月刊《人》合订本二册。

北京图书馆1981年11月25日给巴金的回信能够看出巴金藏书的价值："巴金同志：你赠给我馆的第一批外文书刊619册，谨已收到……这些书刊是你多年苦心搜集、珍藏的，其中许多书刊，如限定版《一千零一夜》、《十日谈》等英、德文译本、斯汤达的《日记》、克鲁泡特金1879年在日内瓦创办的法文刊物《反抗者》，以及霭理斯、弗来则等著名人类学家和性科学家的著作，都是十分名贵和难得的。"当时的一则消息是这样报道的：

我国著名文学家、翻译家巴金最近决定将他多年苦心搜集、珍藏的大量外文书刊，在六年内分批捐赠给北京图书馆。第一批英、法、德、俄、日文书六百一十九册，已由上海运抵北京，其中有十分名贵的限定版插图本《一千〇一夜》和《十日谈》等美德文译本，还有斯汤达的《日记》全集以及霭理斯、弗莱则、玛林诺夫斯基、威斯特玛克、布洛克、斯铁克尔、希尔式费尔特等著名人类学家和性科学家的著作。此外，巴金还将他在国外搜集的克鲁泡特金一八七九年在日内瓦创办的法文刊物《反抗者》全套合订本以及英、美等地出版的期刊赠给该馆。北京图书馆对这批书刊十分重视，正在加紧进行整理、加工、编目入藏，以供我国广大读者应用。[1]

新闻中说这些书是巴金"苦心搜集"，并非虚言，多年来，他没有太多个人爱好，买书、藏书、读书恐怕是他少数的持久的爱好之一。这些书中有着他的记忆和情感。

---

[1] 韩宝光、李德宁：《巴金捐赠外文书刊给北京图书馆》，《光明日报》1981年12月14日。

1.《托尔斯泰文集》

新华社记者赵兰英曾记下捐书前，巴金的留恋和不舍："华东医院。每天午休后，巴金总要拿起一套有点发黄、发脆的旧书，一页一页轻轻地翻看着。这是一套巴金珍藏半个多世纪的俄文版特精装本《托尔斯泰全集》，巴金准备把它捐给上海图书馆。"① 这套俄文豪华版十卷本《托尔斯泰文集》，黑羊皮封面上有烫金的书名，上方嵌有银色金属浮雕。书中有两百多幅精美插图，俄罗斯画家以精湛的技艺再现了托尔斯泰文字的场景，与文字相得益彰，也造就了一个珍贵的图书版本。

这套书是上世纪五十年代中期，巴金在北京旧书店花八百多元人民币买下的，书的扉页上还有巴金的俄文签名和私章。翻译家草婴听说有这么一部书，赶忙打来电话，希望晚一点捐出去，他想看一看这部书。看后，他大为惊叹，曾经对人说："据我所知，这套一九一二年出版的托翁全集目前国内仅存一套半，数巴老的这套保存得最全也最完好，还有半套是冯雪峰出访苏联时买回来的，这套书的价值是无法用金钱来计算的。"② 为此，他特地借回家去，找人翻拍了书中的插图，后来用在他翻译的《托尔斯泰小说全集》上。在该书的序言中，他特别提到这套书："巴金极其崇敬托尔斯泰，称他为十九世纪世界的良心。他多次鼓励我翻译托尔斯泰作品，还把他珍藏的俄文版豪华插图本提供给我。这套托尔斯泰作品集出版于一九一六年，也就是十月革命之前，其中有两百幅精美插图，全

---

① 赵兰英：《全国只有一部半》，《感觉巴金》第93页。
② 陆正伟：《"散布知识，散布生命"——巴金与上海图书馆》，《永远的巴金》第381页，复旦大学出版社2015年1月版。

托尔斯泰文集中《战争与和平》一卷带有插图的内页

都出自俄国名画家之手。这套作品集在中国只此一套,真正称得上是海内孤本,其中大部分插图在中国都没有介绍过。现在,《托尔斯泰小说全集》中译本出版,这些精美的插图都用在这套译文集里。我想,中国读者一定会跟我一样对巴金先生表示衷心的感谢。"[1]

巴金对托尔斯泰充满感情,从少年时代起就接触他的作品,终其一生都保持着对他的热爱。很多人可能没有注意到,"巴金"这个笔名第一次与读者见面,并非在小说《灭亡》上,而是他的一篇与托尔斯泰有关的译文。那是1928年10月10日出版的《东方杂志》第25卷第19号上的《脱洛斯基的托尔斯泰论》,三个月后,《灭亡》才开始在《小说月报》第20卷第1号(1929年1月出版)上连载。这之后,他还写了篇长文《随便写几句话答复钱杏邨先生》,反驳钱杏邨对托尔斯泰的不同看法。五十多年后,巴金再次撰文为托尔斯泰辩护,那是针对有人对托尔斯泰的私生活说三道四而写的文字,他列举实例来说明"伟大作家最后几十年的内心斗争和家庭悲剧的实质"。最后,他高度评价托尔斯泰:

> 他是十九世纪世界文学的高峰。他是十九世纪全世界的良心。他和我有天渊之隔,然而我也在追求他后半生全力追求的目标:说真话,做到言行一致。我知道即使在今天这也还是一条荆棘丛生的羊肠小道。但路总是人走出来的,有人走了,就有了路。托尔斯泰虽然走得很苦,而且付出那样高昂的代价,他却实现了自己多年的

---

[1] 草婴:《译者前言》,《托尔斯泰小说全集·哈吉穆拉特》第2-3页,上海文艺出版社2004年7月版。

忏悔录

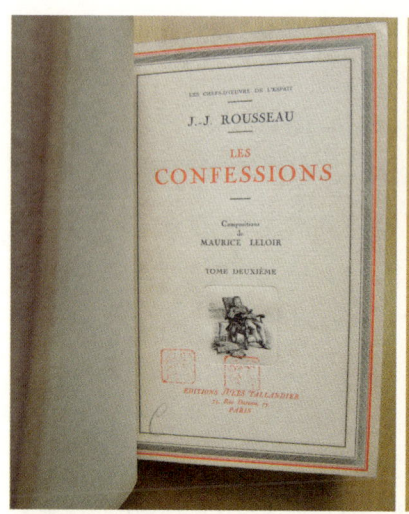

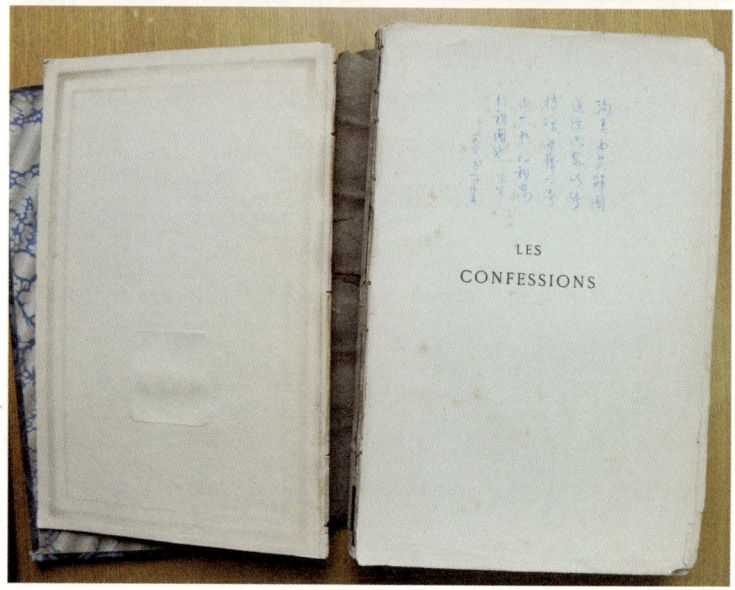

心愿。我觉得好像他在路旁树枝上挂起了一盏灯,给我照路,鼓励我向前走,一直走下去。

我想,人不能靠说大话、说空话、说假话、说套话过一辈子。还是把托尔斯泰当做一面镜子来照照自己吧。①

《随想录》中的这篇文章,也是巴金表达自己心志的作品,托尔斯泰晚年的追求成为巴金晚年奋斗的目标。此后,在《再思录》中,巴金一再提到托尔斯泰,围绕着的主要都是:讲真话,追求言行一致。在题为《最后的话》的《巴金全集》后记中,他写道:

我又想起了老托尔斯泰,他写了那么多的书,他的《全集》有九十大册,他还是得不到人们理解,为了说服读者,他八十一岁带着一个女儿离家出走。他决心改变自己的生活,却没有想到中途染病死在火车站上。

这是俄罗斯大作家给我指出一条路。改变自己的生活,消除言行的矛盾,这就是讲真话。

现在我看清楚了这样一条路,我要走下去,不回头。②

晚年巴金,一直处在舆论的风头浪尖,也常常为得不到人们的理解而苦恼,他分明感受到托尔斯泰晚年的那种压力和苦恼,所以在他精神探索的路途上不断地向这位文学大师寻求力量。1991年,

---

① 巴金:《"再认识托尔斯泰"?》,《巴金全集》第16卷第612页。
② 巴金:《最后的话》,《再思录》(增补本)第145页。

当他八十七岁高龄的时候，他又写了一篇《向老托尔斯泰学习》，表达的还是同样的意思。重提托尔斯泰、强调精神的重要性，强调言行一致的道德伦理，在一片先锋、现代、后现代的文化浪潮中，巴金不合时宜地重提托尔斯泰，并非仅仅是重新认识托尔斯泰，重新认识俄罗斯古典文学的不朽价值，还有着更深层次的现实意义。

2. 邵洵美、梁宗岱、《忏悔录》以及《死去的人》

法国作家卢梭被巴金称作自己的老师之一，他青年时代留学法国时候，就经常从巴黎先贤祠前的卢梭像下走过，向卢梭倾吐一个人在异国他乡的精神苦闷。晚年写作《随想录》时，巴金更是把卢梭的《忏悔录》当作榜样，以讲真话、严格解剖自己要求自己。《忏悔录》是巴金汲取精神营养的书，在巴金的藏书中，自然有着特殊意义。在巴金的藏书中，有一本特殊的《忏悔录》，是法文版豪华本。它还将巴金的两个诗人朋友梁宗岱和邵洵美联系了起来。

1926年5月，诗人梁宗岱在巴黎送给邵洵美一本卢梭的《忏悔录》，书的环衬页上，有梁宗岱的题词："洵美由英归国，道经巴黎，以此持赠，并藉以寄我火热的相思于祖国也。宗岱一九二六，五，二一法京。"抗战时期，这本书在重庆为巴金所得，直到晚年捐给上海图书馆。一本书，三位中国现代作家，这也算是一段饶有兴趣的佳话。

巴金与邵洵美的书缘并未尽于此，他还买过另外一本邵洵美的藏书。那是劳伦斯的中篇小说《死去的人》（*THE MAN WHO DIED*），一本细条的十六开精装书，毛边本，伦敦MARTIN SECKER有限公司1931年出版。正文前有标注：此版本限印2000册，仅在英国和美国发行。另有说明：这个小说最初的标题是《逃

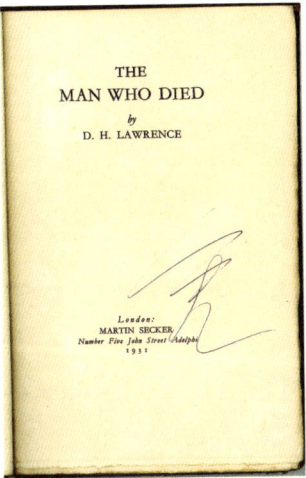

《死去的人》

亡的公鸡》,现在的题目是作者死前不久决定的。八十八年过去了,这本书已经有些陈旧,墨绿色的布面已经失去它最初的颜色,但是封面正中一只展翅水鸟的烫金标志仍然金色饱满。书的环衬靠近订口处有邵洵美以浓墨工整地签下的"洵美"二字,下面钤一方闲章,印文是"自得其乐"。这清楚地表明,此书原本为邵洵美藏书。书的扉页上有一个用钢笔书写的大大的"金"字,这是巴金藏书中的习见签名。它什么时候归巴金所有呢?在封三处,有一枚"外文旧书门市部"小条章,上面标着售价1元。上个世纪五六十年代,巴金是旧书店、外文书店的常客,此书应当购于那时。

　　这不是邵洵美的普通藏书,他还为它写过书评。劳伦斯,是邵洵美颇为关注的一个作家,1934年,他撰文《读劳伦斯小说——复郁达夫先生》，文中说《查泰莱夫人的情人》，他"前后曾读过五次"，并藏有劳伦斯私印初版本和后来出版的廉价普及本两种版本。他还透露："……我在前年的秋天，曾译了他的一部中篇故事《逃走了的雄鸡》……"①，据此推断，在1932年，邵洵美便翻译了这本《死去的人》。这篇小说重述了耶稣复活的故事，提出复活后的耶稣路在何方的问题。1931年10月，邵洵美在《新月》第3卷第10号上发表书评，专谈此书，他认为："劳伦思的哲学，在这里用不到讨论；总之，他不愿意使思想，便是说灵魂，来奴役肉体。……在这篇故事里他便尽量地发表了他的主张。……他隐隐地说：耶稣不应当为了想贯彻自己的思想而便要他的肉体牺牲了应有的享受以经历不应有的痛苦。耶稣至少尚不懂'生命'为何物，直至他死过了又活回来，复碰见了那个尼姑。"②邵洵美准确地把握了劳伦斯的本意，然而，劳伦斯的这种想法在他创作这部小说的年代恐怕难为正统的宗教人士所容。1938年《纯文艺》杂志发表邵洵美的译文时，编者徐迟在"编后谈"中说："这是一部曾经被禁过的淫书，但它的猥亵，并不是一般所谓的猥亵；毋宁说，这是性的赞美，是一种崇高的理想……"③

1934年《美术》杂志第1卷第1期上刊出画家张光宇为此书设计的封面，画面上是一个像邵洵美模样的人，赤着脚，捧着一只公鸡。封面都有了，按常理这本书已呼之欲出，不知道什么原因，当

---

① 邵洵美：《读劳伦斯小说——复郁达夫先生》，陈子善编《洵美文存》第222页，辽宁教育出版社2006年6月版。
② 邵洵美：《〈逃走了的雄鸡〉》，《洵美文存》第215页。
③ 邵洵美：《一朵朵玫瑰》第248页注释，上海书店出版社2012年7月版。

巴金在整理藏书准备捐赠出去

时却没有出版。直到 1938 年,译文才在《纯文艺》杂志上发表。邵洵美文集的编者仅仅找到了两期刊物,查不到接下来的《纯文艺》,我们现在看到的邵氏译文,仅有小说开头部分的六七千字。但愿有一天,我们能够有幸欣赏到邵氏译文的全篇。我还注意到:在《新月》月刊上写书评,邵洵美依据的并非是后来巴金藏的这本书,而是题为 *The Escaped Cock* 这个本子,是巴黎 Black Sun Press 出版的,也就是说,此书,他至少也有两个版本。一本喜爱的书拥有多种版本,这也是巴金的习惯。

　　巴金与邵洵美的另外一桩书缘,是邵洵美创办的第一出版社为巴金出版了《巴金自传》。这是"自传丛书"的一本,邵洵美听了胡适鼓动,认为"中国缺乏传记文学",便起意出版"自传丛书"。据说他想请十二位中国作家写自传,后来出版的只有沈从文、张资平、庐隐、巴金和许钦文的五种,预告而未出的还有郁达夫、洪深和施蛰存的自传。邵洵美为前四种写过出版介绍或序言,为《巴金自传》写的是这样的:

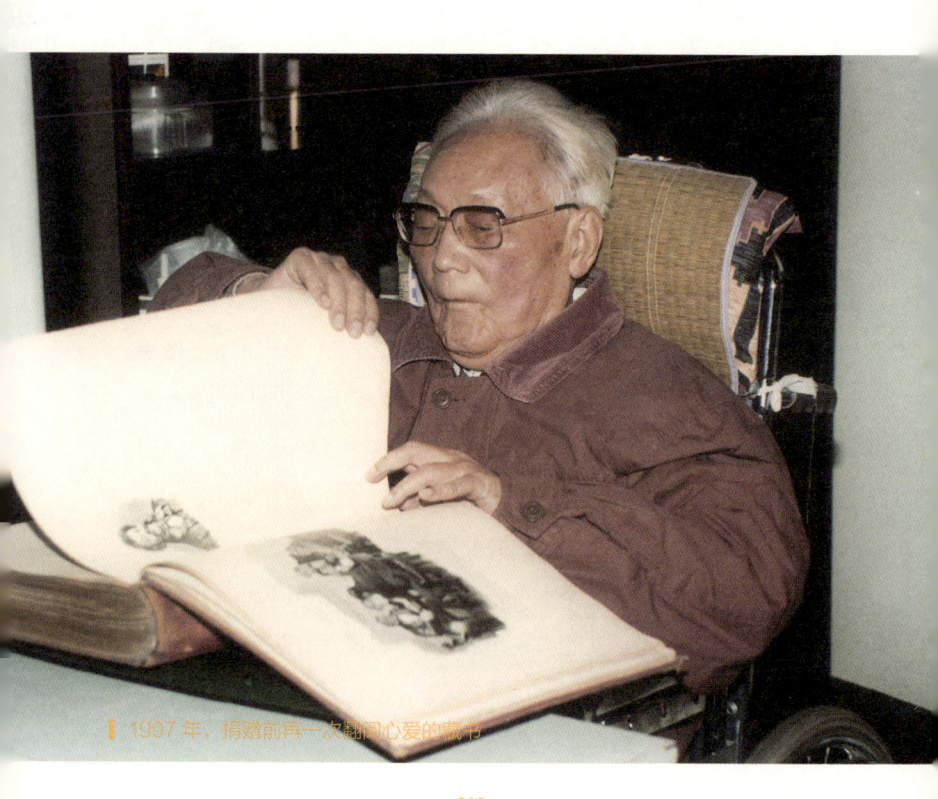

1997年,捐赠前再一次翻阅心爱的藏书

巴金先生的作品，充满了人间的苦闷和哀愁，但有一贯的对人间的爱的感情流注着。他这一种对于人间的爱，对于真理的热情，是怎样孕育产生的呢？先生为四川世家子，自来上层阶级，每多革命前锋，因他们才能真知灼见自己一类的罪恶，而同情于被压迫者。因为厌恶自己，人生途中便到处都是悲哀，又因为同情于他人，所以有爱的流贯。一切文章作品，都和作者的环境有很深关系的。《巴金自传》读过之后，你便能真个了解巴金的人和作品了。这不仅是广告的文词，但有真正的广告价值，也应得是真正的广告。[1]

巴金对这本书并不满意。他回忆，一位姓林的先生向他约稿，他认为回忆自己的生活好写，一口答应了，就写了一本《断片的回忆》于1934年春天交了稿。当年冬天，书出版的时候，他在日本。第二年夏天，巴金回到上海，看到这本书，才发现书名已经变成《巴金自传》。估计编者是为了统一丛书中各本的书名，也是为了招徕读者才这么做的。偏偏巴金向来不喜欢做名人，更不大喜欢名人的做派，对这样的书名非常反感。"我不满意它，因为除了错字多、售价贵以外，它还比我的原稿少一章，那是被审查会删去了的。"[2] 此书售价是大洋六角，我查了一下后来出版的《忆》，内容比此书几乎多出一倍，平装三角，精装四角五分，虽然《巴金自传》纸张要好一些，相比之下还是贵了些。删去的文章是《信仰与活动》，也是书中意义非凡的一篇。然而，当初约稿的林先生已经离开第一

---

[1] 邵洵美：《"作家自传丛书"出版简介》，原载1934年11月3日《人言周刊》第1卷38期，现收《洵美文存》第298页。
[2] 巴金：《〈忆〉后记》，《巴金全集》第12卷第445页。

出版社，书也印出来，木已成舟，巴金也无可奈何，只好通知此书不要再印。1936年，改名《忆》，增补了几篇文章，巴金在自己主持的文化生活出版社出了新版，这也是以后通行的版本。而以《巴金自传》为名的这本，仅印一版，倒成了稀罕版本。

这是巴金与邵洵美的"隔空"交往，在1930年代，他们同在上海，是否有过面对面的接触呢？1936年2月出版的《六艺》杂志中有一幅鲁少飞画的《文坛茶话图》，上面"坐在主人地位的是著名的孟尝君邵洵美"，邵洵美请客不是稀奇事，他能否请座中诸人才是一个问题。退一步讲，即便是在画家设计的虚拟场景中，巴金和鲁迅也是站在离邵氏很远的另一端。巴金和邵洵美，显然不在一个朋友圈内，不过，他们的朋友圈中却有不少共同的朋友，如此说来，两个人能否相遇呢？我只能说有这个机会，可是我还没有找到具体证据。近年来陆续发表的傅彦长日记中，对三十年代上海文人的交游情况记载颇详，其中涉及邵洵美之处很多，谈到巴金的也有。关于巴、邵两个人碰面，只有一次疑似的记载。那是1932年7月17日日记："到新雅、中社、海青，遇王礼锡、徐仲年、钟独清、荣玉立、邵洵美、谢寿康、徐悲鸿、陈抱一、汪亚尘、陈春随、华林、田汉、李宝泉、关紫兰、火雪明、巴金、索非、徐调孚、曾仲鸣、吴曙天、钱君匋、顾均正、孙福熙、章衣萍、周乐山等。"[①]仔细分析，那一天，傅彦长是去了三个地方遇到的这些人，也就是说这些人是分别在三个地方，而非同一处。他的日记中，还记载过巴金的一次请客："到界路中国银行、安乐园、南京影戏院、新雅（晚

---

① 傅彦长1932年7月17日日记，《现代中文学刊》2018年第1期。

巴金捐赠的果戈理著作纪念本 　　果戈理著作纪念本

餐,巴金请,列席者林微音、叶秋原、李青崖)、大华跳舞厅(林、叶两人同往)。"[1]这里有好几位都同邵洵美来往较多,巴金请客名单中偏偏没有邵洵美。或许可以判断,两个人即便平日里有来往,也算不上比较密切的朋友。不过,邵洵美在文章中曾提到巴金和他编辑的图书。谈文学批评时,他说:"譬如茅盾或是巴金的一部小说,作者的抱负一定非凡,但是经批评家一说它是在要暴露某一阶级的罪状,或是在要显示某一阶级的功劳时,它的意义便确定了,便有了限止了,它便死了。"谈到沈从文的《八骏图》,邵洵美说,此书是由文化生活出版社出的,"这书装潢很幽雅,尺寸也可爱,

---

[1] 傅彦长1933年3月6日日记,《现代中文学刊》2018年第5期。

足见编辑丛书的巴金先生的趣味"①。

1963年，巴金与邵洵美倒是因为书又有了一次来往。当年8月2日，巴金在日记中记："邵洵美来信借书。"② 我未能找到这封信，从当年8月20日巴金日记中再记中大致可以了解此信的内容："复邵洵美信，说我没有Loeb's，clasics希腊、拉丁名著英文对照本。"③ 不知道邵洵美要借的是"洛布古典丛书"中的哪几种，这套书是美国人詹姆斯·洛布（James Loeb）主持印行的，他组织英美的古典学专家将希腊、罗马文化原典译成英文，为了体现准确性，这套书采取的是希腊、拉丁语原文与英文左右页相互对照的方式，而且每卷都有专家的导读和详尽的注释，这正是做翻译需要的版本。邵洵美借书，也是那段时间做翻译参考。此时的邵洵美，与出版《巴金自传》时代的处境完全不一样。三十年代，他腰缠万贯，在杨树浦平凉路21号租了一排房子，成立时代印刷厂。厂子里有一台印刷机，是他从德国订购的，那是中国拥有的第一部影写版印刷机，印刷画报效果非常好。三十年代，邵洵美先后办过九种刊物，忙里忙外，文章也写得多，是海上文坛呼风唤雨的人物。他的自我感觉也很好，1935年9月，与朋友游黄山豪情满怀，曾吟诗："一步跨上黄山巅，黄山吐雾我吐烟。我比黄山高七尺，黄山比我早成仙。"④ 1950年代，邵洵美没有公职，靠译书为生，1958年，他遭受不明冤狱，身陷囹圄，直到1962年4月6日才无罪释放。

---

① 《伟大的晦涩》，《一个人的谈话》第150页，上海书店出版社2012年7月版
② 巴金1962年8月2日日记，《巴金全集》第25卷第278页。
③ 巴金1963年8月30日日记，《巴金全集》第25卷第285页。
④ 转引自邵绡红《天生的诗人——我的爸爸邵洵美》第150-151页，上海书店出版社2015年版。

在有关方面的照顾下,邵洵美为上海文艺出版社译书,出版社每月预支定额的稿费,维持生活,这一期间,他译了雪莱的《麦布女王》、拜伦的《青铜时代》等作品。读邵洵美的文章,对他的书斋印象尤深:"你们简直可以说,洵美是生活在书斋里的:会客室里是书,卧房里是书,楼梯边上也是书,连三层楼上的洗澡间里也是书。所以一定要我指出哪一间是书斋,那可不容易。也许在我卧房隔壁的一间最像,中间有只书桌,可是书桌上又堆满了书……"[1]想当年,一种喜欢的书,他都有好几种版本,后来抱着一部英文辞典已算满足,真是今非昔比。那时做翻译工作,邵洵美最苦恼的就是找资料书。他曾公开抱怨过:"翻译这部诗剧,还有一个极大的困难,这也同时是翻译一切外国古典文学所存在的困难。那便是参考材料问题。我国各处图书馆所保存的关于外国古典文学的书籍,大部分不过是供给学校教材的应用;私人的收藏,又是各人凭着各人的爱好,零零碎碎,没有系统。"[2]邵洵美写信向巴金借书,这说明,他确实急需,否则不会向来往并不密切,且身份和地位已经有很大差异的巴金求助。当然,也不排除他们两人还是有相当的来往,只不过,我们不知道罢了。这也与巴金的一个"缺点"有关:他常常是做了的事情也不说,也从不会去炫耀或宣扬什么,哪怕他帮助了别人。

这么说,是因为在邵洵美去世后,巴金还真的为他的事情帮过一点忙。1979年8月5日,巴金日记中记道:"邵洵美夫人和一个

---

[1] 邵美洵:《我的书斋生活》,《儒林新史》第47页,上海书店出版社2008年1月版。
[2] 邵洵美:《〈解放了的普罗密修斯〉译者序》,《洵美文存》第415页。

小儿子来访,说要写信给周扬,请我转交。"① 当月15日日记又记:"邵洵美夫人和儿子送信来。"并在16日日记中备注:"寄罗荪信(附邵夫人信)。"② 这是"邵洵美夫人"为丈夫的平反和落实政策而奔走,求助巴金帮忙。一年多之后,1980年12月8日巴金日记中还记:"邵洵美夫人来。"③ 巴金通过在中国作协任职的孔罗荪把信转给周扬,现存巴金给罗荪的书信中有三封书信谈及此事,但是日期是1982年,距"邵夫人"第一次拜访巴金已经过去三年,看来此事的解决绝非一日之功。巴金1982年1月14日给罗荪信上说:"邵洵美夫人托我转封信给您,现在寄上,请考虑处理。"一个月后,当年2月19日又致信罗荪:"邵夫人有一信要我转给您,现在寄上。"五个月后,7月19日又提起:"转上邵夫人信想已收到。"④ 罗荪在1982年2月26日给巴金的信中回复了初步的结果:"您的来信和附来邵洵美夫人的信都收到。她给周扬、夏衍同志的信,我也已分别送去,周扬同志表示,他将给上海陈国栋、胡立教两位同志写信请给予协助,并将原信也附去,这样或可帮助解决一些问题,有点情况我当另外写信给陈茵眉,再请她过些日子与市委联系一下,我想胡立教同志或可能直接同她联系。"⑤ 转去的信显然起到了作用,1985年2月,(85)沪公落办字第26811号文件及上海市公安局决定书下达,邵洵美彻底平反,部分子女户口、住房等问题也予以解决。现在的传记,盛佩玉、邵绡红的书里,都提到夏衍和周扬为

---

① 《巴金全集》第26卷第357页。
② 《巴金全集》第26卷第359页。
③ 《巴金全集》第26卷第434页。
④ 分别收《巴金全集》第24卷第132、133、135页。
⑤ 孔瑞、边震遐编《罗荪,播种的人》第72页,社会科学文献出版社2005年5月版。

> 散布知识
> 散布生命
> 巴金
> 九六年四月

巴金为上海图书馆的题词

邵洵美帮忙的事情,却不曾提过巴金。从有的资料看,"陈茵眉、邵显母子两人多次进出上海",最初都是来找巴金吧?此事,巴金也在背后为老朋友尽了一份力。

3. 散布知识,散布生命

书的背后的故事,充满着温暖的回忆。这些书,是巴金一本本买回来的,在他的晚年,又不断地捐出去。他说:"我是一个中国作家,应该为我们国家的图书馆做点贡献,我喜欢书,也收集了许多,在有生之年要将它们一批一批清理出来,陆续捐给国家。"[1]1995

---

[1] 陆正伟:《"散布知识,散布生命"——巴金与上海图书馆》,《永远的巴金》第379页。

年在医院里的巴金,委托他的侄孙李舒清理出四千多册外文藏书准备捐赠给上图。捐赠前,他还特地嘱咐李舒,把他喜欢的几种带到医院里,他要与之"告别"。可见,他对书爱之深,然而,他更有一种大爱,对国家、对社会的爱,他希望这些书发挥更大的作用。所以,捐书更是爱的散播。

巴金的收藏早已默默地为文化界做着贡献,为很多文化人提供着帮助。李健吾、卞之琳、萧乾做翻译和研究时,都曾向巴金借过书。从傅雷1954年2月27日给巴金的信可知,他翻译的《嘉尔曼》底本借自巴金。王科一翻译雪莱的《伊斯兰起义》,在给巴金的赠书扉页上译者写道:"辱蒙巴老在拙译定稿过程中赐借葛德文《政治正义》一书,启蒙解惑,受惠匪浅,书成之日,谨奉一册聊以酬答长者玉成之盛情……"刘炳善为编著《莎士比亚词典》,需要参考西方同类书,二十多年间,"上穷碧落下黄泉"四处寻找,巴金捐的书帮了他的忙:"在北京图书馆收获很大,发现了四种莎士比亚词典,终于见到了久闻大名的 *Onions' Shakespeare Glossary*(奥尼恩斯《莎士比亚词汇表》),*Schmidt's shakespeare Lexicon*(施密特《莎士比亚用词全典》)和其他两种词典——他们全是巴金先生捐赠的,出版于二十世纪之初的旧版书,大概是解放初萧乾先生建议巴金从北京东安市场搜购之物。"[①]

晚年巴金,身体多病,长期住院。而同时,他又不曾放弃写作,所以,在一段时期,很多事情,他都没有精力过问。唯独散书,他总是自己来做。人们可能想象不到,巴金最后一次回家,那正是为

---

① 刘炳善:《蕾蕾和我们的莎士比亚词典》,《为了莎士比亚》第44页,河南大学出版社2009年4月版。

了捐书。

1997年5月8日,巴金特地从医院请假回了半天家,查看一批即将捐赠给上海图书馆的书。这是他最后一次回家,他曾经给上海图书馆题词:"散布知识,散布生命。"看来,他自己就是这样做的。

4. 尧林图书馆

在巴金的心中,还有一个梦想,虽然没有实现,却很美丽:为了纪念他的三哥李尧林,巴金还曾有建立一个"尧林图书馆"的想法,并刻了图章,盖在不少书上,虽然这个美丽的梦不曾实现,但在藏书私藏与公用的探索上,老人很早就做出了表率。

三哥李尧林,曾就读东吴大学、燕京大学,毕业后执教南开中学,日军侵占天津后,来到上海,失业在家,其间翻译了《悬崖》、

盖有"尧林图书馆"之印的巴金藏书

盖有"尧林图书馆"之印的巴金藏书

盖有"尧林图书馆"之印的巴金藏书

《莫洛博士岛》等外国文学作品，去世时年仅42岁。外人恐怕很难体会这一对兄弟的手足之情：他们一起接受了五四新文化的洗礼，一起走出大家庭，一起过着最清贫的学生生活……1945年11月初，巴金暂别待产中的妻子，匆匆从重庆回到上海。抗战胜利，他似乎没有"漫卷诗书喜欲狂""青春作伴好还乡"的好心情，在上海，等待他的是躺在病床上、病入膏肓的三哥李尧林。仅仅二十多天，便是兄弟间的生离死别。"从墓地回来，我非常疲倦。我已决定两天以后回重庆去。我坐在你住了五年的楼房里，回想着我这一个月来的上海生活。我来，我去，你病，你死，一切都是这么匆匆。"[①]

对三哥的怀念并未因岁月的推迟而减少，每逢三哥忌日，巴金一家都会去墓地献花；1963年6月3日，从上海赴京途中，火车停靠浦口，巴金在当日日记中写道："八点前后和沙汀在浦口车站月台上散步，忽然想起了一九三一年送三哥去天津，在这里散步的情景。"[②]巴金六十年代的日记多记当天事项，很少有这样回忆性的记载，可见三哥的形象一直深藏在他心底。

三哥去世后，巴金决定建一个图书馆，名字叫"尧林图书馆"，纪念这位默默无闻的英语教师和文学翻译者。为此，他还刻了一枚"上海尧林图书馆藏书"椭圆形的图章。

据1949年住在巴金家中的马绍弥回忆，巴金很多书的副本都是为尧林图书馆准备的：

> 建立一个纪念他三哥李尧林的图书馆，是李伯伯胸中的一件大

[①] 巴金：《纪念我的哥哥》，《巴金全集》第13卷第526页。
[②] 巴金1963年6月3日日记，《巴金全集》第25卷第248页。

事。他对我讲起过这位三伯伯，也讲过当初自己这个穷青年，要找一本想读的书有多么艰难；还讲过他和我父亲的友谊就开始于他向我父亲借书……他说，希望将来能建立一个"尧林图书馆"，里面要存满读者不易找到的图书，大家不分贫富都能到这里来，读他们爱读的书。每谈及此事他总是带着兴奋和憧憬的神情。

我也被他的理想所陶醉。每逢他从买来的书里挑出几本，说"来，帮我盖章！"时，我总是万分高兴，立刻兴冲冲地从书橱里去取出那枚刻了"尧林图书馆"字样的图章和蓝印台，细心地把章盖到一本本书上去。①

这件事情，黄裳在纪念巴金的文章中也曾提到："他还有个遗愿，想完成一座'尧林图书馆'，纪念三哥。我多次看到新华书店按时给他送来新出的图书，一次就是几十、上百册。可见他爱书的豪情。"② 巴金1973年8月5日给侄子李致的信中曾经谈到过："尧林图书馆是我从前打算办来纪念三叔的，有一个时期我在自己的中文书上盖了图书馆的章，后来就没有盖了。"③

大家都没有提到巴金建这座图书馆的具体措施，比如在哪里建，找什么地方存书，谁来管理，经费来源呢？以及这个图书馆的规模、藏书的重点等等……巴金和他的朋友们是天生的理想主义者，然而，这种让个人的收藏为社会服务的心愿，却不是虚幻的梦，而应当是

---

① 马绍弥：《在霞飞坊59号的日子里》，《一双美丽的眼睛——巴金研究集刊卷三》第92页。
② 黄裳：《伤逝——怀念巴金老人》，《来燕榭文存》第87页。
③ 巴金1973年8月5日致李致信，《巴金全集》第23卷第7页。

正在阅读中的巴金（颜仲木刻）

今后社会文化发展的一股重要力量。

我们甚至设想：倘若能有一栋小楼，能有一个小院子，我们是否就将巴金故居的资料中心命名为"尧林图书馆"？除了巴金的专藏之外，还可以接受他的老朋友捐赠，让他们在此"相会"。上海在上世纪三十年代曾是中国新文学的中心，理应有一个这样的地方——以新文学作家作品以及他们藏书为特点的小型图书馆。这是一个安静的研究之所和温馨的读书之地，每逢周末，还可以请专家学者们来讲一讲他们热爱的这些作家，让公众在这里办读书会感受一下前辈们精神的温度。从运营上，除了政府的支持，是否可以有企业或其他民间的资金支持呢？

三十年前，巴老说他为了考虑现代文学馆的事情"着了魔"，"甚至在梦里我也几次站在文学馆的门前，看见人们有说有笑地进进出出。醒来时我还把梦境当做现实，一个人在床上微笑。"[1] 巴金先生不曾实现的梦想，或许在后人手中，有一天会真正实现！

     2016年10月30日夜于关兴路初稿，
     11月21日飞机上再改；2018年10月二稿

---

[1] 巴金：《现代文学资料馆》，《巴金全集》第16卷第292页。

藏品小记

林风眠：《鹭鸶图》

有个故事流传很广，查查网络，到处都是，主要情节是："文革"结束后，林风眠在叶剑英的帮助下被批准出国探亲，探望分隔了二十多年的妻女。他被允许带走三十四幅旧作，而更多带不走的画全部赠送给亲友。吴冠中收到的是芦塘和归雁，巴金收到的是《鹭鸶图》。提到这幅画，不少文章还特别交代：这幅画至今仍挂在上海武康路 113 号巴金故居的客厅中……有一次，我在故居还碰到过一个导游十分动情地对着这幅画向游客讲这个"传奇"。不过，经验告诉我，历史常常是在这种绘声绘色的解说中变得模糊不清，近年来，在"讲好故事"的大标题下，很多地方，不但善于造假景点，而且善于编故事。我们可能都有一种迷信，以为历史一定要惊心动魄充满传奇，而实际上，多的倒是平平常常的人情物理。

1977 年林风眠去海外前散画的事情不假，然而，挂在巴金故居客厅这幅《鹭鸶图》并不是那年的事情。可能很多人并没有注意画上的题款："巴金先生正画，一九六四年沪。"已经很清楚，此画作于 1964 年。查巴金日记，1964 年 2 月 11 日，巴金寄林风眠、贺天健散文集《倾吐不尽的感情》各一册；2 月 18 日，又复林风眠信。我不知道这是不是答谢两位画家向他赠画。接下来，4 月 22 日，巴金的日记写到挂画："八点左右金焰来，帮忙我们挂上贺天健和林风眠的画。"[①] 也就是说，这幅画在 1964 年春天，就已经挂在巴金的客厅中。它历经"文革"劫难，没有被毁掉，真是幸运。据巴

---

① 巴金 1964 年 2 月 11 日、2 月 18 日、4 月 22 日日记，分别见《巴金全集》第 25 卷第 351、354、374 页。

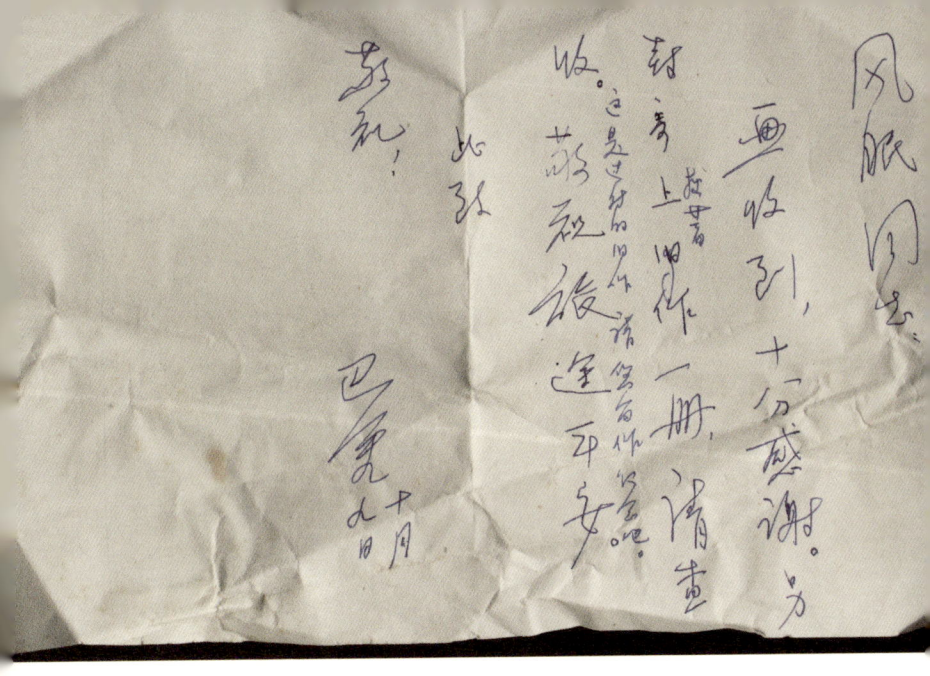

巴金 1977 年致林风眠信底稿

金的家人介绍，当时他们在林风眠的画前装了一幅印刷的毛泽东诗词手迹，才保住了它。

我查了几种林风眠的传记和相关资料，都不曾提到他与巴金的交往；而从巴金这方面，也没有资料可以证实两人何时开始订交。林风眠长巴金四岁，他们算是同时代人，从人生交集上看，两个人都去法国留过学，不过林风眠早于巴金，巴金 1927 年到达法国时，林风眠已经于一年前回国了。看他们在法国交往的人，相互交集也不多。那么，会是抗战后期，在重庆？说不定。目前可以肯定的是，1951 年林风眠移居上海后，两个人在社会、文化活动中有了碰面的机会。林风眠曾是美协上海分会的副主席、上海市政协委员，而巴金也担任过美协所属的上海市文联主席,市里政协、人大开会、甚至对外的文化活动中,两个人都能碰面。比如,1977年9月24日,他们就在锦江饭店14楼一同陪同韩素音晚宴,并同车回家,"王一平、杨英、林风眠、沈柔坚、张云骋在那里等候。今天王一平举行晚宴招待韩素音,宴会结束,客人走后,我们又闲谈了一阵。外办派车送我和林回家(林住南昌路,下月即将去巴西探亲)。"[1]

在行前,林风眠另有画作赠给巴金,大概正是这幅画被当作现在挂在客厅里的《鹭鸶图》,以讹传讹。随这幅赠画,还有一封短简:

巴金同志:

嘱画 送上一幅,请指正、留念为感,即致敬礼!

林风眠

1977年10月4日

信是写在普通信纸上,几个字占满全纸,"林风眠"三个字是竖写下来的,字迹狂放,或许能看出他如释重负、一吐为快的感觉。信和画就是用挂号信一起寄的,信封的下面署着他的名址:南昌路53号林风眠。意想不到的是,在巴金先生留下的文献中,我居然还发现,他写给林风眠信的底稿,是收到画后的致谢信:

---

[1] 巴金1977年9月24日日记,《巴金全集》第26卷第165页。

风眠同志：

画收到，十分感谢。另封寄上拙著一册，请查收。这是过时的旧作，请您留作纪念吧。敬祝旅途平安。

此致

敬礼

巴金

十月九日

巴金10月10日的日记，记有"复林风眠信"，寄赠林风眠的书是《巴金文集》第14卷精装本。10月19日，林风眠离开上海，画和书是两位朋友的道别纪念。

很显然，巴金与林风眠不属于那种交往密切的朋友，不然，在两位大师的资料中，不至于只能检索到这么多踪迹。郑重《画未了：林风眠传》中说，在上海文化界人士，林风眠交往较多的是傅雷、马思聪、马国亮等人。① 那么，两个人不过是开会碰碰面的点头之交？我也不倾向于这样看。历史研究中，资料提供出来的史实是有限的，而我们能接触到的资料则更有限。具体到两个人的交往，熟悉林风眠性格的人想一想，林先生可是一个随便送画给人的人？他居然在不同时间段里送给巴金两幅画。有人说林风眠"在画上从不写上款"，唯有周恩来去世时，他画了一幅画，题有"敬献给周公。风眠"，② 然而，给巴金的这幅画明明也是由题款的，这都在提醒我们，两个人的交谊并不一般。还有一个有力的证据：1979年10月13日，

---

① 参见郑重《画未了：林风眠传》第212页，中华书局2016年2月版。
② 同前，第265页。

林风眠

巴金日记:"林风眠自巴黎寄来画展目录一份。"[1] 那是阔别半个多世纪之后,林风眠回到他的艺术受孕地,当年9月21日至10月28日,林风眠画展在巴黎塞尔努西东方博物馆展出,这是一个老学生的"汇报演出",期间的活动也很多,故交新朋,昔年的回忆,一定让林风眠心潮起伏。然而,就在这个时候,他却没有忘记给远在上海的巴金寄上一份画展目录,而且巴金又非画界中人,我只能

---

[1] 巴金1979年10月13日日记,《巴金全集》第26卷第371页。

解释，巴金在林风眠的心中有着特殊的位置，或许，他们言浅交深，正属于"君子之交淡如水"的那种。

我还进一步猜测，十四卷的《巴金文集》，巴金为什么偏偏赠给林风眠最后这一卷？这一卷收录长篇小说《寒夜》和创作回忆录《谈自己的创作》，前者写的是抗战后期的重庆生活，后者有巴金谈到他在法国生活和创作的回忆，这里有两个人共同的情感记忆，谁说这不是两人交往的心理基础呢？从性格来看，两人虽然都是各自领域中的重量级人物，却都不是那种长袖善舞交际场中人，性格都偏沉默，这或许让两个人惺惺相惜一直保持着多年的君子之交。有人提到过：周恩来是林风眠留法时期的同学，然而，后来周恩来到上海，林风眠总是远远地躲着，直到有一次在上海市政协会议上，周恩来发现了他，两个人才拥抱叙旧。[1] 而巴金，黄裳曾写过："有人认为，巴金当了好几届政协副主席，又当了多年作家协会主席，就认为他当了官。其实我觉得他对当官毫无兴趣。……平常闲谈，也从不涉及官场。在我的记忆中，只记得他曾提起周扬曾劝他入党，也就是闲谈中的一句话，没有深论。他多次去北京，也会见过高端政要，他都没有细说，只有胡耀邦请他吃饭，他说得较详，也有兴趣。"[2] 在创作上，他们都是"五四"之子，也有很多共同语言。1929年，林风眠创作过一幅油画《人类的痛苦》，据说戴季陶看后说："杭州艺专画的画在人的心灵方面杀人放火，引人到十八层地狱，是十分可怕的。"1931年前后，蒋介石也曾看过这幅画，陪同

---

[1] 参见谷流、彭飞编著《林风眠谈艺录》第16页，河南美术出版社1999年10月版。
[2] 黄裳：《伤逝——怀念巴金老人》，《来燕榭文存》第88页。

他看的正是画家本人,蒋问这画什么意思时,林风眠答:"表现人类的痛苦。"蒋不满说:"青天白日之下,哪有这么痛苦的人?"①巴金的那些小说,表达的不也正是"人类的痛苦"和对黑暗的控诉?

再回到这幅《鹭鸶图》上,这应当是林风眠炉火纯青之作,鹭鸶线条流畅,下笔快如闪电;芦苇摇摇欲动,若带清风;远处的水和云若隐若现,淡远又有层次,整个画面中西融合、以简洁胜繁复、此处无声胜有声。巴金故居开馆后,我曾请专业机构复制此画,一次次样画与原画对比,发现不是这处色彩浓了,就是那处层次没有出来,让我深深体会到,大师的笔墨不简单!谈到《秋鹭》等这样一批作品,林风眠回忆:

多年前,我住在杭州西湖,有一个时期老是发风疹病,医生和家人要我天天去散步,我就天天午后一个人到苏堤上,来回走一次,当时正是秋季,走来走去,走了三四个月,饱看了西湖的景色,在夕照的湖面上,南北山峰的倒影,因时间的不同,风晴雨雾的变化,它的美丽,对我来说,是看不完的。有时在平静的湖面上一群山鸟低低飞过水面的芦苇,这些画面,深入在我脑海里,但是我当时并没有想画它。解放后我住在上海,偶然想起杜甫的一句诗"渚清沙白鸟飞回",但这诗的景象是我在内地旅行时看见渚清沙白的景象而联想到这诗的,因此我开始作这类的画。画起来有时像在湖上,有时像在平坦的江上,后来发展到各种不同的背景而表达不同的意境。②

---

① 郎绍君:《林风眠》第57、59页,河北教育出版社2002年12月版。
② 林风眠:《抒情·传神及其他》,《文汇报》1962年1月5日。

看《鹭鸶图》，我感受的不仅仅是"渚清沙白"，笔墨有些浓重、浑浊，又能感到忧郁的迷茫和沉重的萧瑟，对此，我不能不联系到画作创作的年代和作者的心境。虽然，越来越多人认识到林风眠艺术的非凡之处，例如漫画家米谷就大赞：林风眠的画"像一杯杯醇香的葡萄酒"，叫人"陶醉于美好的艺术享受与想象中"，"像艺术万宝箱中的一颗碧玉，也像百花园里的一朵奇花。"[1]然而，就在林风眠创作《鹭鸶图》这一年，同一杂志又刊文《为什么陶醉》认为林风眠的意趣与时代和人民格格不入，杂志社不得不检讨，认为发表赞扬林风眠的文章是有错误的，"曾经引起读者的不满和指责"[2]……黑云压城，一介文人、画家，在时代的疾风中，弱是的确弱的，可是，就像那画中的芦苇，再大的风要折断他们也不是那么容易的吧？他们有自己的信仰和坚持，林风眠如此，巴金也是。面对这幅画的时候，我常常觉得"渚清沙白鸟飞回"，是一种难得的意境，有抒情，有释放，同时也有对我们的教益。

一本日军炮火所毁坏的书

1932年1月28日晚11时10分，日本海军陆战队数十人占领了上海的天通庵车站，随后以车站为据点，分三路向闸北中国守军发起进攻，这就是著名的"一·二八"事件。它是继"九一八"事变之后，日军在华蓄意策划的另外一个影响深远的侵华事件。一时间，闸北、吴淞地区炮火连天，民不聊生。

---

[1] 米谷：《我爱林风眠》，《美术》1961年第5期。
[2] 石崇明：《为什么陶醉》，《美术》1964年第4期。

战争爆发的那一刻，巴金正在由南京开往上海的火车上，三天前，他一个人带着一本书离开微雨中的上海，去南京访友。那时，他所住的宝山路只有寒冷和寂寞，而今怕是火光冲天，浓烟滚滚了。火车开到丹阳便不能前行，次日凌晨四点，在寒冷中他们返回了南京下关车站。巴金找了家旅馆休息，下午，又回到朋友处，在朋友的桌上，他看到一张《新民报》号外，上面赫然写着："闸北大火；居民死伤无算。"

"你的地方恐怕烧掉了，真可惜！不知道还有些什么东西？"朋友惋惜地说。

"不过一些旧书，索性烧掉了也好，我已经被书本累了一生了，"我带笑地回答说。这一次我骗了自己了。那许多书是我十多年来辛辛苦苦地搜集起来的，难道我能够没有一点痛惜的感情么？①

朝夕相见的人，天天经过的街市，他们都怎么样了？想到这些，巴金的心无法安宁。朋友劝他索性在南京多住几天，然而，上海的一切令他牵挂。那时，巴金可能还不知道，就在他的火车折返回南京的这个清晨，日军飞机轰炸了商务印书馆，在巴金住处附近的商务总厂制墨部最先中弹，接下来是总管理处、四个印刷所、纸库、书库、东方图书馆接连中弹起火。2月1日，日本浪人居然再次闯入东方图书馆纵火，将日机轰炸尚未烧毁之书加以焚毁。灰烬与纸片，飘满上海天空，火光映红的天空如同一颗颗的心在流血。有的

---

① 巴金：《从南京回上海》，《巴金全集》第12卷第521-522页。

MAX NETTLAU
DOCUMENTOS INEDITOS
SOBRE LA INTERNACIONAL
Y LA ALIANZA EN ESPAÑA

Editorial
LA PROTESTA

炸毁的书

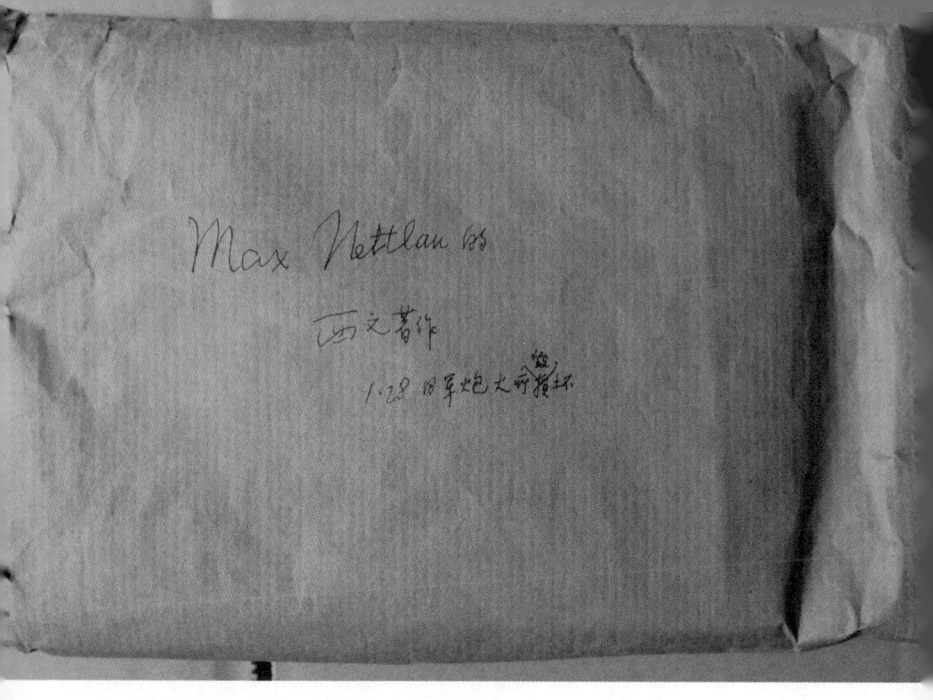

炸毁的书

纸片落入到东方图书馆创办人张元济沪西寓所中,对着自己多年来苦心经营的事业如此化为灰烬,他不禁老泪纵横,他对夫人说:"工厂机器、设备都可重建,唯独我数十年辛苦搜集所得的几十万册书籍,今日毁于敌人炮火,是无从复得,从此在地球上消失了。"[1]

东方图书馆从1921年张元济开始动议筹办,1924年,建成四层大楼,1926年5月正式开放,连年来已经普惠学界和市民,在读者中享有盛望。学者胡道静曾回忆,做学生时他来看书,深感这里服务开明、周到:

---

[1] 转引自吴方:《仁智的山水:张元济传》第224页,上海文艺出版社1994年12月版。

"东图"的藏书，最终达四十六万八千册，在那时候是上海最大的图书馆了，就在当时全国范围算起来，也是数一数二的。因为那时候的国家图书馆——京师图书馆（即今北京图书馆的前身）的藏书数量，也未必逾越于它。还有它的一个甚大的特点，就是长达四十来米的宽敞的大阅览室，是实行开架的。这间阅览室，除了一扇中门以及卡片目录柜和出纳台以外，两壁多层的书架上陈列的工具书、百科全书和常用图书大约有两万多册，那是读者可以自由取阅的，感到十分方便。[1]

这一切在侵略者罪恶的炮火下朝夕之间化为乌有，除了涵芬楼所藏古籍五百余种存于银行之外，其他的，特别是张元济历年来苦心搜集的两万六千册地方志书均遭劫难。据说这是有意为之，日军侵沪司令盐泽幸一就说过："炸毁闸北几条街，一年半就可恢复，只有把商务印书馆、东方图书馆这个中国最重要的文化机关焚毁了，它则永远不能恢复。"

在被烧毁的书刊中，还有商务印书馆已经排印好的《小说月报》1932年的新年号，即将在上面发表的有老舍的长篇小说《大明湖》和巴金的中篇小说《新生》等，它们连同原稿一起被烧毁了。老舍没有心思再写，这个作品就不复存在了。巴金在1932年7月凭记忆重写了这部书，他愤愤地说：

---

[1] 转引自吴方：《仁智的山水：张元济传》第181页。

我坐在一张破旧的书桌前面创造我底《新生》。这《新生》是我底一部长篇小说，却跟着小说月报社在闸北底大火中化成了灰烬。那火烧毁了坚实的建筑，烧毁了人底血肉的身躯，但是它不能够毁灭我底创造的冲动，更不能够毁灭我底精力。我要重新创造出那个被日本底炸弹所毁灭了的东西。我要来试验我底精力究竟是否会被帝国主义的炸弹所制服。

日也写，夜也写，坐在蒸笼似的房间里，坐在被烈火般的阳光焦炙的窗前，忘了动，忘了吃，这样经过了两个星期的夏季的日子以后，我终于完成了我底"纪念碑"。这纪念碑是帝国主义的炸弹所不能够毁灭的，而它却会永久存在下去，来证明东方侵略者底暴行。[1]

这种愤怒在巴金目睹日军在闸北的暴行后，更是在记忆中久久挥之不去。2月5日，当他终于可以回到上海，上海展现在他面前的是这样的一番景象：

船许多高楼大厦耸立在那里，安然无恙。外白渡桥上行人拥挤；外滩马路上载行李的车辆往来不绝。我站在甲板上，我仰起头向天望。北面的天空被黑烟遮住了。这黑烟不住地向南扩张，一层盖上一层，快要遮蔽了整个的天空。炮声隆隆地怒吼，中间夹杂着机关枪密放的声音。许多人发出了惊恐的叫喊。一个女人的尖锐的声音说："天呀，怎么得了？"我冷静地看着黑烟的蔓延。我咬紧我的嘴唇，不让它们发出声音。我觉得我的血已经冷了，冷得结冰了。漫天的黑烟！

---

[1] 巴金：《〈新生〉自序二》，《巴金全集》第4卷第169页。

上海真正成了一个大火窟。①

宝山路宝光里十四号，1928年底从法国回来后不久，他就住到那里，算是为自己漂泊的生活找到一个"家"。几年来在这里他写了包括《家》在内的不少作品，然而现在却处于日军的炮火之下，巴金说："而一个多月来，我就不能够回到那里去了。许多穿制服的人阻拦着我，每一条通到闸北的路都被铁丝网拦住。我冒险地奔走许多次，始终找不着一个机会回到我那个'家'，回到我在一个凄清的夜里分别了的那个'家'。"② 后来，他和另外一个朋友曾两次找机会回闸北。第一次是从北四川路底绕进去，大部分的房屋都只剩下空架子，所见多为烧焦的断木和碎瓦，在地上瓦砾堆旁边，还有黑红色的血迹。在一堵残缺的墙壁下，他们还看到瓦砾中蜷曲着好几具焦黑的尸体完全没有人的样子……几个日本军人挡住了他们，告诉他前面不能通行。第二次，他终于成功了，这次是从虬江路进去，以前熟悉的虬江路，如今完全认不出模样，没有一间完好的房屋，瓦砾堆连着瓦砾堆：

一个老妇人坐在她的成了废墟的家门口低声哭泣。另一个女人牵着两个孩子找寻她那个失去的丈夫。几个中年人一路上摇头叹气。"完了，什么都完了！作孽呀！"许多人这样说。

鸿兴坊的世界语学会已经成了一片焦土。那个学会是一些朋友

---

① 巴金：《从南京回上海》，《巴金全集》第12卷第541页。
② 巴金：《一个回忆》，《巴金全集》第12卷第106页。

带着献身的精神建立起来的，在它的短短历史中我也贡献了一点点心血。过去有一个时期我每天晚上都要在那里写字台前一把藤椅上度过两小时的光阴，椅子是我坐惯了的，书橱里的藏书也是我常常翻阅的。但是如今这一切都变成了一段不可相信的梦景。许多可以表示友情的证据都消灭得无踪无影了。我和那个朋友站在一堆瓦砾前，还有什么话可说呢？我的眼睛开始湿润了。①

也是在这一次，巴金说"只要我捏紧拳头就会送掉我的性命"，从岗哨前经过时，他看见一个年轻的日本兵忽然举起手狠狠地打了一位中年老百姓一个耳光，日本兵做得不动声色，巴金也只有佯装没有看不见，因为只要他表现出丝毫不满，就有可能被扣下来，但是这样"忍受下去"，的确"不是一件容易的事"。②

终于见到劫后的"家"了，弄堂门关着，只得埋着头从隔壁的墙洞里进去，房屋没有毁，在巴金住处的楼下，有人挖了一个大坑。巴金放书的亭子间，被一个炮弹打破了，好在只毁了几十本书。除了书和家具外，什么东西都给人拿走了，却留下地板上的几堆人粪……在两位朋友帮助下，他们雇了一辆"搬场汽车"，花了整整一个上午把余书和家具搬了出来。那些愤怒，后来都化成了文字，写在了巴金的作品中，如小说《海的梦》，就是在控诉这种暴行。

但是，我没有想到，将近八十年过去了，在2011年整理巴金先生的遗物时，另一件非常重要的见证物出现了。那是一个牛皮纸

---

① 巴金：《一个回忆》，《巴金全集》第12卷第109页。
② 巴金：《〈海的梦〉序》，《巴金全集》第5卷第4页，人民文学出版社1988年1月版。

口袋，里面装着一本残损的西文书。书的封面是大红的人物头像和书名，书的下角完全没有了。从封底看，整本书残破不堪，而且纸张硬硬的凝聚在一起，我都不敢翻动。这书像是被刻意撕坏似的，怎么回事呢？巴金先生藏书数万，留这本干吗？我正纳闷，再翻过牛皮纸袋的背面，是熟悉的巴金先生晚年的字：

Max Nettlau 的

西文著作

1.28 日军炮火所毁坏

我当时便惊叫起来，对于那段历史，对于中国文化的那场浩劫，还有比这个更直接的见证物吗？东方图书馆被烧毁，大概也没有机会留下这样的东西吧，巴金先生真的是个有心人，这本书应当是他最后一次从宝光里搬出来的，他不仅拿了完好的书，还特意拿了一本受到炮火屠戮的书，非常有意识地为历史保留了日军的这份罪证。

这本书是马克斯·奈特劳（Max Nettlau）的《国际和西班牙联盟的未公布的文件》，扉页上显示，出版于1930年。马克斯·奈特劳（1865—1944），生于奥地利，是有名的无政府主义历史学家、收藏家、学者。他二十三岁时曾以一篇研究西姆布里卡语语法的论文获得了莱比锡大学的博士学位，但很快他就将研究重点转向无政府主义运动史上，为此他走遍欧洲，也曾在伦敦和维也纳定居，纳粹德国吞并奥地利后移居荷兰阿姆斯特丹，并终老于那里。巴金留法时曾与他通过信，现在还保留下来巴金1928年3月3日在法国沙多-吉里给奈特劳写的一封英文信，是就翻译克鲁泡特金《伦理学》

中的一个问题求教于他的。

时光荏苒，岁月冲淡了当年的硝烟，血与火、满腔悲愤的情感似乎都化成了历史课本中抽象的字眼。可是，往事并不如烟，有这样活生生的见证物在，它不断提示着我们历史不可重演，历史与我们也并不遥远。

贺卡：寄来春的消息

时光飞逝，一年的纷乱正以加速度冲进岁末。不知从什么时候起，我们都被绑架在时间的巨轮上，不由自主地随它旋转、飞奔，哪怕

贺卡

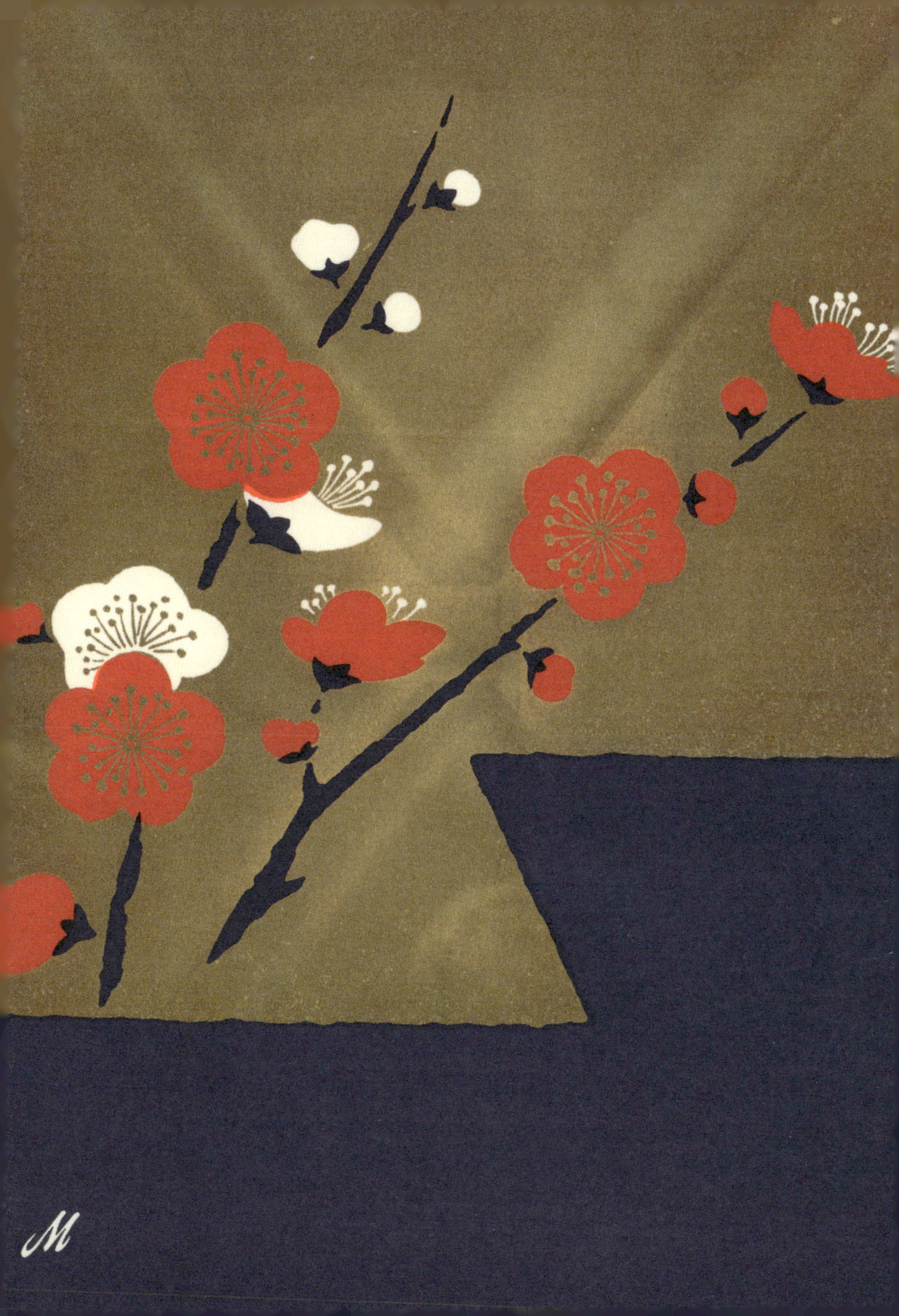

气喘吁吁，仍然坚持不懈。就不能停一会儿，不能静一刻吗？现代人就那么怕被时间抛弃？

　　躲进逝去的时光里，用回忆的搁板保持着与现实的距离，这是无可奈何中我选择的逃遁方法。以往这个时候，街头巷角，尤其是学校门口，遍是卖贺卡的小摊。我想，贺卡也会像雪片一样飞向武康路113号巴金的家，好大一场"雪"！它们至今仍然没有化开，被捆扎在巴金故居的文献档案中。

　　我首先看到的是东山魁夷1987年给巴金的贺卡，如同他的文章与画一样宁静，在那种日本特有的再生纸上，贴着他一幅画作，画的是雪松，在淡蓝甚至有些近灰的天空中，还飘着朵朵雪花。银

風流美人子寶合

英山筆

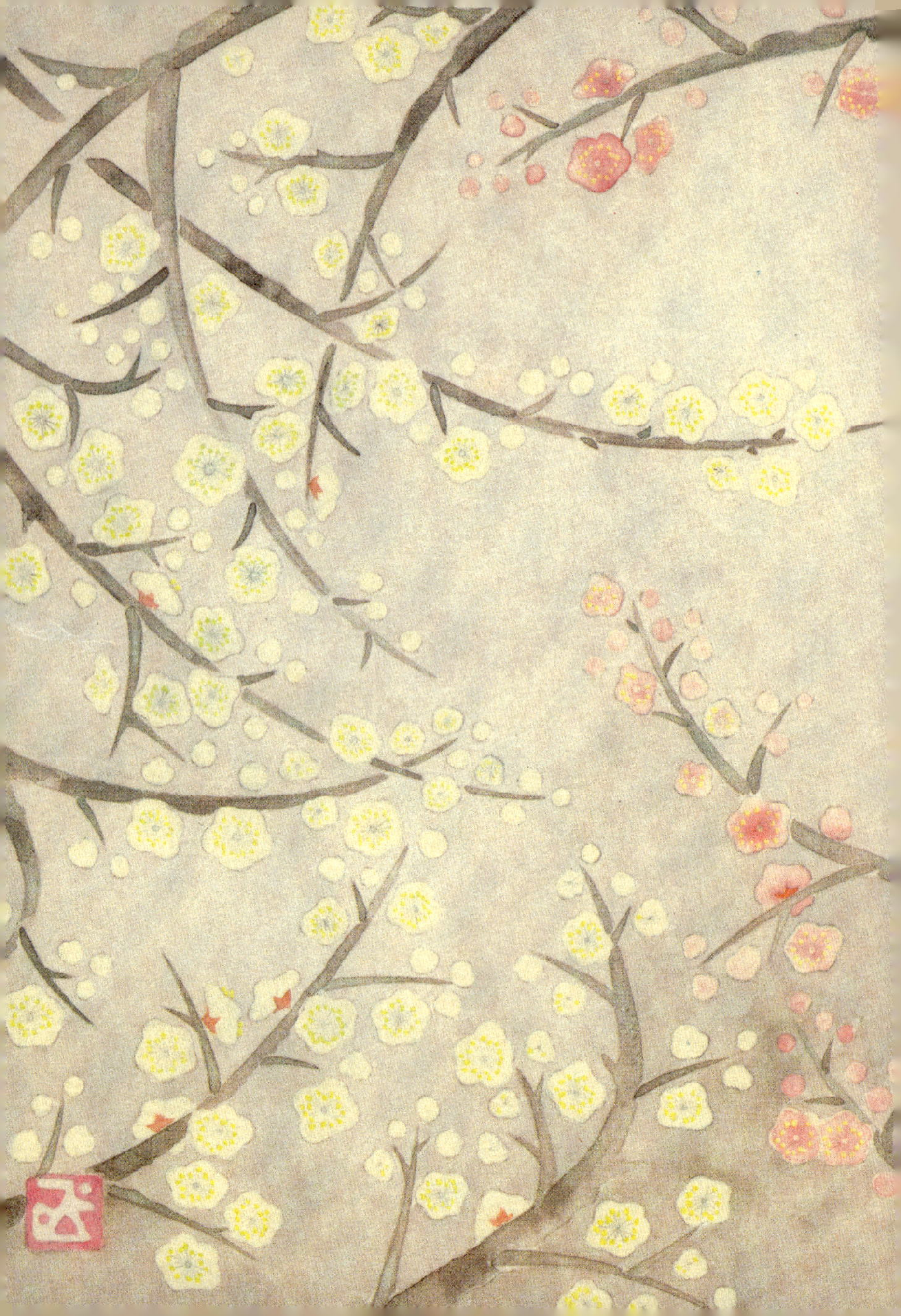

白的世界中也不乏别的色彩，关键是那种宁静、幽远，仿佛能够感觉到雪落到大地的声音。贺卡的里面是他用毛笔写的"恭贺新春"和签名。我读中学时，东山的散文曾很流行，"与风景对话"是他一本书的名字，也是我们喜欢引用的句子。我还读过他的《听泉》，当时只是喜欢文字的表面，而今在年光流转中，仿佛也明白了他表达的内容："人人心中都有一股泉水，日常的烦乱生活，遮蔽了它的声音。当你夜半突然醒来，你会从心灵的深处，听到悠然的鸣声，那正是潺潺的泉水啊！""回想走过的道路，多少次在旷野上迷失了方向。每逢这个时候，当我听到心灵深处的鸣泉，我就重新找到了前进的标志。"

对于巴金来说，收到这些贺卡，翻阅他们，会是什么感受呢？他一生曾六次东渡日本，与日本作家和各界人士结下了深厚的友谊，

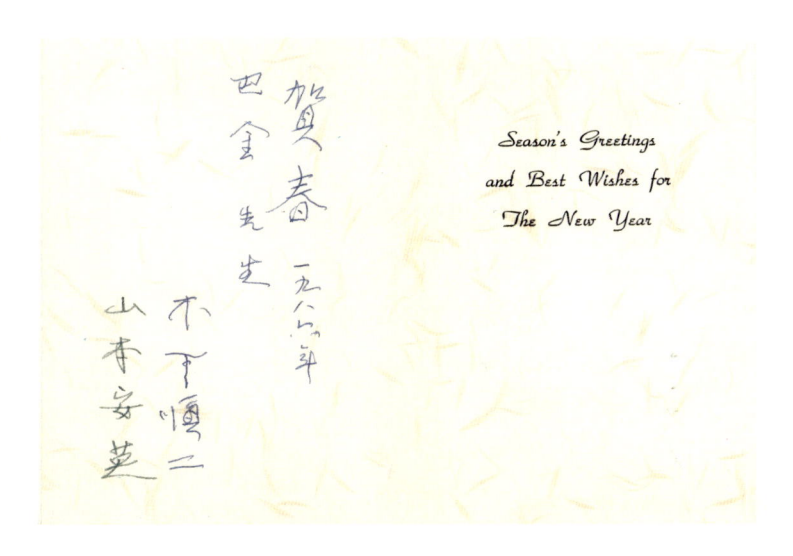

友情永远是滋养着巴金生命的泉水，念着贺卡上面熟悉的名字，人生交往的一幕幕都会涌到他的眼前。1986年，木下顺二和山本安英的贺卡，画面是横斜而出的腊梅，背景是一片银白，如同飞雪。里面只有"贺春一九八六年"及签名几个字，但一个"春"字，仿佛穿越了严寒带来了希望。晚年的巴金还不忘"与木下顺二先生重游上野公园的情景"，相信他也一定记得与老友在东京就文艺问题对谈的场面。古川万太郎在贺卡中写道："昨年访问上海的时候，有机会再会巴金先生，我高兴极了！巴金先生的任务益益重要。所以，祝先生身体好，更加工作顺利！"我想巴老不仅会想到上海的会见，还一定记得1980年春天，他们访日的时候，负责后勤工作的古川忙前忙后的身影。还有山崎朋子，根据她的作品《山打根八号娼馆》改编成的电影《望乡》，新时期之初在中国引起极大的轰动，它对巴金的意义更是不一般，巴金从这个影片在中国的反响谈起，开始了他晚年最重要的著作《随想录》的写作……翻检这些贺卡，真像巴金先生所说的"他们的音容笑貌，犹在眼前"。

野间宏1987年给巴金的贺卡画面是两屏条的日本画；山崎朋子的贺卡，就是一幅浮士绘，除了人物，背景也是白雪梅花。很多日本的贺卡都充满了"和风"，有着鲜明的日本特色，图案并不复杂，但印制的工艺非常精美，能够看出所花的心思，贺卡在这里也是一种文化，体现了赠送人的精心选择和奉献给朋友的心意。井上清1981年给巴金的贺卡是大红的纸，托着白地，接下来又是绿叶红花，而这些不是印出来的，是用特种棉纸如布贴画一样贴出来的。当然，表达心意的办法未必就要奢华，情感才是最宝贵的。我还找到过一个自制的贺卡，是用宣纸折出来的,画面是意识鲜红的大字"贺

春",还有一种鸡的图案,都是手工刻出来印上去的。这是松冈征子1981年给巴金的贺卡,里面有她写的话:"时间过得真快!我母亲去世已经过了一周年了。去年您专诚特来我家悼念我母亲,我对您表示非常感谢。……我希望日中两国人民的友好事业今年也继续发展下去。"她是日本作家松冈洋子的女儿,冰心先生也收到过她的贺卡,并在文章中写过:"一九八〇年,我们作家代表团访日时,巴金和我曾到她家吊唁;见到她的女儿——曾在中国上过学的松冈征子。前几天我得到她给我的一封贺年信,她说:'我要在今年为日中友好做出更多的贡献。'多么可爱的接班人啊!"[1] 日中友协的贺卡从来都很简单,白纸片上是"恭贺新禧"的红字,接着是年

---

[1] 冰心:《火树银花里的回忆》,《冰心文集》第6卷第214页,上海文艺出版社1993年12月版。

贺卡

份和签名,我找到有中岛健藏1962年和1965年签名的这种贺卡,还有井上靖1986年的贺卡,二十多年了,这种贺卡的格式没有变。熟悉巴金文章的人,通过《随想录》《再思录》中的文字都清楚,巴金与他们的情谊,巴金说:"当我在'牛棚'里暗暗背诵但丁的《地狱》的时候,我常常回忆起和日本文化界友人欢聚、促膝畅谈的情景,这使我绝望的心感到了暖意,得到了慰藉。"[1](《我和日本》)

  如今这些人一个个远去了,幸好还有这些贺卡标注着往昔岁月。这几年,每逢节日手机短信不断地送来朋友的情谊,让我同样能够

---

[1] 巴金:《我和日本》,《再思录》第55页。

感受到温暖。但仿佛一切如果这个现代的社会，转瞬即逝成了它的特点，而且都是标准化的冰冷字体，不久这些消息又都从手机中删掉，不见踪迹了。不像贺卡，几十年后翻开还有当年鲜活的感觉。想起这些，未免有些怅怅，我也曾发愿把巴金故居中的贺卡选一些，办个小展览，让大家回味一下往昔的岁月。后来又一想，我的一厢情愿也太多了，总要把自己绑在一个战车上轰隆隆向前跑，这也是一个毛病。倦怠一下又怎么样呢？至少它让我们知道什么才是我们生命中最重要、最需要、最本质的东西……一切浮华终将在时间面前颜色尽失。

一张病历与一份报告

巴金故居的每一处都珍藏着这样的盛情和"历史的秘密"。走进巴金故居的人，无不在追寻女主人萧珊的身影。这里的家具是她选的，餐厅中钢琴是她用稿费给女儿买的，花园中的花草接受过她的浇水、施肥，然而偏偏她却在"文革"中过早地撒手人寰。读过巴金《怀念萧珊》的人，无不为这样一位纯洁、善良又富有才华的女性的命运唏嘘不已。文中，巴金提到过萧珊挨打的细节："在我靠边的几年中间，我所受到的精神折磨她也同样受到。但是我并未挨过打，她却挨了'北京来的红卫兵'的铜头皮带，留在她左眼上的黑圈好几天以后才褪尽。她挨打只是为了保护我，她看见那些年轻人深夜闯进来，害怕他们把我揪走，便溜出大门，到对面派出所去，请民警同志出来干预。那里只有一个人值班，不敢管。当着民警的面，她被他们用铜头皮带狠狠抽了一下，给押了回来，同我一起关在马

报告

我爱人肖珊近年多病,本年三月下半月起病倒在床发烧,到摄氏三十八度左右有时超过三十九度,曾到医院挂急诊号检查治疗,并不断看中医服中药,两天前还到地段医院拍过片子。但至今尚未查出病源。三十九天中温度始终不退。她衣(要)一面继续服中药,一面还准备继续进行检查,需要医药费较多,全从生活费中挤用,今后开支相当困难,拟请分发医药费壹百元,以便继续给肖珊治病。这一要求希望得到批准。

文化系统直属四连连部

巴金 1972年六月二十三

桶间里。"那是一个人身权利被践踏年代，萧珊企图以自己柔弱的身躯保护巴金，这也是段可歌可泣的情感大戏。时光流逝，当年的波澜归于平静，然而，历史不能无迹可寻。苍天有道，意想不到的是，萧珊次日去医院就诊的纪录居然保留了下来，为"红卫兵"的"英勇行为"留下了一个耻辱的见证。这是一份"上海市徐汇区中心医院门诊病史记录"，正面写着萧珊的基本情况，年龄：45岁，籍贯：浙江；工作单位：革命文学工作组。背面是1966年12月3日的就诊记录："昨晚跌跤于地，左眼眶及左侧面颊有肿胀。经查，巩膜正常左面颊部破皮、淤血。"看来，萧珊没敢据实说这是被红卫兵打伤的，谎称跌伤的。那是一个多么压抑的时代啊，被打了连吭一声都不敢。

这是巴金的家中最黑暗的一段岁月，二楼卧室、书房和三楼都被贴上封条，家人都被赶到楼下，存款被查封。这些还不是最重要的，重要的是巴金被认为是上海文艺界"黑老K""反共老手"，一场又一场批斗接连不断。不仅他自己，家人也跟着承受着巨大的精神压力。巴金曾写道："人们的白眼，人们的冷嘲热骂蚕蚀着她的身心。我看出来她的健康逐渐遭到损害。表面上的平静是虚假的。内心的痛苦像一锅煮沸的水，她怎么能遮盖住！怎么能使它平静！她不断地给我安慰，对我表示信任，替我感到不平。""她常常问我：'你的问题什么时候才解决呢？'我苦笑着说：'总有一天会解决的。'她叹口气说：'我恐怕等不到那个时候了。'"[1]她果然没有等到那一天，如今留下的巴金一份申请看病医疗费的报告，虽然语句平静，

---

[1] 巴金：《怀念萧珊》，《巴金全集》第16卷第16-17页。

却字字都在泣血：

我爱人肖[萧]珊近年多病，本年五月下半月起病倒在床发烧摄氏三十八度左右，有时超过三十九度，曾到医院挂急诊检查治疗，并不断看中医、服中药，两天前还到地段医院拍过片子。但至今尚未查出病源。三十几天中热度始终不退。现在一面继续服中药，一面还准备继续进行检查，需要医药费较多，全从生活费中拉用，今后开支相当困难，拟请另发医药费壹百元，以便继续给肖珊治病。这一要求希望得到批准。

文化系统直属四连连部

巴金　1972年六月二十二

巴金1949后没有领过国家工资，一直靠稿费养活自己一家人，但是，在"文革"中，存款被封存，只发有限的生活费，自己的钱也不能随便花，妻子诊病的费用还要写报告申请，文中细致地描述了萧珊的病况，她的病情发展很快，不到两个月，就不治身亡。萧珊的去世，是"文革"带给巴金最大的打击，他的头发很快都白了。想到多少年后，他那振聋发聩的呼喊"不让历史的悲剧重演"，那是与他个人的痛苦经历息息相关的。巴金保存了很多"文革"中的史料，也写了一部厚厚的《随想录》，都是希望这国家总是阳光和暖，每个家庭都有一个宁静的夜晚。正像他在一篇文章的结尾写道：夜深了，孩子安睡，"孩子忽然在梦中动一下手，笑出声来了。他并没有睁开眼睛，我想象不到他梦见了什么快乐的事情。不过我知道他的梦不会跟我的、我们大家的梦差得远，那就是：一个快乐的新年给中国和世界带来持久的和平与普遍的繁荣。"[①]这是六十年前，巴金的心愿。如今，再次走进他的家，在时空交错中，我们每个人何尝也不都心怀着同样的心愿？

一张照片背后的故事

有一张照片流传很广，画面是巴金和他的朋友们，拍摄于巴金武康路寓所的二楼书房中。朋友们围坐一圈，他们是：柯灵、王西彦、张乐平、孔罗荪、巴金、李济生、师陀……这些人的脸上都洋溢着欢乐的笑容，尤其是巴金和他对面坐着的柯灵，几乎可以用"开

[①] 巴金：《一九五六年新年随笔》，《巴金全集》第14卷第393页。

怀大笑"来形容。这张照片曾被命名为"劫后的笑声",那么有一个问题自然而然地被提出来:他们在笑什么?

我最初看到这张照片,是在《巴金对你说》大型画册上。该书的图片说明是这样的:"劫后重逢,巴金客厅里又洋溢着熟悉、但又久违了的笑声……这是为祝贺1977年《家》重新出版的一次老友聚合。"①《家》一度被作为"毒草"禁止出版和阅读,为《家》重见天日朋友们聚会,且有如此开怀大笑,迎接生命中第二个春天,这个说法不无道理。但是,我看到桌面上只有茶杯,没有新书,他们怎么不拿基本新书作道具呢?我还看到关于这张照片的另外一段说明,从笔迹上看,是摄影者祁鸣写的:"巴金身陷灾难中,感受到最宝贵的,依然是朋友中一颗'黄金般的心'。劫后重逢,巴金客厅里又洋溢着熟悉、但又久违了的笑声……这是为庆贺粉碎'四人帮'后的一次发自肺腑的笑声。"这个理由更虚一点,不过倒是符合"劫后重逢"的这些老人们的心态……多少年过去,大家只是笼统地谈论这张照片,至于,到底是什么让照片上的人发出会心的微笑,还是不大了解。

要想弄清楚这背后的故事,还是要从源头查起。前面说,这是为了庆祝《家》重印而举行的聚会,查《家》这次重印的时间,版权页上说是:1962年1月北京第2版、1977年11月北京第15次印刷。那么,这张照片应当拍摄于1977年11月之后。根据巴金日记提供的线索,1977年12月19日,"树基寄来新版《家》一册。"②

---

① 陈思和撰文:《巴金对你说》第54页,少年儿童出版社1992年7月版。
② 巴金1977年12月9日日记,《巴金全集》第26卷第193页。

劫后的笑声

当月 28 日，大批样书寄到："《家》已寄到，共一百五十九册，是托何嘉灏取来的。"① 次日晚上，巴金开始分赠样书给朋友："十点起清理新到的《家》，拆包、签字到十二点三刻，一点后睡。"那么，朋友们的聚会应当是在这之后了。同样依据巴金的日记，我查到，有这些朋友聚会并拍下照片的日子是 1978 年 1 月 10 日午后，当日日记是这样写的：

---

① 巴金 1977 年 12 月 28 日日记，《巴金全集》第 26 卷第 195 页。

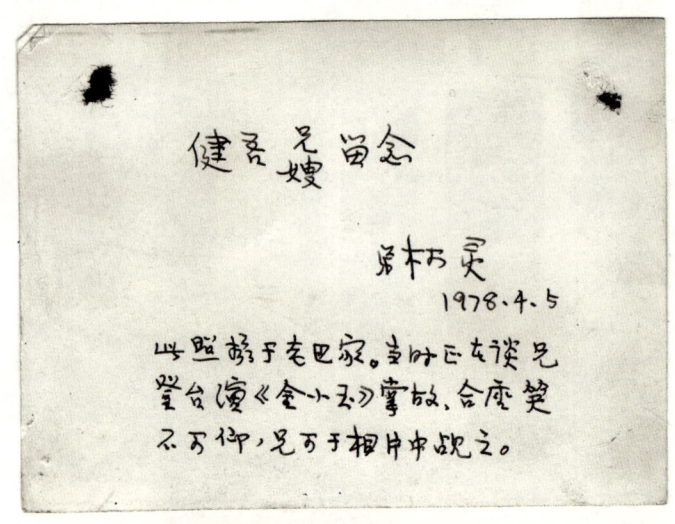

巴金故居藏书票（罗雪村绘）

午饭后济生来，师陀、柯灵、西彦、罗荪、乐平先后来。管理灯光照明的两位同志和《文汇报》的两位同志也都来了。祁鸣最后来。两点半开始拍电视片，四点半结束。①

照片拍摄日期明确了，我们也知道了，这并非为《家》出版而安排的聚会，而是为了"拍电视片"而做的"摆拍"。此事，摄影者祁鸣后来有回忆："一九七七年，碧青的嫩芽已经绽开在柳梢头。有一次，我拍画家张乐平的电视片时，问起巴老，张乐平说：'赶快去给他拍片！'我随张乐平来到巴老家，给他拍了一部电视片《访老作家巴金》，后来播放了。望着巴老的满头银发，我萌生了一个念头：不能老是事后遗憾呀！何不趁巴老健在，多给他拍些资料，为人世间留下他的形象？"②时间上，他记忆有误，不是春天，而是冬天。巴金在 1977 年 12 月 28 日日记中记道："上午张乐平陪电视台祁鸣来商谈拍电视片的事情。"③此后，又多次提到拍片的事情。不过，至此，老问题依旧没有解决：他们在笑什么？

这个问题，直到去年十一期间，李健吾先生的女儿李维音老师寄给我《李健吾画传》才找到真正的答案。李维音老师可真是不简单，她自己是学核工业的，为我国的核电站的建设做出过贡献，退休后，姊妹几个历经数年，编辑出版《李健吾文集》《李健吾译文集》两部合起来有 25 卷的煌煌大书；她又编辑了《李健吾书信集》，编

---

① 巴金 1978 年 1 月 10 日日记，《巴金全集》第 26 卷第 200 页。
② 祁鸣：《为巴老拍电视片》，李致、李舒主编《巴金这个人》第 181 页，成都时代出版社 2003 年 11 月版。
③ 巴金 1977 年 12 月 28 日日记，《巴金全集》第 26 卷第 195 页。

写了《李健吾年谱》,直到搜集史料和图片写出这部《李健吾画传》(北岳文艺出版社2019年8月版)。我想,这是一个女儿向父亲表达爱与敬意的最好方式了。在这部画传第69页中,印出这张照片,是柯灵1978年4月5日赠李健吾的,柯灵有一段题词,终于把他们为什么大笑的谜底揭示出来了:"此照摄于老巴家。当时正在谈兄登台演《金小玉》掌故,合座笑不可仰,兄可于相片中觇之。"原来大家是在谈李健吾演戏的趣事,那是一桩朋友间流传已久的"掌故"

冬日的巴金故居

了。我在《星水微茫驼铃远》（商务印书馆 2020 年 7 月版）一书中写李健吾的篇章中曾提到过：《金小玉》是李健吾根据法国剧作家萨尔杜（Sardou）的《托斯卡》（*La Tosca*）改编的，李健吾将一个女伶的传奇故事中国化，放在北伐战争环境里上演。他自己还在戏中扮演总参议一角，过了把戏瘾。有一次开演前，李健吾在后台兴奋地跟演员大谈他如何演总参议，说到得意忘形，平时从不吸烟的他，猛吸了几口做道具用的劣质雪茄，顿时觉得天旋地转。(《李健吾画传》中说，李健吾是被剧中石挥饰演的一角吸浓重的劣质烟所熏）那一天，李健吾是因烟而晕，等要回家时已经是凌晨时分。他喊了一辆黄包车，上了车，车夫问去哪里，他有气无力地说了句："上海殡仪馆。"在黑乎乎的凌晨去殡仪馆，可把车夫吓得够呛——1940 年 10 月起，李健吾的家搬到徐家汇多福村 5 号底层，这个弄堂的隔壁就是上海殡仪馆，所以，李健吾才这么说……

长久以来困在我心中的一个谜团，

想不到就这么解开了,真是"得来全不费工夫"。柯灵先生的一句话点醒梦中人啊,我也得感谢李维音老师将这张珍贵的照片和题词公布出来……史料寻访的魅力或许正在于此,踏破铁鞋而不得,柳暗花明又一村。一个意外的邂逅,可能拨开云雾,让我们一窥历史的本来面目。一张照片,他们在笑什么,当然不是什么大事情,不过,多少年来,我在追寻它背后的故事,一旦解决,我不禁也有一种乐在其中的会心的微笑。

2020 年 10 月 3 日傍晚于海上竹笑居

结语：巴金故居是什么

绿意葱茏的岁月（周立民摄于2020年8月6日）

巴金故居是什么，或者套用一句近来被用熟了的话：当我们谈论巴金故居，我们在谈论什么？这里除了有对故居的定位，又有对故居的期待。

2011年年底才开放的故居，在全国的名人故居中尚属年轻的面孔，然而，它却又因完整地保存巴金先生一家的生活原貌和连续八十年的史料收藏不中断而显得历史氛围充足，满面沧桑。作为巴金故居的工作人员，要综合各方面的因素，特别是要在充分尊重历史的基础上，考虑到当代人的欣赏习惯，使这个故居既古典又现代，用生机勃勃的活力照亮历史遗存。由此，谈到巴金故居是什么，我会回答：它是一个人文空间，它是一个文化平台，它也是一个无限延展的文化符号……

它是一个人文空间

位于武康路113号的巴金故居，是巴金先生从1955年至2005年生活了半个世纪的家。"家"是这个空间的文化灵魂，也是它向公众展示的主题。在这里，参观者可以看到巴金先生写作、生活环境的原貌，一桌一椅都有来历，一草一木皆关情。它们要么出现在巴金先生的笔下，早为读者熟悉；要么第一次展现在公众面前，等待着您去发掘背后的故事。在这些实体的陈展背后，还有众多珍贵的文献资料，印证和支撑着大量的生活细节和历史场景。包括花园里的重要草木，它们都和不同时期的巴金及其一家人的生活有关，与他们一同走过历史的风雨……这些得天独厚的历史遗存，使得巴金故居在同类故居中拥有相当的优势。

巴金与女儿小林、外孙女端端，摄于春天里的花园

在这里，您能触摸到真实的巴金的灵魂，会看到他是一位伟人，又是一位普通人。他衣食住行跟普通人没有什么区别，有些家具，还显得那么陈旧。然而，他又是一位了不起的人，参观者进入故居，首先就会被无处不在的书和书架所震撼。再仔细看，这些书，内容丰富，种类繁多，涉及语种就有二十多种，无不为巴金先生的勤奋博学而震撼。故居在陈列设计上始终注重"家"的氛围的营造，这里总有鲜花，仿佛主人刚刚外出。甚至家里传统的养猫的习惯也保留下来，故居现在的那只叫二咪的猫已经成为很多人来追逐的网红。总之，这个空间，与每一位参观者相隔并不遥远，它如同巴金先生的性格：朴实无华；也践行巴金先生的名言："把心交给读者。"

上海的近代历史文化名人故居资源十分丰富，但是，能够向公众开放的名人故居并不多，能够全方位还原名人生活和创作全部细节的故居更少。在并不多的故居中，巴金先生作为五四新文学拥有读者最多的作家之一，其公众影响力、几代读者对其的敬仰和热忱，更是其他名人难以比拟的。随着武康路知名度的提高，巴金故居的影响力和"热度"也越来越大，因此，在短短时间内它成为沪上重要的历史文化空间，为中外参观者所欢迎。今年9月，在由上海市委宣传部主持推出的上海文化品牌短视频中，巴金故居是唯一入选的名人故居。自2011年12月1日开放以来，至今年11月7日，巴金共接待参观者1074648人次。今年十一长假，10月2日、3日、4日三天天，分别接待5344、5860、5656人次，再次刷新接待记录，从中不难看出公众对它的认可和热爱。

不妨随意挑几条，参观者的留言，直接听一听他们的心声：

从《小狗包弟》到之后一系列书籍，从《收获》到《家》，从高中时期开始一直接触着巴金先生的作品，其中不乏有许多感动与触动，很开心上海之行最后一天来到了巴金先生的旧居，谢谢成长路上有您相伴。

一位来自湖南的读者任冰凌

2018.8.28

从走进梧桐大道的蝉鸣声的那一刻起，八月的炎热便已减去了八分。远远地就看见这栋棕黄色的小楼，蒙上了历史沉甸甸的尘埃，巴金先生的故居给人以心灵平静的力量，那一架已装满各类书籍的书架，好像是对那段铭心历史无声的回音。

麦子 2018.8.2

亲爱的巴金爷爷，中国文学史上一课耀眼的星星，来这里之前，我时常在想，写出那么多伟大作品的作家该是怎样的呢？从重庆到上海，跨越了空间，在这里，似乎有一种魔法可以超越时间，感受到您的气息，能用这种方式与您见面，人生之幸事，实为！

——来自重庆的一位书迷

文人之自由，无需张扬，文人之气度，无需赞赏，巴金先生故居之旅，让我对这位伟人的气质和魅力有了切实的深刻的感受。

拜读巴老作品，有思想的升华；拜访巴老故居，有心灵的涤荡。

感谢巴金故居的工作人员们无私的付出，让我们对伟人有了更具象，更直接的熏陶。

君如　2018年6月13日

读者留言是最真诚的评价，也显示巴金故居作为海上一个重要文化空间的特殊魅力。

它是一个文化平台

巴金故居整个占地面积不过1400平米，主楼面积不足700平米，空间非常有限，且故居之外没有展馆或纪念馆等辅助设施，这在同类故居中也是不多见的。然而，故居的发展不应为这外在环境所限制，它要利用自己的馆藏、优势资源和影响力发挥文化平台的作用。这个平台的打造，要开门办故居，将各种社会资源和力量吸引进来，壮大故居；同时，也将自己的好东西送出去，扩展故居，为社会共享。这样，故居就不是枯守在家、等人来参观的一座老房子，而是与社会、公众和时代密切相关的文化平台，发挥着超出本身空间的更大作用。

近年来，巴金故居在文化活动的策划、设计和举办上花费了相当功夫，每一场活动都是经过仔细论证、反复推演并广泛征求意见，在此基础上才正式推出。其目的就是要将巴金先生留下的珍贵遗产送到公众中间，把巴金故居打造成一个传播文化的大平台。

以展览为例，巴金故居展览在规划中就考虑到不同层次的需求。年度大展，是集中力量展示珍贵馆藏的，学术性与大众性充分结合。专题展则是针对公众需求而设计的，特别是巡展，充分考虑受众面和接受程度。如走进高校的巡展，以"青春是美丽的"为主题；走进社区的巡展，以"向老百姓讲述巴金的故事"为主题；而外城市巡展则充分考虑到与当地文化界的互动。深圳巡展，展示巴金与当地读者通信，寻找通信的读者。在台北和东京的展览，分别以巴金

巴金在花园散步，摄于 1982 年

与他的台湾朋友、巴金与日本作家为主体。这样的展览设计,接地气,互动性强,同时又让观众看到巴金故居独一无二的馆藏。

在文化平台的打造中,汇聚资源很重要,它决定了平台的广度和深度。但是,所有的资源都是沉默不语的,都是安静地待在玻璃橱窗内的,因此,要让它们"说话",让它们熠熠生辉,让它们成为公众的亲切的朋友,这更重要。所有,有时候,并不在于你拿出多少国家一级文物,多少"国宝",而在于如何运用、整合这些资源让它们发挥作用,运用好了,可能很普通的一支笔一张纸一本书也能产生"国宝"般的作用。在这之中,关键要与公众形成对话,而不是自说自话;要与时代形成同步,而不是止步不前;要平等交流,而不是高高在上。只有这样,公众才会有积极的呼应,而他们的呼应又是引导这个文化平台前进和发展的重要动力。巴金故居开放七年来,我们用实践突破了人们最初的一个预想:参观故居的都是老年人吧?——恰恰相反,我们的参观主体是中青人,很大一部分是年轻的夫妇带着他们的孩子一起来参观。我们在故居之外组织的各类活动,包括学术演讲会,也是这样的,中青年人一直是活跃的参与主体。这从另外一方面证明了这个理念的正确,证明了这个文化平台的活力。

以具体活动为例,我们注意到近年来"朗读者"大受关注,朗诵活动不仅在名家,在普通公众和青少年中间都非常热门,便精心组织几场朗诵会和相关活动,迅速在公众中引起强烈反响。朗诵会的策划也是考虑到与社会和公众的关切相互呼应。2015年,是抗日战争胜利七十周年,全社会都沉浸在不忘历史、呼唤和平的氛围中。我们从自身出发,在契合纪念抗战的大主题下,又要突出自身的特点。

故居主楼，摄于 2020 年 9 月 24 日

我们认为巴金等一代作家，在抗战中以笔为枪鼓舞士气，激发斗志，铸就文化长城，这是促成抗战胜利的伟大力量。而他们留下的诗文，慷慨激昂，正气回荡，在今天仍然是激励国人的宝贵财富，于是决定举办中国作家抗战诗文朗诵会，并把日期定在对于上海这座城市有着特殊意义的八·一三当天。朗读者，则有知名艺术家、著名作家，还有通过网络招募和选拔而来的普通读者。在朗诵会筹备的过程中即开始启动宣传，朗诵会中还为观众配备一本朗读原文的手册，让那些带着历史风云的文字在朗诵会结束后可以带回家再品味。这样的朗诵会，一经推出，现场效果极好；通过网络传播，整体影响力也特别大。以同样的方式，我们还举办了"生活是多么芬芳——现代作家诗文朗读会"，朗读的是以亲情、爱情、乡情等为主题美文，以情感人，直诉心间；举办过青少年《随想录》朗读比赛，以巴金的名著为朗读对象，让青少年在朗读中感受经典的魅力。今年巴金先生的生日那天，还将与上影剧团的艺术家合作，举办"今天是您的生日——巴金萧珊诗文朗诵会"，通过光影技术让经典之声回荡在上海的城市上空。这些活动，消息一经发布，就为媒体和公众广泛关注，到最后形成剧场一票难求的局面。

　　文化平台的构建，巴金故居是中心、是大本营，但是，我们从来不是固守一地，而是以巴金故居为中心积极向外辐射，建立不同层次的落地点，使之立体化。图书馆、书店、学校、机关、党建基地、社区文化中心等单位和场所，我们都建立联系，根据不同需求提供不同文化项目。同时，很多重要的公众活动空间也积极培育和占领。2017年，利用徐家汇地铁文化长廊，把"巴金与书"的展览办进地铁中，历时半年，产生了意想不到的影响。2018年，徐

▎巴金故居花园全景（周立民摄）

汇区改造老电话亭，我们又主动申请，将淮海路一家电话亭改成巴金亭，让在城市街道匆匆走过的人们停一下来，欣赏一下经典文学作品，感受精神魅力。这些落地点的打造，加之持续的、系列化的内容提供，让巴金故居走出自身瓶颈，变成一个阔大的平台，拥有广阔的空间。

它是一个无限延展的文化符号

巴金先生是一位享誉中外的作家，也是一位受人敬仰的世纪老人。他给我们留下的，不仅有可见的物质财富，还有无尽的精神遗产。从这个意义上讲，巴金，是一个具体的人，也是代表着某种文化高度的文化符号。我们有幸能在他的故居里沐浴着他的光辉而工作，不能让故居仅仅是一座房子和"不动产"，而且要让它能够形成广泛传播、具有极大的感染力的精神符号，由它把巴金先生和那一辈

人的道德风范、精神能量体现出来。这也是我们工作所追求的重要目标。

这一目标的实现，同样需要多方面的努力，但是有一点至关重要却往往被人忽略，那就是要传播巴金精神，首先得知巴金、懂巴金，也就是需要学术研究的支持。很多人认为故居、博物馆，不是大学、研究院，搞好展陈、参观、展览就行了，研究，那是专家学者的事情。其实不然，如果没有扎实的学术研究的支持，展陈、活动等等是做不好的，做不到位、做不充分的。基于这样的认识，巴金故居联手巴金研究会和社会各界学术力量，在有限的资金的支持下，一直把学术研究放在极为重要的地位上。根据学术内容不同，巴金故居、巴金研究会联合推出巴金研究丛书、巴金研究集刊和内刊《点滴》，让学术专著、论文、史料等都有推出的平台，每年都有新书推出。这些研究还扩展到巴金的同时代人和相关课题上，相关文献资料都在整理编辑和陆续推出中。两三年一届的国际研讨会、每年都有的

1990 年代的深秋,巴金摄于花园

专题研讨会也保证了巴金故居在学术信息和学术成果的掌握上一直处于领先位置。在这样的基础上，我们才能把一件展品不仅说清楚，还能说好。我们才能根据公众的需要，调动各种馆藏资源，才能将巴金的精神遗产打造成鲜明的符号，有标识度，也能由简入深让这个符号产生能量。

文化符号的传播，需要借助适当的载体，也需要精心策划和运作。对此，我们是通过新媒体为抓手，以此联接线下的实体活动，线上线下互为一体，无限放大和传播，这样，它的受众就不仅是现场的参与者，而是全球对此感兴趣的读者，由此实现故居作为文化符号其效能"无限大"的目地。

通过巴金故居微信公众号，我们重点打造"亲近经典：中国现当代作家作品赏读"平台。这一方向和定位，缘于巴金先生就是现当代作家中一员和杰出代表，还缘于目前社会上养生、国学等等公众号甚多，专业的推广中国现当代作品的平台寥寥无几，我们有责任把五四以来的新文学作品推广到公众中去。自然，读者的需求也是重要的考量标准，鲁迅、巴金、曹禺、沈从文等这一代作家的作品在中小学课本中占有大量篇幅，老师讲课、学生读书、家长辅导都需要有所借助和知道，在这样的背景下，我们才选择这样的方向和目标。经过精心准备，逐年努力，这个平台的作用已经初步彰显出来。它在梳理馆藏资源、进行研究阐释、收集现当代作家作品信息等工作的基础上，带领公众走近作家、品味经典。微信平台也围绕这个中心实现与各共建单位、合作方的信息沟通，组织策划各种学术活动和公众普及活动，实现巴金故居与社会公众之间的联系、交流和互动，成为一座有效沟通的文化桥梁。

在日常信息推送的基础上，微信平台根据公众的期待、社会的热点和重要的纪念日等不断推出系列微信专题。包括巴金作品推介系列、现代作家作品推介系列、"《随想录》创作出版三十周年"纪念系列、"憩园讲坛"系列等。在寒暑假，我们还专门为青少年设置专题推送，围绕的仍然是现当代经典作品的赏读，而且还特别请张新颖、殷健灵这样在青少年中有影响的作家、学者"坐台"微

1988年春节，巴金摄于寓所花园

信平台，为青少年开列阅读书目，辅导读书，回答青少年读书中提出的问题，受到青少年和家长的热切欢迎。这些专题不仅有微信推送，还有线下的实体活动，两者相互配合，取得预期效果。当活动都结束，在微信上还有总结、回顾和反馈，全程关注，让公众参与程度更高，而且打破地域和时间的限制，让不能到现场的更多观众分享到文化成果。以推广现当代名家名篇为主的憩园讲坛，自2016年创立，邀请陈思和、坂井洋史等中外学者举办22场讲座，围绕讲座推出专题微信近百篇。

在微信平台的打造过程中，我们特别注重打造有巴金故居自身特色又有公众参与度的项目。博物馆体验课适时推出，它让公众通过对博物馆的全面体验和深度参与，再通过自己动手完成一个课题的开发，寓教于乐，达到了单纯参观所体验不到的效果。微信平台的参与，又使这些及时"直播"出去，这对扩大故居影响力起到了单纯的宣传推广所难以达到的效果。2017年，巴金故居打造的是猫博士阅读体验课，通过故居的

瑞雪中的巴金故居（陆杰摄）

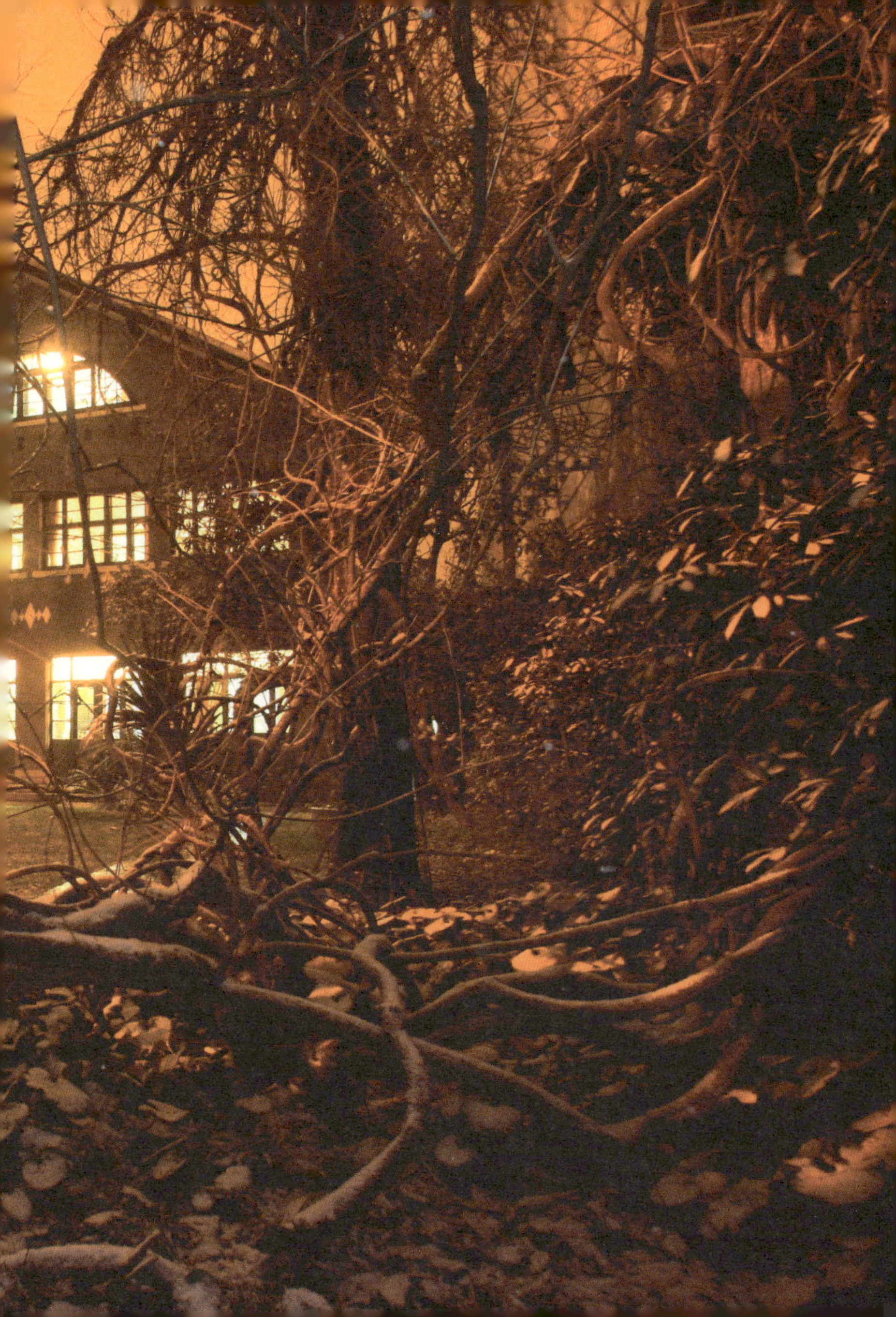

门口的猫（刘斌绘）

具体展品的欣赏，扩展到巴金作品的阅读，以至青少年写作的展开上；2018年推出的是雕刻时光巴金故居版画体验课，把故居或巴金先生的作品，变成可观可感的版画作品，在这一过程中，有观察、体验，又有分析、思考，还有手工的参与。这些课程的内容都取材于巴金故居或巴金作品，通过课程设计深化了参观体验。它们又突破了传统课程灌输式教育的局限，强调参与、体验，在轻松愉快的心情中接纳新的知识和不同的审美教育。对于博物馆而言，收获的是公众对于博物馆的了解、亲近和相互呼应的感情和亲密度。网络的升发，又让更多的观众通过这些特殊的设计"走进"故居，实现故居资源的最大化。

2016年1月1日至2018年10月31日，"巴金故居"微信公众号共发表图文865条，阅读量491735次，分享转发量141486人次，粉丝数由2016年4687位增长至2018年的11024位。其中2018年度（截止10月31日）发表图文213条，阅读量55270次，点赞数1261次，分享转发量4439人次，粉丝数比2017年底增加2000余人。微信公众号产生的优质内容，在巴金故居的微博、网站、多媒体室、电子屏等多终端进行共享、展示、互动。巴金故居开设的"巴金故居志愿者"官方微博，两年间发布图文共2697条，阅读量738289次.其中2018年发表图文209条，阅读量435950人次。电子留言簿"我在巴金故居"微博，已有超过1000名游客在此留言，官方网站巴金文学馆，集信息发布、文献数据库、参观导览、读者互动交流等多项内容为一体，搭载3D视觉导览系统足不出户网游故居……所有这一切，都会将巴金的精神，巴金故居的办馆理念，乃至上海的城市精神魅力传播出去，生根发芽，再开花结果。

巴金故居（薛寒冰绘）

    巴金故居是什么，或许不止有这样简单的回答。或许，在简单的理念中存在着无限的可能。我们不会止步于此，我们一定在实践中不断努力，继续探索。

2018年11月8日午后于上海—沈阳的飞机上

后记

如果没有记错的话，做这样一套书最初还是我的提议。有感于很多名人博物馆和故居只有索然无味的"简介"，而缺少感性的、有深度的解读读物，我提议做一套这样丛书。而当这本介绍巴金故居的书的写作任务落在我头上时，我才真正领会到什么叫"作茧自缚"。不论怎么样，这毕竟是一件有意义的工作，虽然一下子难以达到设想中的要求，但是，我还是努力去尝试一下。

我要避免的是去重复既有的解说词，也不要像药方一样一件件地去说明展品。我想对一个故居的特点、历史和它所承载的时光记忆有一点总体的看法和认识。我最粗浅的看法就是，一座故居，离不开居住其中的人，我们对它的认识也必须围绕这个（些）人。故居，从本质意义上，它不应仅仅是一座房子（建筑），它的人文性要远远大于物质性。基于这样的认识，我写巴金故居锁定的重点也是在房子的主人身上，男主人巴金，女主人萧珊，以及他们的孩子，是这个家进而也是这本书的主角。

由此，本书各章节的题目便有了：我要看看故居的主人跟生活的这座城市的关系，梳理他们在这座房子里发生的故事，打量一下他们这个家庭的氛围和特点，还要看看他们的兴趣、爱好、生活世界的面目……因为篇幅所限，很多精彩的细节，我可能还没有写到；也许还有很多可以透视的侧面，也来不及纳入本书。当然，也有意识省略了一些内容，比如关于巴金先生生平经历和作品的介绍，我认为，这些如果仅仅是浅尝辄止的叙述，那么读者随便查阅一点资料即唾手可得；如果想拉开架子好好讨论一番，似乎又不是这本书的主要任务，所以，我主动放弃。而书中偏偏多出一章"藏书家巴金",那是因为很多人可能忽略了巴金先生的这个身份,更重要的是巴金故居就是书的世界,巴金的世界里,书占有举足轻重的地位,到巴金故居来的人,都会惊叹这个家里处处是书架、处处有书,如此说来,弄不清巴金与书的关系,那是很难走进巴金故居啊。

  本书除了文字以外,插入大量图片和画作作为插图,在此,要特别感谢高莽、罗雪村、刘斌、薛寒冰、王仲清等画家和众多的摄影者。需要特别说明的是,大量资料图片因为时间久远和当年便没有标注,今天也无法确认它们的拍摄者,所以,尚不能署上摄影者的名字,在此敬请谅解。感谢中国书籍出版社和责编武斌先生的精心编辑和精美设计。我特别要感谢巴金先生的家人,感谢他们多年来的指导和帮助,是他们的精心呵护,才有了今天的巴金故居。2021年是巴金故居面向公众开放的十周年,谨以这本小书作为微薄的生日礼物献给它以及多年来支持它、伴随它的同事和朋友们。

周立民
2020 年 12 月 14 日凌晨